우리가 예배하고 사랑할 주님이십니다.

가스펠 프로젝트

구약 **2**

하나님의 구출계획

청장년 인도자용

지은이 · LifeWay Adults
옮긴이 · 오주영
감수 · 김병훈, 이희성, 신대현
초판 발행 · 2017년 2월 13일
2판 1쇄 발행 · 2024년 3월 29일
등록번호 · 제1988-000080호
등록된 곳 · 서울특별시 용산구 서빙고로65길 38
발행처 · 사단법인 두란노서원
영업부 · 02-2078-3352, 3452, 3781, 3752 FAX 080-749-3705
편집부 · 02-2078-3437
디자인 · 땅콩프레스

책값은 뒤표지에 있습니다.
ISBN 978-89-531-4592-4 04230 / 978-89-531-4583-2(세트)

가스펠 프로젝트 홈페이지 · gospelproject.co.kr
두란노몰 · mall.duranno.com

차례

발간사 *5* / 감수사 *6* / 추천사 *9* / 활용법 *12*

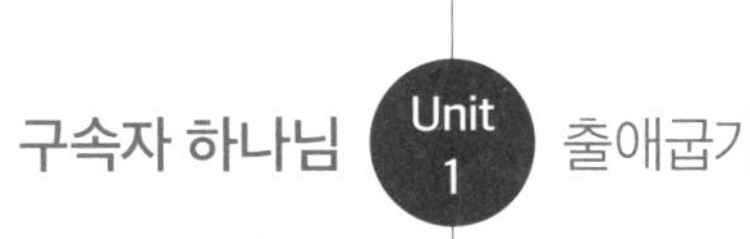

2

God Delivers

발간사

두란노서원을 통해 라이프웨이(LifeWay)의 《가스펠 프로젝트》성경 공부 교재 시리즈를 발간할 수 있도록 인도하신 하나님께 감사드립니다. 험한 소리로 가득한 세상에 이 책을 다릿돌처럼 놓습니다. 우리 삶은 말씀을 만난 소리로 풍성해져야 합니다. 주님을 만난 기쁨의 소리, 진실 앞에서 탄식하는 소리, 죄를 씻는 울음소리, 소망을 품은 기도 소리로 가득해야 합니다.

《가스펠 프로젝트》는 신구약을 관통하는 예수 그리스도의 복음을 발견하고, 그 가르침을 삶에 적용하는 지혜를 얻도록 기획한 성경 공부 교재입니다. 어린아이부터 어른에 이르기까지 생애주기에 따른 복음 메시지를 잘 배울 수 있습니다. 또한 거짓 진리가 미혹하는 이 시대에 건강한 신학과 바른 교리로 말씀을 조명해 성도의 신앙이 좌로나 우로나 치우치지 않도록 돕습니다.

두란노서원은 지금까지 "오직 성경, 복음 중심, 초교파적 관점"을 바탕으로 한국 교회와 성도를 꾸준히 섬겨 왔습니다. 오직 성경의 정신에 입각해 책과 잡지를 출판해 왔으며, 성경에 근거한 복음 중심의 신학을 포기한 적이 없습니다. 그리고 교단과 교파를 초월해 교회와 성도가 하나님의 나라를 바라볼 수 있도록 돕기 위해 노력해 왔습니다. 《가스펠 프로젝트》는 두란노가 지켜온 세 가지 가치를 충실하게 담은 책입니다.

성경은 구원을 위한 책이며, 구원사의 주인공은 예수 그리스도입니다. 창세기부터 요한계시록까지 오직 예수 그리스도의 복음만을 전하는 《가스펠 프로젝트》성경 공부 교재를 통해 복음의 은혜와 진리를 깊이 경험하고, 복음 중심의 삶이 마음 판에 새겨지기를 바랍니다. 그리고 예수 그리스도 복음에 굳게 선 한 사람의 영향력이 가정과 교회와 사회에 흘러감으로써 거룩한 하나님 나라가 확산되어 가기를 소망합니다.

두란노서원 원장 이 형 기

감수사

✛　　두란노가 출간하는《가스펠 프로젝트》는 무엇보다도 전통적으로 교회가 풀어 온 흐름을 충실히 따라 성경을 해설하고 있습니다. 그리고 그 방향은 궁극적으로 예수 그리스도를 향해 나아가고 있습니다. 이것은 예수님이 구약과 신약의 모든 성경이 자신을 가리키고 있다고 하신 말씀에 비추어 매우 타당한 것입니다. 게다가 그리스도 중심적 해설을 무리하게 전개하지 않습니다. 각 본문에서 하나님의 구원 언약과 그것을 실현하시는 하나님을 드러내면서, 그리스도의 예표적 설명이 가능한 사건을 놓치지 않고 풀어내고 있습니다.

성경 공부 교재는 명시적으로 혹은 암시적으로 제시하는 교리적 진술이 교리 체계상 건전해야 합니다.《가스펠 프로젝트》는 99개 조에 이르는 핵심교리들을 일목요연하게 제시해 교리의 건전성을 확인할 수 있도록 도움을 줍니다.《가스펠 프로젝트》의 교리는 교파를 막론하고, 예수 그리스도의 복음에 충실한 복음주의 교회들에게 환영받을 만합니다. 물론 교파마다 약간의 이견을 갖는 부분들이 있을 수 있겠지만 각 교회에서 교재를 활용하는 데는 무리가 없을 것입니다.《가스펠 프로젝트》의 특징은 각 과에서 학습한 내용을 핵심교리와 연결해 주며, 그 결과 그리스도의 복음에 관련한 교리적 이해를 강화시킨다는 데 있습니다.

끝으로《가스펠 프로젝트》는 어떤 성경 주해서나 교리 학습서가 갖지 못하는 훌륭한 장점을 가지고 있습니다. 그것은 학습자를 하나님과 그리스도의 복음 앞으로 나오도록 이끌며 자신의 신앙과 삶을 돌아보도록 하는 적용의 적실성과 훈련의 효과입니다. 아울러 본문과 관련해 교회사적으로 또 주석적으로 중요한 신학자와 목사의 어록과 주석을 제시하고, 심화토론 질문들(인도자용)과 선교적 안목을 열어 주는 적용 질문들을 더해 준 것은《가스펠 프로젝트》에서 얻을 수 있는 큰 유익입니다.

추천할 만한 마땅한 성경 공부 교재를 찾기가 쉽지 않은 현실에서《가스펠 프로젝트》는 성경을 개괄적으로 매주 한 과목씩, 3년의 기간 동안 일목요연하게, 그리고 그리스도 중심적으로 공부하도록 이끌어 준다는 점에서, 한국 교회의 기초를 성경 위에 놓는 일에 큰 공헌을 할 것으로 믿어 의심치 않습니다.

김병훈 _ 합동신학대학원대학교 조직신학 교수

✛　　아모스 선지자가 타락의 일로를 걷고 있었던 북이스라엘을 향해 선포한 메시지가 생각납니다. "보라 날이 이를지라 내가 기근을 땅에 보내리니 양식이 없어 주림이 아니며 물이 없어 갈함이 아니요 여호와의 말씀을 듣지 못한 기갈이라"(암 8:11). 주전 8세기 아모스 선지자의 외침이 오늘 이 시대에 다시 메아리쳐 오고 있습니다. 온갖 이단들이 영적으로 갈급한 성도들을 향해 검은손을 내밀고 있습니다. 이들은 성경 구절을 단편적으로 이해하고 왜곡해 교리를 구축한 후 성도들을 혼란에 빠뜨리고 있습니다. 두란노의 《가스펠 프로젝트》는 성도들이 겪고 있는 이러한 갈증을 해소해 줄 수 있는 참으로 유익한 성경 공부 교재입니다.

첫째, 《가스펠 프로젝트》는 성경 전체 흐름과 문맥에 따라 구성되어 성경의 큰 그림을 볼 수 있도록 도와줍니다. 또 성경 각 본문의 의미를 깊이 이해할 수 있도록 해당 분야의 전문 성경 신학자들의 주석적 견해를 잘 소개하고 있습니다. 둘째, 본문 연구와 함께 관련 핵심교리들을 적절하게 소개해 성경과 교리를 연결할 수 있습니다. 또 모든 세션에서 그리스도와의 연결점을 찾아 제시함으로써 구약 본문을 통해서도 복음을 깨달을 수 있습니다. 성경 공부 전 과정을 마치면 성도들이 복음에 대한 견고한 믿음을 가지게 될 것입니다.

셋째, 성경 공부를 통한 적용의 초점을 선교에 맞추어 성도들이 삶의 현장에서 복음의 증인으로서의 사명을 감당할 수 있게 도와줍니다. 마지막으로 주일학교에서 장년에 이르기까지 동일한 주제와 본문으로 성경을 공부하도록 구성했기 때문에 모든 교인이 한 말씀 안에서 한 믿음의 공동체를 이루며 성숙해 가는 영적 부흥을 경험하게 될 것입니다.

두란노의 《가스펠 프로젝트》를 통해 말씀이 갈급한 기근의 시대에 영적 해갈의 기쁨을 경험하시기 바랍니다.

이희성 _ 총신대학교 구약학 교수

✛　　《가스펠 프로젝트》는 성경 안에 나타난 하나님의 구원 계획-실행-완성이라는 일련의 진행을 잘 요약한 말입니다. 구원의 소식은 예수 그리스도께서 오셨을 때 비로소 전해진 것이 아니라 창세 이전에 그리스도 안에서 하나님의 지혜로 계획된 것입니다. 이 복음 계획은 구약 역사가 진행되면서 더 구체적으로 알려졌고, 하나님의 아들 예수 그리스도께서 이 땅에 오심으로써 완전히 드러났습니다. 이 복음으로 하나님의 백성이 모두 구원을 받을 것이며, 그제야 세상에 끝이 오고 하나님의 가스펠 프로젝트는 완성될 것입니다. 두란노의 《가스펠 프로젝트》는 이러한 큰 그림을 염두에 두고 시대를 따라 진행되는 하나님의 구원 계획을 체계적으로 다루고 있습니다. 각 세션의 시작과 끝에 두 개의 푯대, 즉 '신학적 주제'와 '그리스도와의 연결'을 제시해 세션이 다루는 내용이 구원 역사의 큰 진행에서 어느 지점에 해당되는지 알려 줍니다. '신학적 주제'는 본문에서 하나님의 가스펠 프로젝트의 어느 지점에 주목해야 하는지 알려 주며, '그리스도와의 연결'은 이 지점이 가스펠 프로젝트 전체와 어떻게 연결되는지 확인시켜 줍니다. 가스펠 프로젝트의 부분과 전체를 아는 지식을 동시에 배워 가면서 이 시대를 향한 단기 비전과 앞으로 임할 하나님 나라에 대한 장기 비전을 함께 가질 수 있습니다. 《가스펠 프로젝트》는 이 비전들을 구체적으로 가질 수 있도록 매 세션 끝에 '하나님의 계획, 우리의 사명'을 두고 있습니다.

《가스펠 프로젝트》의 또 다른 큰 특징은 교회 안에 여러 세대를 그리스도 안에서 하나님의 말씀으로 연결해 준다는 것입니다. 장년, 청소년, 그리고 어린이들이 매주 동일한 본문 말씀을 배움으로써 그리스도 안에서 하나의 교회 전통을 세워 갈 수 있으며, 교회와 가정에서 동일한 하나님의 말씀으로 소통하며 언어가 같은 하나님 나라 백성의 삶을 체험할 수 있습니다.

《가스펠 프로젝트》는 성경의 한 부분에만 머물러 있는 우리의 생각을 그리스도 안에서 넓혀 주고, 분열된 세대들의 생각을 그리스도 안으로 모아 줍니다. 한국 교회 성도들이 두란노의 《가스펠 프로젝트》를 통해 예수 그리스도를 아는 지식에서 자라 가고, 모든 믿음의 세대가 그리스도 안에서 아름다운 신앙의 전통을 이어 가는 일들이 일어나길 소망합니다.

신대현 _《가스펠 프로젝트》주 강사

추천사

✛　　우리 시대의 전 세계적 교회 부흥은 두 가지 샘을 가지고 있습니다. 한 샘은 오순절 부흥 운동의 샘입니다. 이 샘으로 많은 시대의 목마른 영혼들이 목마름을 해갈했습니다. 또 하나의 샘은 성경 연구의 샘입니다. 남침례교 주일학교 운동은 이 샘의 개척자입니다. 이 샘으로 지금도 많은 성도가 목마름을 해갈하고 있습니다. 미 남침례교 라이프웨이 출판사는 이러한 사역을 충실히 감당해 왔습니다. 《가스펠 프로젝트》는 모든 필요를 공급하는 원천이 될 것입니다. 《가스펠 프로젝트》로 한국 교회의 목마름이 해갈되기를 기도합니다. 《가스펠 프로젝트》는 쉬우면서도 결코 피상적이지 않습니다. 믿음의 단계를 따라 하나님의 자녀들에게 꼭 필요한 복음의 진수를 맛보게 해 줄 것입니다. 이 체계적인 교재로 이 땅에 새로운 영적 르네상스가 일어나기를 기대합니다.

이동원 _ 지구촌교회 원로 목사, 지구촌 미니스트리 네트워크 대표

✛　　《가스펠 프로젝트》는 예수 그리스도 중심, 즉 복음 중심의 제자 양육 교재입니다. 복음은 구원하는 능력뿐만 아니라 삶을 변화시키는 능력입니다. 성도들을 변화와 성숙으로 이끌어 주는 귀한 교재가 조국 교회와 이민 교회에 소중하게 쓰임받기를 바랍니다. 특별히 이민 2세들은 영어 교재 원본을 사용할 수 있는 까닭에 큰 도움이 될 것입니다.

강준민 _ LA 새생명비전교회 담임 목사

✚　　　성경은 예수 그리스도를 중심으로 하는 하나님의 구원 이야기입니다. 성경을 가르치는 일은 하나님의 구원에 동참하는 하나님의 사람을 만드는 일이며, 하나님의 사람의 탁월한 모델은 바로 예수 그리스도입니다. 《가스펠 프로젝트》는 예수 그리스도를 중심으로 성경을 배웁니다. 성경이 어떻게 그리스도와 연결되어 있는지, 또 성도의 삶이 그리스도를 중심으로 하는 하나님의 구원 계획에 어떻게 연결되어야 하는지 구체적으로 제시합니다.

특히 《가스펠 프로젝트》는 하나의 본문을 각 연령에 맞게 구성한 교재를 제공해 하나의 본문으로 전 세대를 연결하고, 가정과 교회를 하나 되게 합니다. 신앙의 전수가 중요한 시대에 성도와 교회와 가정이 한마음으로 다음 세대를 준비시키기에 적합합니다. 특히 가정에서 부모가 자녀와 말씀으로 대화를 나눌 수 있게 해 자녀 신앙 교육에 도움이 될 것입니다.

《가스펠 프로젝트》가 주일학교부터 장년에 이르기까지 전 교회와 성도의 각 가정에서 사용되어 예수 그리스도를 통한 하나님의 가스펠 프로젝트가 성취되기를 기도하면서 기쁨과 확신으로 추천합니다.

이재훈 _ 온누리교회 담임 목사

✚　　　하나님의 말씀은 생명을 살리고 힘 있게 하는 능력이 있습니다. 그래서 사역 현장에서는 그것을 효율적으로 전해 주고 가르칠 수 있는 좋은 방법과 교재에 늘 목말라합니다. 그런 점에서 연령대에 맞게 체계적으로 준비되어 사역 현장의 필요를 잘 충족해 줄 교재가 출간되어 기쁩니다. 사역의 현장에서 유용하게 활용되어 복음의 생명력과 역동성을 누리게 되기를 기대하며 추천합니다.

김운용 _ 장로회신학대학교 실천신학 교수

✝   성경은 하나님의 말씀입니다. 말씀 중의 말씀, 복음은 예수 그리스도이십니다. 《가스펠 프로젝트》는 하나님의 말씀으로 우리를 초청해서 예수 그리스도를 만나게 하고 사랑하게 만드는 훌륭한 교재입니다. 《가스펠 프로젝트》의 매력은 하나의 커리큘럼을 가지고 연령대에 적합하게 공부하도록 제공한다는 점입니다. 자녀들이 교회 학교에서, 부모들이 소그룹에서 말씀을 공부한 후 저녁 식탁에 둘러앉아 예수님에 대해 함께 나눌 수 있다는 것은, 상상만 해도 너무나도 멋지고 복된 일입니다.

김지철 _ 전 소망교회 담임 목사

✝   예수님은 친히 요한복음 5장 39절에서, 모든 성경은 예수님 자신에 대한 증거라고 말씀하셨습니다. 그럼에도 불구하고 성도들은 그 속에서 예수님이라는 보석을 쉽게 찾아내지 못하고 있습니다. 《가스펠 프로젝트》는 신앙생활을 출발하는 어린이부터 장년까지 이런 눈을 활짝 열어 주는 놀라운 교재입니다. 요람에서부터 무덤까지 각 연령대에 맞게 구성된 본 교재를 통해, 한국 교회와 이민 교회가 잃어버린 예수님을 다시 발견함으로 견고하게 되기를 바랍니다.

최병락 _ 강남중앙침례교회 담임 목사

✝   성경을 공부한다는 것은 성경에 기록된 사실을 배우는 것이 아니라 성경이 가르치는 교리를 배우는 것입니다. 왜냐하면 성경은 독자에게 어떤 새로운 정보를 주기 위해 인간이 쓴 책이 아니라, 죄인인 인간에게 구원을 주기 위해 하나님이 쓰신 말씀이기 때문입니다. 그런데 이 구원의 도리인 교리를 성경 본문을 통해 배우기가 쉽지 않기 때문에 좋은 안내서가 필요합니다. 이번에 출간된 《가스펠 프로젝트》는 이와 같은 역할을 탁월하게 수행하고 있기 때문에 기쁜 마음으로 추천합니다.

이성호 _ 고려신학대학원 역사신학 교수

활용법

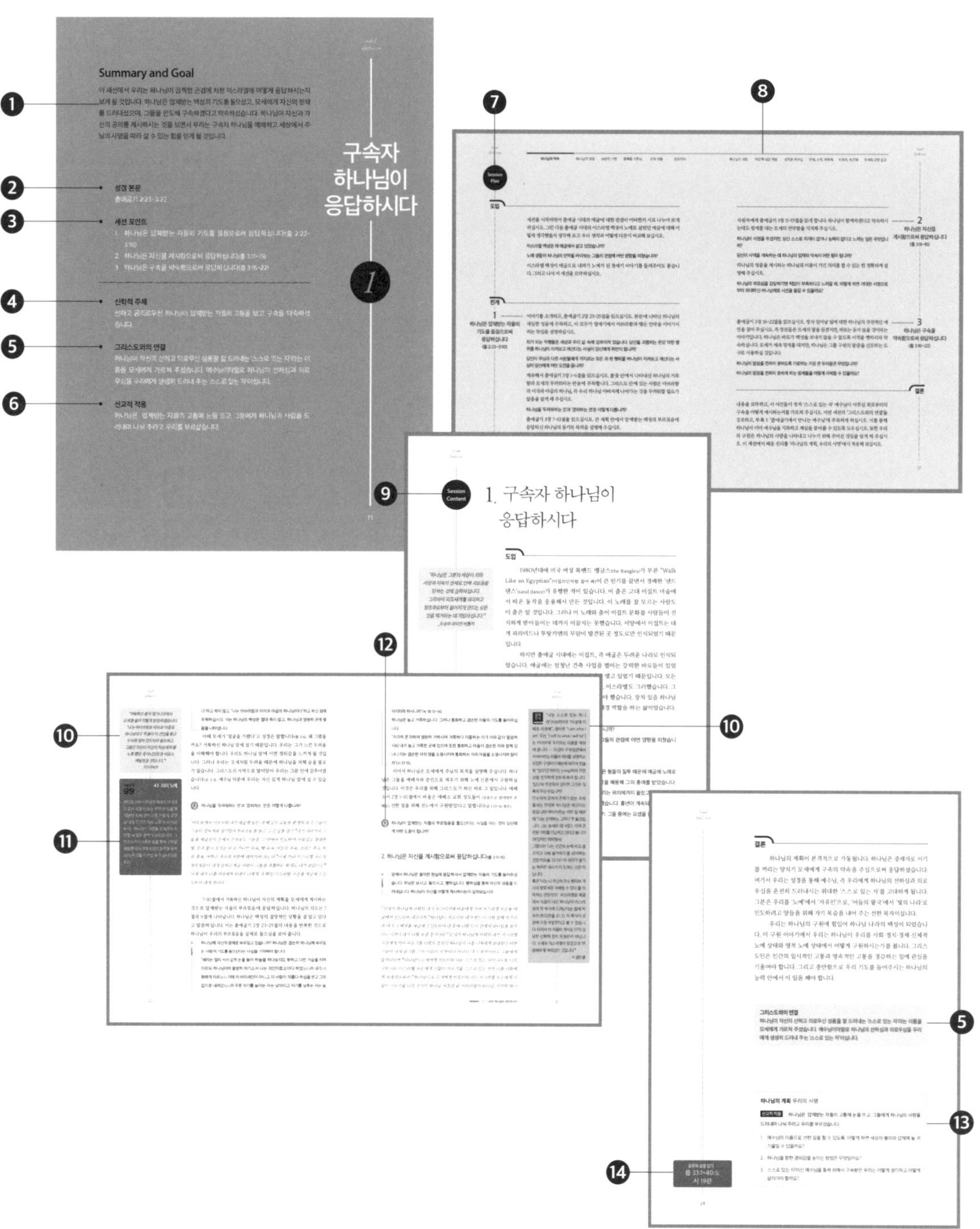

1. Summary and Goal

각 세션의 핵심 내용을 알려 주는 세션 요약과 강조할 포인트를 정리해 본문의 흐름과 교재의 학습 목표를 놓치지 않도록 돕습니다.

2. 성경 본문

각 세션의 내용과 주제에 해당하는 성경 본문을 제시합니다. 《가스펠 프로젝트》는 연대기 성경 공부 교재로 성경의 큰 흐름에 따라 본문을 구성했습니다.

3. 세션 포인트

각 세션에서 강조할 포인트를 세 가지씩 열거해 인도자가 한눈에 세션의 요점을 개관하도록 합니다.

4. 신학적 주제

하나님이 구속사에서 행하신 일에 초점을 맞춰 본문을 이해하도록 주제를 제시해 본문의 흐름을 놓치지 않도록 돕습니다.

5. 그리스도와의 연결

해당 본문과 주제가 어떻게 예수 그리스도를 가리키며 연결되는지 자세히 살핍니다. 예수님과 각 세션 포인트의 상관성을 발견할 수 있도록 돕습니다.

6. 선교적 적용

각 세션에서 드러난 하나님의 계획을 우리의 사명과 연결해 말씀을 삶에 구체적으로 적용하도록 돕습니다.

7. Session Plan

세션의 개요와 신학적 주제, 그리고 질문을 연결해 각 세션의 주요한 부분을 한눈에 볼 수 있게 함으로써 인도자가 수업을 설계할 수 있도록 돕습니다.

8. 연대표

각 권의 연대적 흐름을 이해할 수 있도록 한눈에 볼 수 있는 연대표를 제공합니다. 각 본문에 해당하는 단계를 표시해 성경을 시간 순으로 이해하도록 돕습니다.

9. Session Content

학습자용에 있는 내용이 모두 들어 있으며, 인도자를 위한 내용이 추가되어 있습니다. 인도자를 위한 내용은 여백에 'Leader'라고 표시되어 있습니다. 상자 안에 있는 명언, 심화주석, 심화토론, 도입 옵션 등도 인도자용에만 들어 있으며, 명언 가운데 일부는 학습자용에도 있습니다.

10. 명언, 심화주석 등

본문과 관련해 교회사적으로 또 주석적으로 중요한 신학자와 목사의 서적이나 기타 아티클을 발췌해 제시함으로써 신학적 이해를 돕습니다.

11. 핵심교리 99

기독교 교리 가운데 핵심이 되는 99개의 내용을 추려 각 세션과 관련 있는 교리를 제시합니다. 성경 본문에 대한 신학적 이해를 넓히는 데 도움을 받을 수 있습니다.

12. 관찰 질문

본문을 구체적으로 이해하도록 돕는 질문을 제공합니다. 이를 통해 생각의 폭을 넓히고 성경의 진리를 실제적으로 받아들이는 데 도움을 받을 수 있습니다.

13. 하나님의 계획, 우리의 사명

각 세션에서 드러난 하나님의 계획을 우리의 사명과 연결해 말씀을 구체적으로 삶에 적용하도록 돕습니다.

14. 금주의 성경 읽기

각 세션의 연대기적 흐름에 맞춰 한 주 동안 읽을 성경 본문을 제공합니다.

*부가 자료

홈페이지 gospelproject.co.kr 자료실에 세션의 맥과 핵심을 짚어주는 강의 '세션 가이드', 세션의 각 질문에 대한 안내를 담은 '질문 가이드', 소그룹을 위한 '활동 자료'와 '가족 성경 읽기표'가 실려 있습니다.

Summary and Goal

이 세션에서 우리는 하나님이 끔찍한 곤경에 처한 이스라엘에 어떻게 응답하시는지 보게 될 것입니다. 하나님은 압제받는 백성의 기도를 들으셨고, 모세에게 자신의 정체를 드러내셨으며, 그들을 인도해 구속하겠다고 약속하셨습니다. 하나님이 자신과 자신의 공의를 계시하시는 것을 보면서 우리는 구속자 하나님을 예배하고 세상에서 주님의 사명을 따라 살 수 있는 힘을 얻게 될 것입니다.

구속자 하나님이 응답하시다

- **성경 본문**
  출애굽기 2:23~3:22

- **세션 포인트**
  1. 하나님은 압제받는 자들의 기도를 들으심으로써 응답하십니다
     (출 2:23~ 3:10)
  2. 하나님은 자신을 계시하심으로써 응답하십니다(출 3:11~15)
  3. 하나님은 구속을 약속하심으로써 응답하십니다(출 3:16~22)

- **신학적 주제**
  선하고 공의로우신 하나님이 압제받는 자들의 고통을 보시고 구속을 약속하셨습니다.

- **그리스도와의 연결**
  하나님이 자신의 선하고 의로우신 성품을 잘 드러내는 '스스로 있는 자'라는 이름을 모세에게 가르쳐 주셨습니다. 예수님이야말로 하나님의 선하심과 의로우심을 우리에게 생생히 드러내 주는 '스스로 있는 자'이십니다.

- **선교적 적용**
  하나님은 압제받는 자들의 고통에 눈을 뜨고, 그들에게 하나님의 사랑을 드러내며 나눠 주라고 우리를 부르셨습니다.

도입

세션을 시작하면서 출애굽 시대의 애굽에 대한 관점이 어떠한지 서로 나눠 보게 하십시오. 그런 다음 출애굽 시대의 이스라엘 백성이 노예로 살았던 애굽에 대해 어떻게 생각했을지 생각해 보고 우리 생각과 어떻게 다른지 비교해 보십시오.

이스라엘 백성은 왜 애굽에서 살고 있었습니까?

노예 생활이 하나님의 언약을 바라보는 그들의 관점에 어떤 영향을 미쳤습니까?

이스라엘 백성이 애굽으로 내려가 노예가 된 창세기 이야기를 들려주어도 좋습니다. 그러고 나서 이 세션을 요약하십시오.

전개

1
하나님은 압제받는 자들의 기도를 들으심으로써 응답하십니다
(출 2:23~3:10)

출애굽기 2장 23~25절을 읽으십시오. 본문에 나타난 하나님의 세심한 성품에 주목하고, 이 모두가 창세기에서 아브라함과 맺은 언약을 이어가시려는 뜻임을 설명하십시오.

죄가 되는 악행들은 세상과 우리 삶 속에 감추어져 있습니다. 당신을 괴롭히는 온갖 악한 행위를 하나님이 지켜보고 계신다는 사실이 당신에게 위안이 됩니까?

당신이 주님과 다른 사람들에게 저지르는 모든 죄 된 행위를 하나님이 지켜보고 계신다는 사실이 당신에게 어떤 도전을 줍니까?

계속해서 출애굽기 3장 1~6절을 읽으십시오. 불꽃 안에서 나타내신 하나님의 거룩함과 모세의 두려워하는 반응에 주목합니다. 그리스도 안에 있는 사람은 아브라함과 이삭과 야곱의 하나님, 즉 우리 하나님 아버지께 나아가는 것을 두려워할 필요가 없음을 알게 해 주십시오.

하나님을 '두려워하는 것'과 '경외하는 것'은 어떻게 다릅니까?

출애굽기 3장 7~10절을 읽으십시오. 큰 계획 안에서 압제받는 백성의 부르짖음에 응답하신 하나님의 동기와 목적을 설명해 주십시오.

하나님이 압제받는 자들의 부르짖음을 들으신다는 사실을 아는 것이 당신에게 어떤 도움이 됩니까?

자원자에게 출애굽기 3장 11~15절을 읽게 합니다. 하나님이 함께하겠다고 약속하시는데도 핑계를 대는 모세의 연약함을 지적해 주십시오.

하나님이 사명을 주셨지만, 당신 스스로 자격이 없다거나 능력이 없다고 느끼는 일은 무엇입니까?

당신이 사역을 계속하는 데 하나님의 임재와 약속이 어떤 힘이 됩니까?

하나님의 성품을 계시하는 하나님의 이름이 가진 의미를 할 수 있는 한 정확하게 설명해 주십시오.

하나님의 부르심을 감당하기엔 턱없이 부족하다고 느껴질 때, 어떻게 하면 거대한 사명으로부터 위대하신 하나님께로 시선을 옮길 수 있을까요?

2
**하나님은 자신을
계시하심으로써
응답하십니다**
(출 3:11~15)

출애굽기 3장 16~22절을 읽으십시오. 장차 일어날 일에 대한 하나님의 주권적인 예언을 짚어 주십시오. 즉 장로들은 모세의 말을 듣겠지만, 바로는 듣지 않을 것이라는 이야기입니다. 하나님은 바로가 백성을 보내지 않을 수 없도록 이적을 행하리라 약속하십니다. 모세가 계속 핑계를 대지만, 하나님은 그를 구원의 말씀을 선포하는 도구로 사용하실 것입니다.

하나님의 말씀을 전하지 못하도록 가로막는 가장 큰 두려움은 무엇입니까?

하나님의 말씀을 전하지 못하게 하는 핑계들을 어떻게 극복할 수 있을까요?

3
**하나님은 구속을
약속하심으로써
응답하십니다**
(출 3:16~22)

결론

내용을 요약하고, 이 사건들이 장차 '스스로 있는 자' 예수님이 이루실 죄로부터의 구속을 어떻게 예시하는지를 가르쳐 주십시오. 이 세션의 '그리스도와의 연결'을 강조하고, 부록 1: '출애굽기에서 만나는 예수님'에 주목하게 하십시오. 이를 통해 하나님이 이미 예수님을 지목하고 계심을 찾아볼 수 있도록 도우십시오. 또한 우리의 구원은 하나님의 사랑을 나타내고 나누기 위해 주어진 것임을 알게 해 주십시오. 이 세션에서 배운 진리를 '하나님의 계획, 우리의 사명'에서 적용해 보십시오.

Session Content

1. 구속자 하나님이 응답하시다

도입

1980년대에 미국 여성 록밴드 뱅글스(the Bangles)가 부른 "Walk Like an Egyptian"(이집트인처럼 걸어 봐)이 큰 인기를 끌면서 경쾌한 '샌드 댄스'(sand dance)가 유행한 적이 있습니다. 이 춤은 고대 이집트 미술에서 따온 동작을 응용해서 만든 것입니다. 이 노래를 잘 모르는 사람도 이 춤은 알 것입니다. 그러나 이 노래와 춤이 이집트 문화를 사람들이 진지하게 받아들이는 데까지 이끌지는 못했습니다. 서양에서 이집트는 대개 피라미드나 투탕카멘의 무덤이 발견된 곳 정도로만 인식되었기 때문입니다.

하지만 출애굽 시대에는 이집트, 즉 애굽은 두려운 나라로 인식되었습니다. 애굽에는 엄청난 건축 사업을 벌이는 강력한 바로들이 있었고, 그들은 어둠의 세력과 밀접한 관계를 맺고 있었기 때문입니다. 모든 나라가 애굽을 진지하게 받아들였습니다. 이스라엘도 그러했습니다. 그들은 애굽의 노예였고, 끔찍한 삶을 살아야 했습니다. 장차 있을 하나님의 영광스러운 구원에 대비되는 어두운 배경 역할을 하는 삶이었습니다.

Q 이스라엘 백성은 왜 애굽에서 살고 있었습니까?

Q 노예 생활이 하나님의 언약을 바라보는 그들의 관점에 어떤 영향을 미쳤습니까?

> Leader

창세기를 보면, 야곱의 사랑받는 아들 요셉은 형들의 질투 때문에 애굽에 노예로 팔려 갔습니다. 그곳에서 요셉은 바로의 꿈을 해몽해 그의 총애를 받았습니다. 그 결과 요셉은 바로를 대신해 애굽을 다스리는 위치에까지 올랐고, 이후 바로의 꿈으로 계시된 7년 기근에 현명하게 대처했습니다. 흉년이 계속되자, 각국 백성이 양식을 사러 애굽으로 왔습니다(창 41:57). 그들 중에는 요셉을 팔아넘긴 형들도 있었습니다. 요셉이 그들에게 곡식을 주었고(창 42장), 그의 가족은 나일 강 삼각주에 정착했습니다. 70명 가족이(창 46장 참조) 그곳에서 크게 번성했습니다(출 1:1~7).

출애굽기 1장 8절을 보면, 애굽의 새 왕이 이스라엘 백성을 가혹하게 대한 것을 알 수 있습니다. 그 결과 요셉의 집안은 정치적인 노예(출 1:8~10), 경제적인 노예(출 1:11~14), 사회적인 노예(출 1:15~22), 영적인 노예(출 3:18; 4:22~23; 5:8)로 전락하고 말았습니다. 그들은 어떻게든 애굽에서 탈출해야만 했습니다.

Session Summary

출애굽기의 영어 제목인 '엑소더스'(Exodus)는 '밖으로 나감', '떠남'이란 뜻을 가지고 있습니다. 출애굽기는 하나님이 자기 백성을 애굽의 잔인한 노예 생활로부터 구원해 내신 이야기를 역사적으로 설명합니다.

이 세션에서 우리는 하나님이 끔찍한 곤경에 처한 이스라엘에 어떻게 응답하시는지 보게 될 것입니다. 하나님은 압제받는 백성의 기도를 들으셨고, 모세에게 자신의 정체를 드러내셨으며, 그들을 인도해 구속하겠다고 약속하셨습니다. 하나님이 자신과 자신의 공의를 계시하시는 것을 보면서 우리는 구속자 하나님을 예배하고 세상에서 주님의 사명을 따라 살 수 있는 힘을 얻게 될 것입니다.

전개

1. 하나님은 압제받는 자들의 기도를 들으심으로써 응답하십니다(출 2:23~3:10)

> 출애굽기 2장은 모세의 탄생(1~10절), 성장(11~15절), 애굽에서의 도망(15~22절) 등의 이야기를 담고 있습니다. 23절을 보면, 애굽의 왕이 바뀌었지만 노예 생활은 여전히 힘겨웠습니다. 이스라엘은 신음하며 도와 달라고 부르짖을 수밖에 없었습니다.

Leader

²³여러 해 후에 애굽 왕은 죽었고 이스라엘 자손은 고된 노동으로 말미암아 탄

3장은 앞으로 일어날 일을 예고하는 것으로 시작됩니다. 모세는 장인 이드로의 양을 돌보고 있습니다. … 애굽 사람들이 양치기를 대단치 않게 생각했다는 점에 주목할 필요가 있습니다(창 46:34 참조). 또 여기서 양 치는 방식이 소개된 점도 인지할 필요가 있습니다. 모세는 미디안 광야에서 40년 동안 양치기로 보냈습니다. 목동 다윗도 양을 치다가 왕이 되었습니다. 이것만 봐도 하나님이 양치기를 즐겨 사용하신다는 것을 알 수 있습니다. 심지어 자신을 양치는 목자에 비유하기도 하십니다(시 23:1, 겔 34:13). 결국 구원은 양들을 위해 목숨을 버리는 선한 목자이신 예수님을 통해 완성될 것입니다(요 10:11).[3]

_토니 메리다

식하며 부르짖으니 그 고된 노동으로 말미암아 부르짖는 소리가 하나님께 상달된지라 [24]하나님이 그들의 고통 소리를 들으시고 하나님이 아브라함과 이삭과 야곱에게 세운 그의 언약을 기억하사 [25]하나님이 이스라엘 자손을 돌보셨고 하나님이 그들을 기억하셨더라

> **Leader**
백성이 부르짖자 하나님이 들으셨습니다. 하나님은 그들의 고통 소리를 들으시고, 그들을 기억하시고, 돌보셨습니다(출 2:24~25). 시편 기자는 다음과 같이 고백했습니다.
"여호와의 눈은 의인을 향하시고 그의 귀는 그들의 부르짖음에 기울이시는도다"(시 34:15).

하나님은 듣고, 보고, 주의를 기울이셨습니다. 하나님의 세심한 성품이 성경 곳곳에서 발견됩니다(예를 들어, 시 34:15). 하나님의 백성은 하나님께 부르짖을 수 있고, 그분이 듣고 돌보실 것을 믿을 수 있습니다. 하나님이 이스라엘 백성의 부르짖음에 특별히 관심을 가지신 이유는 아브라함과 맺은 언약 때문입니다(출 2:24). 창세기에서 하나님이 아브라함을 구속하여 그에게 사명을 주신 목적이 출애굽기에서도 이어집니다. 하나님은 자기 백성을 돌보시는 분입니다.

> **Leader**
출애굽기에서 '언약'은 이때 처음 등장합니다. 창세기에는 27회 나왔습니다. 이것을 가장 잘 정의한 표현은 《스토리 바이블》(*The Jesus Storybook Bible*)의 "절대로 그만두거나 포기하지 않는 사랑, 언제까지나 영원하고 끊어지지 않는 사랑"입니다.[2]

창세기에서 하나님이 아브라함을 구속하여 그에게 사명을 주신 목적이 출애굽기에서도 이어집니다. 하나님은 자기 백성을 돌보시는 분입니다.

Q 죄가 되는 악행들은 세상과 우리 삶 속에 감추어져 있습니다. 당신을 괴롭히는 온갖 악한 행위를 하나님이 지켜보고 계신다는 사실이 당신에게 위안이 됩니까?

Q 당신이 주님과 다른 사람들에게 저지르는 모든 죄 된 행위를 하나님이 지켜보고 계신다는 사실이 당신에게 어떤 도전을 줍니까?

> **Leader**
출애굽기 3장에서 이와 비슷한 내용을 볼 수 있습니다. 이때 하나님은 모세에게 백성의 신음을 들으셨 다고 말씀하십니다. 하나님은 구원의 중재자로 모세를 부르시고, 그렇게 하심으로써 이스라엘의 기도를 들으셨다는 사실을 다시 한번 일

깨워 주십니다. 그리고 기도의 응답으로 하나님의 구원 계획을 모세에게 들려주십니다. 성경 저자는 모세가 소명받는 장면을 다음과 같이 묘사합니다.

[1]모세가 그의 장인 미디안 제사장 이드로의 양 떼를 치더니 그 떼를 광야 서쪽으로 인도하여 하나님의 산 호렙에 이르매 [2]여호와의 사자가 떨기나무 가운데로부터 나오는 불꽃 안에서 그에게 나타나시니라 그가 보니 떨기나무에 불이 붙었으나 그 떨기나무가 사라지지 아니하는지라 [3]이에 모세가 이르되 내가 돌이켜 가서 이 큰 광경을 보리라 떨기나무가 어찌하여 타지 아니하는고 하니 그 때에 [4]여호와께서 그가 보려고 돌이켜 오는 것을 보신지라 하나님이 떨기나무 가운데서 그를 불러 이르시되 모세야 모세야 하시매 그가 이르되 내가 여기 있나이다 [5]하나님이 이르시되 이리로 가까이 오지 말라 네가 선 곳은 거룩한 땅이니 네 발에서 신을 벗으라 [6]또 이르시되 나는 네 조상의 하나님이니 아브라함의 하나님, 이삭의 하나님, 야곱의 하나님이니라 모세가 하나님 뵈옵기를 두려워하여 얼굴을 가리매

> 이 구절에서 불타는 떨기나무와 모세에게 나타나신 '여호와의 사자'를 보게 됩니다. 불은 하나님의 거룩한 임재를 나타냅니다. 불은 매혹적이지만 한편으로는 위험합니다. 그래서 아이들에게는 '불장난하지 말라'고 경고해야 합니다. 불은 진지하게 다뤄야 합니다. 하나님도 마찬가지입니다. 주님은 거룩하신 분이기 때문입니다.

하나님은 모세를 부르신 후 존경의 행위로 신을 벗으라고 말씀하십니다(출 3:5; 참조, 수 5:13~15). 그리고 나서 자신을 그의 조상 아브라함과 이삭과 야곱의 하나님이라고 밝히십니다(출 3:6).

> 하나님은 모세와 관계를 형성하기에 앞서 모세의 조상들과 관계를 맺으셨습니다(출 2:24 참조). 하나님은 모세에게 약간의 개인사를 귀띔해 주십니다.

불타는 떨기나무의 하나님은 낯선 신이 아닙니다. 이전 역사에서 그들을 위해 일하셨던 하나님입니다. 하나님이 "나는 아브라함과 이삭과 야곱의 하나님이었

심화 주석 인간과 하나님의 접촉에 암시된 위험 가능성은 성경 전반에 걸쳐 확인됩니다(출 19:21~24; 24:11; 33:20~23; 창 32:30; 삿 13:20~23; 사 6:5; 행 9:3~9; 딤전 6:15~16; 계 19:11~21). 어떤 장소가 거룩한 것은 그곳이 담고 있는 본질적인 특징 때문이 아니라, 하나님의 임재와 활동 때문입니다. 성막은 하나님의 임재를 위해 구별된 장소였습니다(출 29:43~44). 멀리 떨어진 채 있거나 신발을 벗는 것은 과거에도 현재에도 여러 문화권에서 존경과 겸손을 상징하는 행위입니다.

주님이 "나는 네 조상의 하나님이다"를 시작으로 자기를 계시하신 것은 조상들의 이름을 언급한 점과 진술에 담긴 문맥에서 이 사건을 과거와 연결시킵니다(창 15:7; 17:1; 26:24; 28:13; 31:13; 35:11; 46:3). 또한 이는 왕의 공식적인 선언의 울림을 갖고 있었습니다(창 41:44).[4]

— 도리안 G. 쿠버-콕스,
HCSB Study Bible

핵심교리
99
43. 죄의 노예

에덴동산에서 아담과 하와가 타락함으로써 모든 인류는 죄의 본성을 물려받아 죄와 반역으로 기울게 되었습니다. 인간은 죄의 노예가 되어(롬 6:17), 하나님의 계명을 항상 위반하는 존재가 되었습니다. 그리스도께서 이루신 일을 통해 구원을 체험한 후에라야 성령의 능력을 통해 죄의 속박을 이겨 낼 수 있습니다(롬 8:2).

다"라고 하시지 않고, "나는 아브라함과 이삭과 야곱의 하나님이다"라고 하신 점에 주목하십시오. 이는 하나님의 백성은 절대 죽지 않고, 하나님과 영원히 관계 맺음을 나타냅니다.

이때 모세가 '얼굴을 가렸다'고 성경은 말합니다(출 3:6). 왜 그랬을까요? 거룩하신 하나님 앞에 섰기 때문입니다. 우리는 그가 느낀 두려움을 이해해야 합니다. 우리도 하나님 앞에 서면 경외감을 느끼게 될 것입니다. 그러나 우리는 모세처럼 두려움 때문에 하나님을 피해 숨을 필요가 없습니다. 그리스도의 사역으로 말미암아 우리는 그분 안에 감추어졌습니다(골 3:3). 예수님 덕분에 우리는 자신 있게 하나님 앞에 설 수 있습니다.

Q 하나님을 '두려워하는 것'과 '경외하는 것'은 어떻게 다릅니까?

[7] 여호와께서 이르시되 내가 애굽에 있는 내 백성의 고통을 분명히 보고 그들이 그들의 감독자로 말미암아 부르짖음을 듣고 그 근심을 알고 [8] 내가 내려가서 그들을 애굽인의 손에서 건져 내고 그들을 그 땅에서 인도하여 아름답고 광대한 땅, 젖과 꿀이 흐르는 땅 곧 가나안 족속, 헷 족속, 아모리 족속, 브리스 족속, 히위 족속, 여부스 족속의 지방에 데려가려 하노라 [9] 이제 가라 이스라엘 자손의 부르짖음이 내게 달하고 애굽 사람이 그들을 괴롭히는 학대도 내가 보았으니 [10] 이제 내가 너를 바로에게 보내어 너에게 내 백성 이스라엘 자손을 애굽에서 인도하여 내게 하리라

7~10절에서 거룩하신 하나님이 자신의 계획을 모세에게 계시하는 것으로 압제받는 자들의 부르짖음에 응답하십니다. 하나님의 의도는 7절과 9절에 나타납니다. 하나님은 백성의 절망적인 상황을 잘 알고 있다고 말씀하십니다. 이는 출애굽기 2장 23~25절의 내용을 반복한 것으로 하나님이 우리의 부르짖음을 실제로 들으심을 보여 줍니다.

> 하나님께 자신의 문제로 부르짖고 있습니까? 하나님은 겸손히 하나님께 부르짖는 사람의 기도를 들으신다는 사실을 기억해야 합니다.
>
> "세리는 멀리 서서 감히 눈을 들어 하늘을 쳐다보지도 못하고 다만 가슴을 치며 이르되 하나님이여 불쌍히 여기소서 나는 죄인이로소이다 하였느니라 내가 너희에게 이르노니 이에 저 바리새인이 아니고 이 사람이 의롭다 하심을 받고 그의 집으로 내려갔느니라 무릇 자기를 높이는 자는 낮아지고 자기를 낮추는 자는 높

아지리라 하시니라"(눅 18:13~14).

하나님은 높고 거룩하십니다. 그러나 통회하고 겸손한 자들의 기도를 들어주십니다.

"지극히 존귀하며 영원히 거하시며 거룩하다 이름하는 이가 이와 같이 말씀하시되 내가 높고 거룩한 곳에 있으며 또한 통회하고 마음이 겸손한 자와 함께 있나니 이는 겸손한 자의 영을 소생시키며 통회하는 자의 마음을 소생시키려 함이라"(사 57:15).

이어서 하나님은 모세에게 주님의 목적을 설명해 주십니다. 하나님은 그들을 예배자와 증인으로 세우기 위해 노예 신분에서 구원하실 것입니다. 이것은 우리를 위해 그리스도께서 하신 바로 그 일입니다. 에베소서 2장 1~10절에서 바울은 에베소 교회 성도들이 (믿음으로 말미암은 은혜로) 선한 일을 위해 진노에서 구원받았다고 말합니다 (골 1:13~14 참조).

Q 하나님이 압제받는 자들의 부르짖음을 들으신다는 사실을 아는 것이 당신에게 어떤 도움이 됩니까?

2. 하나님은 자신을 계시하심으로써 응답하십니다(출 3:11~15)

> **Leader** 앞에서 하나님은 불의한 현실에 응답하셔서 압제받는 자들의 기도를 들어주셨습니다. 주님은 보시고, 들으시고, 행하십니다. 행하심을 통해 자신의 성품을 드러내십니다. 하나님이 자신을 어떻게 계시하시는지 살펴보십시오.

[11]모세가 하나님께 아뢰되 내가 누구이기에 바로에게 가며 이스라엘 자손을 애굽에서 인도하여 내리이까 [12]하나님이 이르시되 내가 반드시 너와 함께 있으리라 네가 그 백성을 애굽에서 인도하여 낸 후에 너희가 이 산에서 하나님을 섬기리니 이것이 내가 너를 보낸 증거니라 [13]모세가 하나님께 아뢰되 내가 이스라엘 자손에게 가서 이르기를 너희의 조상의 하나님이 나를 너희에게 보내셨다 하면 그들이 내게 묻기를 그의 이름이 무엇이냐 하리니 내가 무엇이라고 그들에게 말하리이까 [14]하나님이 모세에게 이르시되 나는 스스로 있는 자이니라 또 이르시되 너는 이스라엘 자손에게 이같이 이르기를 스스로 있는 자가 나를 너희에게 보내셨다 하라 [15]하나님이 또 모세에게 이르시되 너는 이스라엘 자손에게 이같이 이르기를 너희 조상의 하나님 여호와 곧 아브라함의 하나님, 이삭의 하나

심화 주석 "나는 스스로 있는 자니라" (히브리어로 "에흐예 아쉐르 에흐예", 영어로 "I am who I am" 또는 "I will be what I will be")는 YHWH로 표기되는 이름을 해설해 줍니다. … 이것이 구약성경에서 YHWH라는 이름의 의미를 설명하는 유일한 구절이기 때문에 여기서 진술된 '있다'(존재하다, being)와의 연관성을 진지하게 검토해 봐야 합니다. '있다'와 연관되어 있다면 그것은 정확히 무슨 뜻입니까?

단순하게 말해서 존재가 없는 우상들과는 반대로 하나님은 계신다는 뜻입니까? 신학자 하이아트(Hyatt)는 이런 점 때문에 "나는 존재하는 그이다"로 옮겼습니다. 그는 호세아 1장 9절도 이와 관련된 의미를 언급하고 있다고 봅니다(부정적인 의미에서). 그렇다면 '나는 인간의 눈에 비교 불가하고 이해 불가하다'를 의미하는 것일까요(출 33:19 참조)? 이 의미가 맞기는 하지만 계시가 더 드러난 것은 아닙니다.

혹은 '나는 나 자신의 연속 행위와 계시의 말로써만 이해될 수 있다'를 의미하는 것일까요? 이스라엘을 애굽에서 이끌어 내신 하나님이 이스라엘의 전 역사에 드러난다는 점에 비추어 본다면(출 20:2), 이 해석이 성경에 가장 부합한다고 볼 수 있습니다. 따라서 이 이름의 계시는 단지 심오한 신학적 진리 차원만이 아닙니다. 모세와 이스라엘이 믿음으로 반응해야 할 부르심인 것입니다.[6]

_ R. 앨런 콜

심화 주석

전승에 따르면, 출애굽 시대에 모세가 백성에게 새 언약을 위해 하나님의 이름 여호와를 소개했다고 합니다. 하나님이 불타는 떨기나무에서 모세에게 말씀하실 때, 그가 주님께 이름을 물었습니다. 하나님은 여호와라는 이름을 알려 주셨습니다. … 이 단어는 구약성경에 6,800회나 등장합니다. 출애굽기 3장 14절은 구약성경에서 여호와라는 이름의 의미를 설명하는 유일무이한 구절입니다. 이 구절에서 YHWH는 '스스로 있는 자'입니다.[8]

_ 허쉘 H. 홉스
Biblical Illustrator

님, 야곱의 하나님께서 나를 너희에게 보내셨다 하라 이는 나의 영원한 이름이요 대대로 기억할 나의 칭호니라

모세는 사명을 기꺼이 받아들이지 못합니다. 그리고 이어지는 대화에서 하나님의 부르심에 순종할 수 없는 몇 가지 핑계를 댑니다. 하나님은 주님의 주권과 권능에 관한 설명으로 그가 내놓은 변명과 의문에 일일이 답해 주십니다.

이것은 매우 고무적인 장면입니다. 만약 하나님이 당신에게 능력 밖의 일을 주시는 듯 느껴진다면, 당신 자신의 실패와 연약함에서 눈을 떼는 것이 중요합니다. 하나님의 비전을 받으십시오. 모세도 하나님 한 분만으로 충분하다는 것을 배워야 했습니다.

모세의 첫 번째 항변은 자기 자신에 관한 것입니다. 자기는 평범한 사내일 뿐 대단한 영향력을 가진 인물이 아니라고 말합니다.

> **Leader**
>
> 그는 자신감이 부족했습니다. "내가 누구이기에"(출 3:11)라고 묻습니다. 그의 질문은 이런 뜻입니다. "저는 40년 동안 광야에만 있었습니다." 잠시 생각해 보세요. 모세가 한때 왕자이긴 했지만, 지금은 미천한 양치기일 뿐입니다. 하나님은 일개 양치기에게 당대 최고 권력자에게 가서 노예를 풀어 줄 것을 요구하라고 명령하신 것입니다. 이것은 평범한 노동자가 강대국 대통령에게 전쟁을 선포하는 것이나 다름없습니다.
>
> 모세는 평범한 사람이었습니다. 하지만 하나님은 모세에게 가장 중요한 그분 자신을 계시하심으로써 응답하셨습니다.

이때 하나님은 무엇이 가장 중요한지 그에게 가르쳐 주십니다. 바로 하나님 자신입니다. 하나님은 "내가 반드시 너와 함께 있으리라"(출 3:12)라고 말씀하십니다. 성경 전체를 통해 알 수 있는 것처럼, 하나님의 지도자들에게 필요한 것은 바로 '하나님의 임재'입니다. 하나님을 섬기는 데 타협의 여지란 없습니다.

> **Leader**
>
> 요셉, 모세, 여호수아, 기드온, 여호사밧 그리고 제자들이 그랬습니다(마 28:18~20 참조). 하나님이 그들 모두와 함께하셨습니다. 하나님은 임재와 더불어 구원을 약속하십니다.
>
> "너희가 이 산에서 하나님을 섬기리니"(출 3:12).
>
> 하나님의 목적은 자기 백성을 이 산으로 데려와 주님을 찬양하게 하는 것입니다.

Q 하나님이 사명을 주셨지만, 당신 스스로 자격이 없다거나 능력이 없다고 느끼

는 일은 무엇입니까?

Q 당신이 사역을 계속하는 데 하나님의 임재와 약속이 어떤 힘이 됩니까?

모세의 다음 질문은 하나님의 이름이 무엇이냐는 것입니다(출 3:13). 하나님이 누구신지 아는 것은 분명 중요한 일입니다. 특히 다른 사람들에게 "하나님이 나를 보내셨다"라고 말해야 한다면 말입니다. "떨기나무에서 목소리가 들렸다"라고 말하는 건 설득력이 떨어집니다.

그래서 하나님이 모세에게 자신의 이름을 말씀해 주십니다(출 3:14~15). 15절에서 '여호와'(야웨, 영어로는 Lord)라고 밝히십니다. 불가사의한 이름입니다. 하나님의 이름을 실제로 어떻게 발음하는지 아는 사람도 없고 그 뜻도 알려진 바 없습니다. 다만 '존재하다'라는 의미의 '이다/있다'라는 동사와 관련된 것으로 추측될 뿐입니다. 다시 말해서 "하나님이시다/하나님이 계시다"라는 것입니다. 하나님이 중심이십니다. 그분은 시작이 없는 분이요, 만물의 근원이십니다. 홀로 하나님이십니다.

"스스로 있는 자가 너를 그들에게 보내셨다고 하라"라는 말씀을 들으면 따르겠습니까? 하나님은 자신이 완전한 중심이라고 말씀하십니다. 바울은 훗날 이렇게 씁니다. "이는 만물이 주에게서 나오고 주로 말미암고 주에게로 돌아감이라 그에게 영광이 세세에 있을지어다 아멘"(롬 11:36). 당신 삶의 중심에 하나님이 계십니까? 그분이 당신의 결혼 생활과 사역의 중심에 계십니까? 하나님은 모세의 사명에서 가장 중요한 것은 바로 하나님 자신이라고 말씀하십니다.

하나님의 위대함을 보십시오. 하나님은 스스로 존재하며 스스로 충족하시는 분입니다. 공기도, 잠도, 음식도 필요 없으십니다. 우리조차 필요하지 않으신데, 우리는 그분이 필요합니다. 하나님은 애굽의 거짓 신들과 다르십니다. 그분은 만물이 의지해 온 유일한 참 신이십니다. 또한 장엄하게 신비로운 분입니다. 우리는 하나님을 절대 제대로 파악할 수 없습니다. 하나님이 우리를 그분의 사역에 참여시키는 것은 우리가 필요해서가 아닙니다. 사랑하기 때문에 품으시는 것입니다.

Q 하나님의 부르심을 감당하기엔 턱없이 부족하다고 느껴질 때, 어떻게 하면 거대한 사명으로부터 위대하신 하나님께로 시선을 옮길 수 있을까요?

3. 하나님은 구속을 약속하심으로써 응답하십니다(출 3:16~22)

> 백성의 기도를 들으시고, 스스로 계시하시는 하나님은 최종적으로 구원을 약속
하심으로써 백성의 부르짖음에 응답하십니다. 하나님은 모세에게 이스라엘 장
로들에게 전할 말씀을 주십니다. 장차 일어날 일에 대한 하나님의 주권적인 예언
을 살펴봅시다.

*[16]너는 가서 이스라엘의 장로들을 모으고 그들에게 이르기를 여호와 너희 조상
의 하나님 곧 아브라함과 이삭과 야곱의 하나님이 내게 나타나 이르시되 내가
너희를 돌보아 너희가 애굽에서 당한 일을 확실히 보았노라 [17]내가 말하였거니
와 내가 너희를 애굽의 고난 중에서 인도하여 내어 젖과 꿀이 흐르는 땅 곧 가
나안 족속, 헷 족속, 아모리 족속, 브리스 족속, 히위 족속, 여부스 족속의 땅으로
올라가게 하리라 하셨다 하면 [18]그들이 네 말을 들으리니 너는 그들의 장로들과
함께 애굽 왕에게 이르기를 히브리 사람의 하나님 여호와께서 우리에게 임하셨
은즉 우리가 우리 하나님 여호와께 제사를 드리려 하오니 사흘길쯤 광야로 가
도록 허락하소서 하라 [19]내가 아노니 강한 손으로 치기 전에는 애굽 왕이 너희
가 가도록 허락하지 아니하다가 [20]내가 내 손을 들어 애굽 중에 여러 가지 이적
으로 그 나라를 친 후에야 그가 너희를 보내리라 [21]내가 애굽 사람으로 이 백성
에게 은혜를 입히게 할지라 너희가 나갈 때에 빈손으로 가지 아니하리니 [22]여인
들은 모두 그 이웃 사람과 및 자기 집에 거류하는 여인에게 은 패물과 금 패물과
의복을 구하여 너희의 자녀를 꾸미라 너희는 애굽 사람들의 물품을 취하리라*

이 놀라운 약속을 통해 모세는 선지자가 되는 것이 어떤 의미인지
배우게 됩니다. 즉 하나님의 말씀을 선포하고, 백성 가운데 행하실 하나
님을 신뢰하는 것입니다. 하나님이 모세에게 장로들이 그의 말을 들을
것(출 3:18)이라는 말씀을 어떻게 하시는지 잘 보십시오. 하나님의 말씀에
사람들이 반응하리라고 약속하시는 이것이 전부가 아닙니다.

모세가 장로들과 함께 바로에게 가서 "우리가 우리 하나님 여호와
께 제사를 드리려 하오니 사흘길쯤 광야로 가도록 허락하소서"(출 3:18) 하
고 말하리라는 것에도 주목하십시오. 여기서 우리는 이스라엘이 육체뿐
아니라 영적으로도 노예 상태에 있음을 알 수 있습니다. 그들은 예배를
드리기 위해서라도 해방되어야 했습니다(참조, 출 7:16; 8:1, 20; 9:1, 13; 10:3).

> 왜 굳이 "사흘길쯤" 나가게 해 달라고 청했는지는 분명하지 않습니다. 불특정 기

간의 장거리 여행을 나타내는 고대 근동식 표현일 수도 있습니다. 어쨌든 이 여행에서 중요한 것은 목적, 즉 '예배'입니다.

하나님이 모세에게 경고하십니다. 장로들은 그의 말에 귀 기울여도 바로는 들으려 하지 않을 것이라고 말입니다. 적어도 처음에는 듣지 않을 것입니다. 그러나 바로가 거절하면, 하나님이 이적을 행하는 '강한 손'으로 개입하실 것입니다(출 3:19~20).

모세는 아직도 확신하지 못합니다. 4장에서는 하나님께 반박하며 핑계를 댑니다. 하지만 하나님이 그 모든 것에 답변하십니다.

> 모세는 아무도 자기 말을 믿지 않을 것이라고 항변합니다(출 4:1~9). 하나님은 그들이 결국 믿게 될 거라고 모세를 안심시키십니다.

그러자 이번에는 자신의 언변 부족을 핑계로 댑니다(출 4:10~12). 이에 하나님은 모세에게 "누가 사람의 입을 지었느냐?"(출 4:11)라고 물으십니다. 하나님은 모세가 목적이 있어 지음받았다고 말씀하십니다. 하나님은 모세의 연약함을 아셨습니다. 하나님은 모세의 이 연약함 때문에 더 큰 영광을 받게 되실 것입니다.

하나님은 모세의 핑계가 쓸데없다고 하십니다.

"내가 네 입과 함께 있어서 할 말을 가르치리라"(출 4:12; 참조, 렘 1:4~10).

그런데도 모세가 여전히 망설이자 하나님은 그에게 분노를 표하시지만(출 4:14), 그 와중에도 여전히 은혜로우십니다. 아론을 보내 모세를 돕게 하셨던 것입니다(출 4:14~16).

하나님이 찾으시는 사람은 연설가가 아니라 전달자입니다. 훌륭한 연설을 할 필요가 없습니다. 그저 전달만 잘하면 됩니다. 모세는 "그것은 네 소관이 아니다"라는 말씀의 의미를 깨달아야 했습니다. 우리도 마찬가지입니다. 그것은 '스스로 있는 자'에게 속한 일이기 때문입니다.

Q 하나님의 말씀을 전하지 못하도록 가로막는 가장 큰 두려움은 무엇입니까?

Q 하나님의 말씀을 전하지 못하게 하는 핑계들을 어떻게 극복할 수 있을까요?

결론

하나님의 계획이 본격적으로 가동됩니다. 하나님은 중재자로 서기를 꺼리는 양치기 모세에게 구속의 약속을 주심으로써 응답하셨습니다. 여기서 우리는 성경을 통해 예수님, 즉 우리에게 하나님의 선하심과 의로우심을 온전히 드러내시는 위대한 '스스로 있는 자'를 고대하게 됩니다. 그분은 우리를 '노예'에서 '자유인'으로, '어둠의 왕국'에서 '빛의 나라'로 인도하려고 양들을 위해 자기 목숨을 내어 주는 선한 목자이십니다.

우리는 하나님의 구원에 힘입어 하나님 나라의 백성이 되었습니다. 이 구원 이야기에서 우리는 하나님이 우리를 사회·정치·경제·신체적 노예 상태와 영적 노예 상태에서 어떻게 구원하시는가를 봅니다. 그리스도인은 인간의 일시적인 고통과 영속적인 고통을 경감하는 일에 관심을 기울여야 합니다. 그리고 충만함으로 우리 기도를 들어주시는 하나님의 능력 안에서 이 일을 해야 합니다.

> **그리스도와의 연결**
> 하나님이 자신의 선하고 의로우신 성품을 잘 드러내는 '스스로 있는 자'라는 이름을 모세에게 가르쳐 주셨습니다. 예수님이야말로 하나님의 선하심과 의로우심을 우리에게 생생히 드러내 주는 '스스로 있는 자'이십니다.

하나님의 계획 우리의 사명

선교적 적용　하나님은 압제받는 자들의 고통에 눈을 뜨고, 그들에게 하나님의 사랑을 드러내며 나눠 주라고 우리를 부르셨습니다.

1. 예수님의 이름으로 선한 일을 할 수 있도록, 어떻게 하면 세상의 불의와 압제에 늘 귀 기울일 수 있을까요?

2. 하나님을 향한 경외감을 높이는 방법은 무엇일까요?

3. '스스로 있는 자'이신 예수님을 통해 죄에서 구속받은 우리는 어떻게 생각하고 어떻게 살아가야 할까요?.

Summary and Goal

이 세션에서 우리는 모든 영광과 은혜의 하나님 안에서 앎과 쉼을 통해 평안을 찾는 법을 배우게 될 것입니다. 지존하신 하나님을 인정하고 하나님의 구원 약속을 받아들일 때 평안을 누릴 수 있습니다. 또한 선과 정의를 해치는 모든 대적자에 맞서 승리하심으로써 영광을 드러내실 하나님을 믿을 수 있습니다.

- **성경 본문**
  출애굽기 5:1~9
  출애굽기 6:2~9
  출애굽기 7:14~25

- **세션 포인트**
  1. 하나님은 권세자와 더불어 싸우심으로써 영광을 드러내십니다(출 5:1~9)
  2. 하나님은 자기 백성을 위로하심으로써 영광을 드러내십니다(출 6:2~9)
  3. 하나님은 거짓 신들에 맞서심으로써 영광을 드러내십니다(출 7:14~25)

....

- **신학적 주제**
  유일하신 하나님은 자기 백성은 위로하시고, 거스르는 자들은 대적하심으로써 영광을 선포하십니다.

- **그리스도와의 연결**
  주권자이신 예수 그리스도께서 자기 백성에게 다시 돌아와 그들을 구원하고 모든 고통과 억압을 끝내리라 약속하셨습니다.

- **선교적 적용**
  하나님은 사람들을 죄와 고통에 빠지게 하는 이 세상 나라와 권세에 대항해 싸우라고 우리를 부르셨습니다.

구속자 하나님이 영광을 드러내시다

도입

하나님께 순종하는 것이 왜 어려울 수 있는지 함께 알아보도록 도우십시오. 모세 자신이 순종에 반대되는 경험을 했던 것을 살펴봅니다.

옳은 일을 하려다가 곤란을 겪은 적이 있습니까?

왜 사람들은 순종이 어려움과 저항보다 평안과 안락함을 가져온다고 생각할까요?

세션을 요약합니다. 순종함으로써 얻는 평안은 하나님을 알고 신뢰하는 데서 비롯됩니다.

전개

1
**하나님은 권세자와 더불어
싸우심으로써
영광을 드러내십니다**
(출 5:1~9)

세션 1의 이야기를 되짚어보고 나서 출애굽기 5장 1~9절을 읽으십시오. 눈에 보이지 않는 이스라엘의 하나님에 대한 바로의 업신여김과 모세와 아론의 믿음에 주목하십시오.

왜 우리는 눈으로 볼 수 있는 것들(돈, 집, 사람 등)을 쉽게 신뢰할까요?

눈에 보이지 않는 분을 신뢰하는 것은 왜 어려울까요?

하나님이 모세를 통해 바로에게 도전하시자, 이스라엘에 더 큰 고난이 닥쳤습니다. 하지만 이 도전을 통해 눈에 보이지 않는 하나님이 자기 영광을 널리 펼치게 되셨음을 지적하십시오.

어려운 상황에서 하나님의 타이밍과 개입하지 않으심으로 인해 용기를 잃은 적이 있습니까?

그때 하나님에 대한 어떤 진리가 도움이 되었습니까?

2
**하나님은 자기 백성을
위로하심으로써
영광을 드러내십니다**
(출 6:2~9)

자원자에게 출애굽기 6장 2~9절을 읽게 합니다. 학습자용 교재에 있는 표를 이용해 이 단락에 나타난 약속들을 적을 시간을 주고, 그 의미를 생각하게 하십시오. 둘씩 짝지어 서로 생각을 비교해 보게 하십시오. 그리고 나서 도표 오른쪽 내용에 관해 질문하십시오.

특히 "내가 하리라"라는 네 번의 선언을 언급하고, 하나님의 구원 사역에 대한 다음 약속들과 관련된 신약성경 구절들에 대해 말하십시오(학습자용 교재에 있는 빈칸을 채웁니다).

- 해방(Liberation)

- 구속(Redemption)

- 입양(Adoption)

- 기업(Inheritance)

이 부분을 마무리하면서 믿음 때문에 사형에 처해질 시간이 임박한 상황에서도 복음의 약속들을 묵상한 디트리히 본회퍼를 예로 듭니다. 모임에 앞서 한 사람이 믿음의 예로 본회퍼를 간단히 소개할 수 있도록 미리 관련 정보를 제공해도 좋습니다.

3
하나님은 거짓 신들에 맞서심으로써 영광을 드러내십니다
(출 7:14~25)

하나님이 애굽에 보내신 재앙들이 실제로 애굽의 거짓 신들을 어떻게 심판했는지 설명하십시오. 그리고 나서 출애굽기 7장 14~25절을 읽습니다.

애굽에서 나일 강이 지니는 상업적, 영적 중요성을 생각해 보고, 나일 강이 피로 변한 사건이 하나님의 우월하심을 어떻게 증명했는지 토론하게 하십시오. 부록 2: '애굽의 재앙'을 사용해 되풀이해서 일어나는 재앙의 요소들과 하나의 핵심 주제, 즉 하나님 홀로 하나님이심을 설명해 주십시오.

우리 사회가 안도감을 얻기 위해 찾는 거짓 신들은 무엇입니까?

하나님은 이 거짓 신들을 어떻게 심판하십니까?

결론

애굽에서 하나님의 영광이 펼쳐진 사건이 어떻게 우리를 고난 중에도 순종할 수 있게 하며, 예수님을 세상에 알리는 사명으로 이끄는지 알려 주십시오. 이 세션에서 배운 진리를 '하나님의 계획, 우리의 사명'에서 적용해 보십시오.

2. 구속자 하나님이 영광을 드러내시다

도입

실제로 하나님의 말씀을 따랐다가 고난을 겪은 적이 있습니까? 하나님께 순종하는 일은 결코 쉽지 않습니다.

> 다음의 경우들을 생각해 봅니다.

Leader

- 그리스도인 고등학생이 예수님을 따르고자 합니다. 친구들의 유혹에 저항하느라 '광신도', '이상한 녀석'이라는 낙인이 찍혔습니다. 친구들은 거룩함을 추구하는 그를 비웃었습니다.

- 어느 부부가 에티오피아에서 아이를 입양했습니다. 이제 이들은 아이의 행동 문제, 애착 문제, 학업 문제 등 복합적인 문제들을 해결해 나가야 합니다. 문제들이 부부의 진을 뺐고, 결국 그들은 낙담하고 말았습니다.

- 한 젊은 여성이 결혼하고 싶어 합니다. 성경에 따라 남편감에 대한 확고한 조건을 세웠습니다. 그런데 친구들이 그녀에게 성경의 기준 같은 건 무시하고, 부유하고 매력적인 독신 남성과 데이트해 보라고 이야기합니다. 예수님을 모르는 남자라도 말입니다. 충고를 거절하자 친구들은 그녀가 너무 '원시적'이라며 놀려 댑니다.

- 어느 목사가 교회에 막 부임했습니다. 주님이 인도하셨다고 생각했는데, 첫날부터 반대에 부딪혔습니다. 그러니 묻지 않을 수가 없습니다.
  "주님, 도대체 왜 나를 이곳으로 보내셨나요?"

- 회사원이 동료가 회사 정책과 법을 위반한 것을 알게 되었습니다. 그는 이 사건을 상부에 보고했습니다. 그는 결심하고 옳은 일을 했지만, 동료들로부터 원성을 샀습니다. 동료들은 그를 '고자질쟁이', '골칫덩이'로 낙인찍었습니다.

- 당신이 가족과 함께 고향을 떠나 외국으로 선교를 떠났다고 가정해 봅시다. 그런데 도착하자마자 아내가 희귀 질병에 걸리고 맙니다. 그때 당신은 이렇게 물을 것입니다.
  "왜입니까? 주님, 주님이 우리를 이곳으로 보내지 않으셨습니까?"

순종에는 어려움과 저항이 따릅니다. 반대에 부딪혀 절망에 빠지게 될지도 모릅니다. 모세도 그러했습니다. 그는 하나님의 뜻 가운데 거했지만, 하나님의 말씀을 따른다는 바로 그 이유 때문에 심각한 반대에 부딪혔습니다.

Q 옳은 일을 하려다가 곤란을 겪은 적이 있습니까?

Q 왜 사람들은 순종이 어려움과 저항보다 평안과 안락함을 가져온다고 생각할까요?

Session Summary

> 신실한 성도에게 "내가 과연 절망의 순간을 맞게 될 것인가?"라는 질문은 적절치 않습니다. 오히려 "이 깊은 절망을 어떻게 다룰 것인가?" 하고 물어야 합니다. 이
Leader
:.... 실제적이고 현실적인 질문에 대한 답이 출애굽기 5~7장에 있습니다.

이 세션에서 우리는 모든 영광과 은혜의 하나님 안에서 앎과 쉼을 통해 평안을 찾는 법을 배우게 될 것입니다. 지존하신 하나님을 인정하고 하나님의 구원 약속을 받아들일 때 평안을 누릴 수 있습니다. 또한 선과 정의를 해치는 모든 대적자에 맞서 승리하심으로써 영광을 드러내실 하나님을 믿을 수 있습니다.

전개

1. 하나님은 권세자와 더불어 싸우심으로써 영광을 드러내십니다(출 5:1~9)

> 세션 1에서 살펴봤듯이 하나님은 이스라엘을 위해 모세와 그의 형 아론을 바로
Leader
:.... 에게 보내 말씀을 전하게 하셨습니다. 이번 단락에서 마침내 모세와 아론이 드디어 거만한 바로와 대면하게 됩니다.

[1]그 후에 모세와 아론이 바로에게 가서 이르되 이스라엘의 하나님 여호와께서 이렇게 말씀하시기를 내 백성을 보내라 그러면 그들이 광야에서 내 앞에 절기를 지킬 것이니라 하셨나이다 [2]바로가 이르되 여호와가 누구이기에 내가 그의 목소리를 듣고 이스라엘을 보내겠느냐 나는 여호와를 알지 못하니 이스라엘을

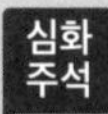

심화주석 바로의 질문(출 5:2)은 정보의 요청이 아니라 모욕을 작정한 것입니다(출 2:14에서 모세의 정체와 권위를 묻는 것과 같은 질문들). 이 질문은 잠언 30장 9절에서 배불러 만족한 사람이 하나님을 모른다고 부인하며 "여호와가 누구냐" 하고 묻는 것으로 묘사됩니다. "나는 여호와에 대해 아무것도 모른다"는 바로의 주장은 계속되는 모욕일 뿐 무지의 가능성을 허용하지 않습니다. 바로가 자신의 수사 의문문에 답이라고 믿었을 만한 것은 '여호와는 내가 인정하거나 복종할 필요가 있는 대상이 절대 아니다'일 것입니다. 바로는 여호와의 우월한 지위를 거부하고 있습니다.

주님께 순종하느냐 하지 않느냐의 핵심은 그분의 존재에 합당한 지식과 존경을 돌려드리느냐에 있습니다(요 8:48~55 참조). 즉 출애굽기에 기록된 사건들은 "여호와가 누구냐" 하는 바로의 질문에 대한 답입니다. 즉 하나님이 이스라엘(출 6:7), 애굽 사람들(출 7:5), 지켜본 자들(출 18:11; 수 2:8~11; 삿 2:2~11; 삼상 4:7~8; 6:6), 후대의 독자들(시 105편; 사 63:7~14)을 위하는 분이라는 것입니다. 이는 그분께 순종할 충분한 근거가 됩니다.

또한 이 사건들은 바로가 고려했어야 하는 유일하게 중요한 분, 이스라엘이 근본적으로 바로보다 더 의지했어야 하는 분, 바로 그 하나님을 의지해야 한다는 교훈을 줍니다(사 8:11~13; 렘 1:17). 주님은 바로가 가지지 못한 권위와 권세를 가지고 계십니다.[2]

_도리안 G. 쿠버-콕스,
HCSB Study Bible

보내지 아니하리라 [3] 그들이 이르되 히브리인의 하나님이 우리에게 나타나셨은 즉 우리가 광야로 사흘길쯤 가서 우리 하나님 여호와께 제사를 드리려 하오니 가도록 허락하소서 여호와께서 전염병이나 칼로 우리를 치실까 두려워하나이다 [4] 애굽 왕이 그들에게 이르되 모세와 아론아 너희가 어찌하여 백성의 노역을 쉬게 하려느냐 가서 너희의 노역이나 하라 [5] 바로가 또 이르되 이제 이 땅의 백성이 많아졌거늘 너희가 그들로 노역을 쉬게 하는도다 하고 [6] 바로가 그날에 백성의 감독들과 기록원들에게 명령하여 이르되 [7] 너희는 백성에게 다시는 벽돌에 쓸 짚을 전과 같이 주지 말고 그들이 가서 스스로 짚을 줍게 하라 [8] 또 그들이 전에 만든 벽돌 수효대로 그들에게 만들게 하고 감하지 말라 그들이 게으르므로 소리 질러 이르기를 우리가 가서 우리 하나님께 제사를 드리자 하나니 [9] 그 사람들의 노동을 무겁게 함으로 수고롭게 하여 그들로 거짓말을 듣지 않게 하라

> 전능하신 하나님이 강력한 바로에게 도전하시는 장면을 다시 새겨 보십시오. 모세와 아론은 바로에게 가서 하나님이 그들을 보내셨다고 말하며, "광야에서 내 [하나님의] 절기를 지킬 것"(출 5:1)을 허락해 달라고 정중히 요청합니다.

바로가 모세와 아론에게 반문합니다. "여호와가 누구이기에 내가 그의 목소리를 들어야 하느냐?"(출 5:2). 이는 "내가 왜 너희 하나님의 말을 따라야 하느냐?"라고 묻는 것입니다. 그는 하나님의 말씀을 따라야 하는 이유를 곧 직접 경험하게 될 것입니다. 하지만 지금은 하나님이 누구신지 잘 알지 못하는 탓에 자기중심적이며 오만한 태도로 대하고 있습니다. 그의 즉각적인 질문과 뻔뻔함에도 불구하고 모세와 아론은 끈질깁니다. 바로는 경고를 받았는데도 주님의 말씀에 불순종했습니다.

모세와 아론은 바로 앞에서 거침없이 요구합니다. 하나님이 보내셨는데 그러지 못할 이유가 없지요. 하나님은 세상에서 고귀한 자들이 그분 앞에서는 아무것도 아님을 보이심으로써 영광을 드러내십니다. 히브리서는 모세의 용기를 이렇게 평가합니다. "믿음으로 [모세는] 애굽을 떠나 왕의 노함을 무서워하지 아니하고 곧 보이지 아니하는 자를 보는 것같이 하여 참았으며"(히 11:27). 우리도 이와 같이 보이지 않는 분을 신뢰할 수 있어야 합니다.

Q 왜 우리는 눈으로 볼 수 있는 것들(돈, 집, 사람 등)을 쉽게 신뢰할까요?

Q 눈에 보이지 않는 분을 신뢰하는 것은 왜 어려울까요?

바로는 하나님의 말씀에 반하는 행동을 보입니다(출 5:6~9). 그는 노예들이 일을 열심히 하지 않는 것 같다며 일을 더 주겠다고 합니다. 일 하느라 바빠지면 예배드리러 광야로 나가겠다는 허무맹랑한 꿈은 꾸지 않을 테니까요. 또한 작업 환경을 더 열악하게 만듭니다. 감독들에게 그들의 호소를 무시하도록 명령한 것입니다.

5장 끝에 이르면, 모세의 순종이 백성에게는 더 좋지 않게 작용한 것처럼 보입니다. 그는 실망한 나머지 하나님의 선하신 뜻에 의문을 제기하기 시작합니다.

모세에게서 우리의 모습이 보입니다. 그도 우리처럼 하나님의 자비와 은혜가 절실히 필요한 사람이었습니다. 그런데 여기서 그의 믿음은 위기를 맞습니다. 하지만 모세는 끝까지 하나님께 호소합니다. 하나님을 향해 부르짖은 것입니다(출 5:22~23).

여기서 우리는 하나님이 권세자와 더불어 싸우심으로써 자기 영광을 어떻게 드러내시는지를 보게 됩니다. 하나님은 바로를 당장 멸하실 수도 있었지만 그렇게 하지 않으셨습니다. 하나님의 방식은 우리의 것과 다릅니다. 머지않아 모세는 바로와 함께 하나님의 영광이 펼쳐지는 것을 보게 될 것입니다. 낙담할 때 하나님의 다스리심을 기억하십시오. 주님이 마침표를 찍으실 것입니다. 주의 길은 의롭고 선합니다.

Q 어려운 상황에서 하나님의 타이밍과 개입하지 않으심으로 인해 용기를 잃은 적이 있습니까?

Q 그때 하나님에 대한 어떤 진리가 도움이 되었습니까?

2. 하나님은 자기 백성을 위로하심으로써 영광을 드러내십니다(출 6:2~9)

> 출애굽기 6장에서 하나님은 친히 주관하고 계심을 모세에게 재차 확신시켜 주십니다(출 6:1). 그리고 나서 모세에게 몇 가지 약속을 주며 위로하십니다.
> — Leader

²하나님이 모세에게 말씀하여 이르시되 나는 여호와이니라 ³내가 아브라함과 이삭과 야곱에게 전능의 하나님으로 나타났으나 나의 이름을 여호와로는 그들에게 알리지 아니하였고 ⁴가나안 땅 곧 그들이 거류하는 땅을 그들에게 주기로

심화주석 존 뉴턴은 그리스도인은 받게 될 유업과 영화롭게 하심의 교리를 생각함으로써 시험을 견딜 수 있다고 말했습니다. 그에 따르면, 그리스도인은 자신에게 다가오고 있는 모든 것을 고려할 때, 원망하거나 투덜대거나 절망해서는 안 됩니다. 엄청난 유산을 물려받게 된 사람을 상상해 보십시오. 그가 유산을 받으려면 뉴욕에 가야 하는데, 가는 도중에 마차가 부서지고 말았습니다. 그래서 그는 목적지까지 1마일을 걸어가야 합니다. 뉴턴이 묻습니다. "1마일만 더 가면 수백만 달러를 받을 수 있는 사람이 '내 마차가 부서졌어, 마차가 부서져 버렸어' 하고 버둥대며 불평하겠습니까?"[4] 뉴턴의 관점은 단순합니다. 그리스도인은 몇 마일만 남겨 둔 사람들입니다. 어떤 유산이 우리를 기다리고 있는지 안다면, 고난을 잘 견딜 수 있을 것입니다.

그들과 언약하였더니 [5]이제 애굽 사람이 종으로 삼은 이스라엘 자손의 신음 소리를 내가 듣고 나의 언약을 기억하노라 [6]그러므로 이스라엘 자손에게 말하기를 나는 여호와라 내가 애굽 사람의 무거운 짐 밑에서 너희를 빼내며 그들의 노역에서 너희를 건지며 편 팔과 여러 큰 심판들로써 너희를 속량하여 [7]너희를 내 백성으로 삼고 나는 너희의 하나님이 되리니 나는 애굽 사람의 무거운 짐 밑에서 너희를 빼낸 너희의 하나님 여호와인 줄 너희가 알지라 [8]내가 아브라함과 이삭과 야곱에게 주기로 맹세한 땅으로 너희를 인도하고 그 땅을 너희에게 주어 기업을 삼게 하리라 나는 여호와라 하셨다 하라 [9]모세가 이와 같이 이스라엘 자손에게 전하나 그들이 마음의 상함과 가혹한 노역으로 말미암아 모세의 말을 듣지 아니하였더라

출애굽기 6장 2~9절에 기록된 하나님의 약속들을 쓰세요.	그중에 어떤 약속이 이스라엘 백성에게 가장 의미가 있었을까요? 그 이유는요?

> '약속'이란 앞으로 일어날 일에 대한 희망을 주게 마련입니다. 약속은 어둠 한복판에 서 있는 우리에게 하나님의 영광을 상기시킵니다. 하나님이 모세에게 몇 가지 놀라운 단서를 주십니다. 이 진리들은 세월이 흘러도 변함없습니다. 우리 역시 이 진리들을 날마다 곱씹어 봐야 합니다.

Leader

하나님의 구원 사역을 강조하는 "내가 하리라"라는 네 번의 선언을 주의 깊게 살펴봅시다. 이것들이 신약성경 구절들과 짝을 이루는 것을 보게 될 것입니다.

첫째, <u>해방(Liberation)</u>. "내가 애굽 사람의 무거운 짐 밑에서 너희를 빼내며 그들의 노역에서 너희를 건지며"(출 6:6상).

이는 구원을 묘사합니다. 하나님은 자기 백성을 노예 상태에서 건지실 것입니다. 그들을 구원하시고, 중재자 모세를 통해 속박에서 벗어나게 하실 것입니다. 이것은 믿음의 은혜로 이루어지는 것이지, 이스라엘이 제힘으로 얻는 것이 아닙니다. 하나님의 구원의 목적은 백성으로 하

여금 전능하신 하나님을 예배하게 하는 데 있는데, 그들은 그렇게 했습니다(출 15장).

신약성경도 이 복음의 진리를 가르칩니다. 예를 들어, 바울은 예수님이 "이 악한 세대에서 우리를 건지시려고 우리 죄를 대속하기 위하여 자기 몸을 주셨다"(갈 1:4)라고 말합니다. 하나님은 영적 노예가 되어 율법을 지킬 수 없는 무능에 빠진 우리를 자유롭게 하셨습니다. 중보자 예수 그리스도를 통해서 말입니다. 이것은 오직 믿음의 은혜로 주어지는 것이지, 노력으로 얻어지는 것이 아닙니다. 우리의 건지심도 이스라엘과 마찬가지로 예배를 위함입니다.

둘째, <u>구속(Redemption)</u>. "편 팔과 여러 큰 심판들로써 너희를 속량하여"(출 6:6하).

> 야곱의 축복 중에 언급된 창세기 48장 16절을 제외하면, '속량'이란 단어는 여기서 처음 사용되었습니다. 후에 이 단어는 출애굽기 15장 13절에서도 사용되는데, 백성이 하나님의 구속하심을 찬양하는 장면입니다.
>
> "주의 인자하심으로 주께서 구속하신 백성을 인도하시되 주의 힘으로 그들을 주의 거룩한 처소에 들어가게 하시나이다"(출 15:13).

'속량'이란 단어는 '사들이다'라는 뜻도 있지만, 그 이상을 의미합니다. 히브리어에서 '속량'은 다른 가족이나 가까운 친척이 유사시에 가족을 보호할 수 있는 특권이나 보호해야 할 의무라는 뜻에 가깝습니다(참조, 레 25장; 민 35장; 신 25:5~10; 룻 3:12~13; 4:1~12). '일가 후견인'이나 '가족 대변인'의 역할을 하는 것입니다.[5] 자기 백성을 지키고 보호하기 위해 오신다는 점에서 하나님은 궁극적으로 '구속주'이십니다.

출애굽기의 하나님은 가족의 상속자, 즉 메시아를 지키기 위해 행하셨습니다. 신약성경에서 바울은 이렇게 말했습니다. "때가 차매 하나님이 그 아들을 보내사 … 율법 아래에 있는 자들을 속량하시고 우리로 아들의 명분을 얻게 하려 하심이라"(갈 4:4~5).

여기서 바울은 구원과 성도의 양자 됨을 함께 다룹니다. 예수님은 우리의 일가 후견인이십니다. 가장 절망적인 상황에서 우리를 구하기 위해 값을 치르셨습니다.

셋째, <u>입양(Adoption)</u>. "너희를 내 백성으로 삼고 나는 너희의 하나님이 되리니 나는 애굽 사람의 무거운 짐 밑에서 너희를 빼낸 너희의 하나님 여

"하나님을 기쁘시게 하려는 지속적인 노력은, 우리를 둘러싸고 있는 하나님의 창조 사역에 대한 경이와 우리를 구원하신 하나님의 구속 사역에 대한 더 큰 경이로 말미암은, 하나님을 사랑하는 데서 솟아납니다."[6]
_J. I. 패커_

호와인 줄 너희가 알지라"(출 6:7).

이 구절은 구원의 가족성에 대해 훨씬 더 많은 것을 보여 줍니다. 양자의 교리를 떠올리게 하지요. 하나님은 이스라엘을 자기 백성으로 삼으실 것입니다. 이미 그들을 "내 아들"(출 4:22)로 부르기도 하셨습니다. 이는 하나님의 비할 데 없는 사랑을 나타냅니다.

신약성경에서 바울은 하나님이 이스라엘을 택하신 것을 보고 "그들에게는 양자 됨과 영광과 언약들과 율법을 세우신 것과 예배와 약속들이"(롬 9:4) 있다고 말했습니다. 하나님은 속량으로 우리를 끔찍한 상황에서 건져주시는데, 그게 다가 아닙니다. 우리를 양자로 삼아 하나님의 가정에 속하게 하셨습니다. 이것은 엄청난 특권입니다.

"보라 아버지께서 어떠한 사랑을 우리에게 베푸사 하나님의 자녀라 일컬음을 받게 하셨는가, 우리가 그러하도다 그러므로 세상이 우리를 알지 못함은 그를 알지 못함이라"(요일 3:1).

> Leader 저의 친구 데니스 오몬디는 아내와 함께 케냐에 살고 있습니다. 최근 이들의 입양 사연이 케이블 채널 MSNBC를 통해 방송되었습니다. 이들이 입양한 벤저민은, 나이로비 빈민가의 약 5m 구멍, 즉 공중화장실에 던져졌었습니다. 지나가던 사람이 아이의 비명 소리를 듣고 죽음에서 건지기 위해 거름더미를 두 시간이나 파헤쳤습니다. 벤저민은 '새 생명 가정 단체'(New Life Home Trust)라는 보육원으로 보내졌고, 이후 데니스의 사랑스러운 가정으로 오게 된 것입니다. 이것이 바로 하나님이 이스라엘을 위해 하신 일입니다. 또한 우리를 위해 하신 일입니다. 한때 구덩이에 있던 우리가 이제 아버지 품에 있습니다.

넷째, <u>기업(Inheritance).</u> "내가 아브라함과 이삭과 야곱에게 주기로 맹세한 땅으로 너희를 인도하고 그 땅을 너희에게 주어 기업을 삼게 하리라"(출 6:8).

여기서 하나님은 자기 백성에게 기업을 주겠다고 약속하십니다. 이 약속은 아브라함에게 처음 주어졌습니다(창 12:7). 우리는 여호수아서에서 마침내 그들이 그 땅에 들어가 정복하고 정착하는 것을 보게 될 것입니다. 그러나 지금 그들은 아무것도 가진 것이 없습니다. 애굽의 노예일 뿐입니다. 하지만 하나님은 그들에게 기업을 모두 은혜로 주실 것입니다.

신약성경은 약속의 땅을 기업으로 받는다는 개념을 새 하늘과 새 땅을 향한 소망과 연결시킵니다. 예수님의 부활로 말미암아 우리는 "썩지 않고 더럽지 않고 쇠하지 아니하는 유업을 잇게 하시나니 곧 너희를 위하여 하늘에 간직하신 것"(벧전 1:4)을 받게 되었습니다. 예수님도 마음이 온유한 자가 땅을 기업으로 받을 것이라고 말씀하셨습니다(마 5:5).

> 나치 독일 치하에서 고통받던 그리스도인 디트리히 본회퍼처럼 우리도 이 복음의 진리 안에서 위로를 찾아야 합니다. 본회퍼는 처형당하기 24시간 전에 수감자들을 모아 예배를 주관했습니다. 그가 선택한 본문은 이사야 53장 5절과 베드로전서 1장 3~12절로, 고난받는 종과 성도의 '산 소망'에 관한 것이었습니다. 감옥에 갇힌 이들에게 복음이 가득한 본문을 설명하고 하나님께 기도하고 나자 두 사람이 본회퍼를 불러냈습니다. 그들은 "죄수 본회퍼는 일어나서 우리와 함께 간다"라고 말했습니다. 이 말이 의미하는 것은 단 한 가지였습니다. 바로 교수대입니다. 본회퍼는 그때 친구를 불러 이렇게 말했습니다.

"이제 끝이군. 하지만 내게는 생명의 시작이라네."[7]

본회퍼는 절망의 시간에 복음의 약속을 묵상했습니다. 이 모범을 따르십시오. 하나님의 충만한 은혜로 주어진 당신의 해방과 구속, 입양과 기업에서 위로를 찾으십시오.

> *"그리스도인이 마땅히 해야 하는 바대로 우리가 자신을 이 땅에서 순례자와 이방인으로 규정했다면, 세상이 보장하는 종류의 안전을 계속 고집하는 것은 무의미합니다. 우리의 안전은 고통받지 않도록 보호받는 것이 아니라 하나님의 손에 온전히 맡기는 것입니다. 물리적, 물질적 안전에 대한 욕구는 우리를 교활하고 어렵게 만들 뿐입니다. 그래서는 안 됩니다. 우리는 어린아이와 같아야 합니다. 아버지 품에 안긴 아이는 걱정이 없습니다. 아버지를 믿기에 고요히 쉴 수 있는 것입니다."[8]*
> _엘리자베스 엘리엇

3. 하나님은 거짓 신들에 맞서심으로써 영광을 드러내십니다

(출 7:14~25)

> 이제 하나님이 자기 영광을 드러내시는 세 번째 방식을 살펴볼 차례입니다. 거짓 신들을 대적하신 것입니다.

출애굽기 7장부터 애굽 사람들에 대한 하나님의 심판이 혹독한 재앙으로 연이어 나타납니다. 현대인들은 그 재앙들을 보고 이렇게 말할지도 모릅니다.

"농담이지요? 이건 너무 별나잖아요! 애굽 사람들을 약 올리려고 이러는 거예요?"

확실히 별나고 가혹합니다. 그런데 언뜻 보이는 것보다 더 큰 일이 벌어지고 있음을 알아야 합니다. 하나님은 애굽 사람들뿐 아니라 애굽 신들도 심판하고 계십니다(출 12:12; 참조, 민 33:4). 애굽 신들이 보호해 주고 있다고 여겨 온 삶의 전 영역에서 재앙이 일어났습니다. 하나님은 이 거짓 신들을 심판하심으로써 자기 영광을 드러내 보이십니다. 하나님은 홀로 전지전능하신 분입니다. 그런 면에서 주님의 첫 이적이 나일 강에서 일어난 것은 적절했습니다.

[14]여호와께서 모세에게 이르시되 바로의 마음이 완강하여 백성 보내기를 거절하는도다 [15]아침에 너는 바로에게로 가라 보라 그가 물 있는 곳으로 나오리니 너는 나일 강 가에 서서 그를 맞으며 그 뱀 되었던 지팡이를 손에 잡고 [16]그에게 이르기를 히브리 사람의 하나님 여호와께서 나를 왕에게 보내어 이르시되 내 백성을 보내라 그러면 그들이 광야에서 나를 섬길 것이니라 하였으나 이제까지 네가 듣지 아니하도다 [17]여호와가 이같이 이르노니 네가 이로 말미암아 나를 여호와인 줄 알리라 볼지어다 내가 내 손의 지팡이로 나일 강을 치면 그것이 피로 변하고 [18]나일 강의 고기가 죽고 그 물에서는 악취가 나리니 애굽 사람들이 그 강 물 마시기를 싫어하리라 하라 [19]여호와께서 또 모세에게 이르시되 아론에게 명령하기를 네 지팡이를 잡고 네 팔을 애굽의 물들과 강들과 운하와 못과 모든 호수 위에 내밀라 하라 그것들이 피가 되리니 애굽 온 땅과 나무 그릇과 돌 그릇 안에 모두 피가 있으리라 [20]모세와 아론이 여호와께서 명령하신 대로 행하여 바로와 그의 신하의 목전에서 지팡이를 들어 나일 강을 치니 그 물이 다 피로 변하고 [21]나일 강의 고기가 죽고 그 물에서는 악취가 나니 애굽 사람들이 나일 강 물을 마시지 못하며 애굽 온 땅에는 피가 있으나 [22]애굽 요술사들도 자기들의 요술로 그와 같이 행하므로 바로의 마음이 완악하여 그들의 말을 듣지 아니하니 여호와의 말씀과 같더라 [23]바로가 돌이켜 궁으로 들어가고 그 일에 관심을 가지지도 아니하였고 [24]애굽 사람들은 나일 강 물을 마실 수 없으므로 나일 강 가를 두루 파서 마실 물을 구하였더라 [25]여호와께서 나일 강을 치신 후 이레가 지나니라

나일 강은 애굽의 생명줄입니다. 근본적으로 애굽은 나일 강 없이는 존재할 수 없습니다. 이 강은 애굽의 식수, 관수, 식량, 운송에서 중요한 역할을 하고 연간 주요 행사의 무대가 됩니다. 이런 종류의 참사는 마치 석유 공급이 전면 중단되고, 주식시장이 붕괴하며, 식수가 오염되고 식품점에 식량이 동나는 상황과도 같습니다. 혼란 그 자체인 것입니다.

애굽 사람들이 나일 강을 그들의 창조주이자 공급자로 숭배하는 것은 놀라운 일이 아닙니다. 적어도 세 가지 신이 나일 강과 관련되어 있습니다. 그러나 하나님은 웅장한 나일 강을 피로 변하게 하심으로써 그 신들을 완전히 무너뜨리십니다(참조, 시 78:44; 105:29; 계 16:3~7).

애굽의 요술사들도 이적을 그대로 따라 했습니다. 하지만 애굽 사람들이 마실 물을 구하기 위해 두루 땅을 판 것으로 보아, 그들이 이적을 따라 하긴 해도 강물을 깨끗하게 할 수는 없었다는 것을 알 수 있습니다.

그러나 바로는 "그 일에 관심을 가지지도 아니하였습니다"(출 7:23).

이어지는 재앙들을 살펴보면 되풀이되는 요소들이 눈에 띌 것입니다.

> 10가지 재앙 속에는 반복되는 네 가지 요소가 있습니다.

1) 모세와 아론의 순종

2) 애굽의 신들을 능가하는 하나님의 권세

3) 사탄의 모방

4) 집요하게 완악해지는 바로의 마음

우리는 여기서 한 가지 중심 주제를 발견할 수 있습니다. 바로 "내가 여호와인 줄을 알리라"입니다(참조, 출 7:17; 8:10, 22; 9:14, 16, 29; 10:2). 주님만이 하나님이신 줄을 모두가 알게 될 것입니다. 우리는 재앙의 세세한 내용 가운데서도 이 중심 주제를 놓쳐서는 안 됩니다. 하나님은 모두가 주님을 알고 경배하기를 열망하십니다.

Q 우리 사회가 안도감을 얻기 위해 찾는 거짓 신들은 무엇입니까?

Q 하나님은 이 거짓 신들을 어떻게 심판하십니까?

결론

하나님이 바로에 맞서 재앙을 일으키심으로써 영광을 드러내시는 모습을 보면서 우리는 경외감을 느낄 수밖에 없습니다. 또한 하나님의 자녀를 향한 사랑에 위로를 받고, 확고한 공의에 도전을 받습니다. 때때로 우리는 비록 낙담되는 순간에 부딪힐지라도 온 세상을 덮는 하나님의 영광과 복음의 놀라운 소식을 신뢰할 수 있습니다. 이런 이유로 우리는 힘든 시기에도 순종의 삶을 살 수 있습니다. 이 땅의 모든 사람에게 유일하신 참 하나님을 알림으로써 하나님의 약속 안에서 쉼을 얻으며 하나님의 주권을 신뢰할 수 있습니다.

핵심교리
99

30. 기적

기적이란 하나님이 영광을 드러내시거나 말씀을 확증해 주시기 위해 만물의 자연 질서에 예외를 허락하시거나 자연법칙을 바꾸시는 사건을 말합니다. 성경 전반에 걸쳐 기적들이 기록되어 있습니다. 선지자나 사도가 하나님의 말씀을 백성에게 전할 때, 종종 이적과 기사가 나타났습니다. 하나님은 전능하시며 세상일에 친히 관여하신다고 믿기에, 우리는 하나님이 기적을 행하실 수 있을 뿐 아니라 또한 행하신다고 믿습니다.

그리스도와의 연결
주권자이신 예수 그리스도께서 자기 백성에게 다시 돌아와 그들을 구원하고 모든 고통과 억압을 끝내리라 약속하셨습니다.

하나님의 계획 우리의 사명

선교적 적용 하나님은 사람들을 죄와 고통에 빠지게 하는 이 세상 나라와 권세에 대항에 싸우라고 우리를 부르셨습니다.

1. 힘 있는 자에게 맞서 억압받는 사람들을 지지하며 하나님의 영광을 드러낼 수 있는 곳이 우리 공동체에 있습니까?

2. 복음의 약속 안에서 계속 위안을 받을 수 있도록 어떻게 서로 도울 수 있을까요?

3. '우리가 사역에 참여하지 못하도록 방해하는 거짓 신들은 무엇입니까? 하나님은 예수님의 사역과 성령의 능력을 통해 그들을 어떻게 없애나요? .

금주의 성경 읽기
출 1~4장;
욥 40:6~42:17;
시 29편

Summary and Goal

유월절 이야기는 하나님의 심판과 구원을 아름답게 묘사해 줍니다. 하나님이 애굽에 경고하신 후 심판을 쏟아 놓으시는 데서 심판의 엄중함을 볼 수 있습니다. 또한 백성을 진노에서 보호하시고 그들이 압제에서 벗어나 전심으로 하나님께 감사하며 경배할 수 있도록 대속 제물을 주신 데서 은혜의 아름다움을 볼 수 있습니다. 하나님이 심판하실 때 자기 백성을 '넘어가신 일'로 말미암아 우리는 구원을 기쁘게 기념할 수 있게 되었습니다.

구속자 하나님이 심판하고 구원하시다

3

- **성경 본문**
  출애굽기 11:4~8
  출애굽기 12:1~13
  출애굽기 12:29~32

- **세션 포인트**
  1. 하나님이 임박한 심판을 경고하십니다(출 11:4~8)
  2. 하나님이 완전한 희생 제물을 통해 보호해 주십니다(출 12:1~13)
  3. 하나님의 심판은 엄중하고 그분의 자비는 무궁합니다(출 12:29~32)

- **신학적 주제**
  하나님의 의로운 심판은 모두에게 차별 없이 임하지만, 구원은 완전한 대속 제물을 통해서 주어집니다.

- **그리스도와의 연결**
  하나님의 백성이 심판을 면하도록 흠 없는 어린양이 희생되었던 것처럼, 예수 그리스도는 하나님의 진노에서 우리를 보호하기 위해 희생되신 유월절 어린양이십니다.

- **선교적 적용**
  하나님은 다가올 심판을 경고하고, 유월절 어린양 예수님을 통해 구원받는 복된 소식을 사람들에게 전하라고 우리를 부르셨습니다.

Session Plan

도입

친숙한 한 끼 식사를 고대하던 저자의 경험이나 당신 자신의 경험을 나누며 이야기를 시작하십시오.

추억 어린 음식이 있습니까? 명절이나 특별한 날에 어떤 음식을 먹습니까?

하나님이 우리를 위해 하신 일을 기억하는 것이 얼마나 중요한지 강조하십시오. 즉 하나님은 이스라엘이 출애굽 사건을 기념할 수 있도록 유월절 식사를 제정하셨습니다(예수님의 최후 만찬과 연관). 이어서 이 세션을 요약하십시오.

전개

1

하나님이 임박한 심판을 경고하십니다(출 11:4~8)

부록 2: '애굽의 재앙'을 사용해 세션 2에서 토론한 첫 번째 재앙부터 이 세션의 주제인 마지막 재앙까지 살펴 보게 하십시오. 그러고 나서 자원자에게 출애굽기 11장 4~8절을 읽게 합니다. 하나님이 모세를 통해 바로에게 경고하시지만, 하나님이 예고하신 재앙이 결국 바로의 마음을 완악하게 한다는 데 주목하십시오.

왜 하나님은 바로에게 다가올 재앙을 미리 알려 주셨을까요?

2

하나님이 완전한 희생 제물을 통해 보호해 주십니다

(출 12:1~13)

몇 가지 공휴일을 지목해 과거를 회상하게 하고, 이들을 유월절 기념과 연관시킴으로써 이야기를 시작하십시오. 이어서 출애굽기 12장 1~13절을 읽으며 유월절 희생 제물과 관련된 중요 세부 사항에 집중하게 하십시오. 희생 제물이 유월절 어린양 되시는 그리스도와 어떻게 관련되는지를 보여 주십시오.

제물로 바쳐질 양은 흠이 없어야 한다는 것이 왜 중요합니까? '흠 없음'이란 무엇을 의미합니까?

유월절 식사를 어떻게 장만하고, 어떻게 먹어야 하는지 세부 사항을 살펴보십시오. 그리스도께서 건져 주신 죄의 쓰라림을 음식의 쓴맛에 연결시키십시오.

문설주에 바른 피는 누가 봐도 알 수 있도록 게시한 공적 선언이었습니다. 이것은 기독교 신앙에 대한 생각에 어떤 영향을 줍니까?

유월절 사건이 애굽에 임한 심판의 징표이자 이스라엘을 향한 자비의 징표로 창세기 3장 15절의 약속과 아브라함과의 언약의 연장선상에 있음을 설명하십시오. 나아가 우리를 위해 흘리신 그리스도의 피와 희생 제물을 연관시키십시오. 그리고 이 세부 사항들에 대한 백성의 반응, 즉 경배와 순종에 주목하십시오.

어린양을 찬양하는 것과 복음을 증거하는 것은 어떤 관련이 있습니까?

출애굽기 12장 29~32절을 읽고, 애굽 전역에서 일어난 바로의 아들을 비롯한 초태생의 죽음이 의미하는 바를 설명하십시오. 부록 2: '애굽의 재앙'을 참조해 재앙의 혹독함과 함께 믿는 자에게 허락된 하나님의 자비를 강조하십시오.

3 하나님의 심판은 엄중하고 그분의 자비는 무궁합니다 (출 12:29~32)

애굽에 대한 하나님의 엄중한 심판을 통해 유일하신 참 하나님의 거룩함과 유일무이성에 관해 무엇을 알 수 있습니까?

유월절 이야기에서 깨달아야 할 세 가지를 나누십시오.

- 첫째, 참된 자유는 세상 죄를 짊어지고 해결하신 하나님의 어린양, 예수 그리스도에게서 비롯됨을 기억해야 합니다(요 1:29).

- 둘째, 하나님의 어린양을 경배해야 합니다.

- 셋째, 하나님의 어린양을 세상에 전해야 합니다.

어린양의 영광을 선포하며 열방 가운데 빛을 비추려면 어떻게 해야 할까요?

결론

마지막으로 식인종 지역에서 어렵게 사역하다가 그들과 성찬을 나누는 열매를 맺게 된 선교사 존 G. 패튼의 이야기를 읽으십시오. 이 세션에서 배운 진리를 '하나님의 계획, 우리의 사명'에서 적용해 보십시오.

**Session
Content**

3. 구속자 하나님이 심판하고 구원하시다

도입

도입 옵션

주님과 주님의 은혜를 상기시켜 주는 구체적인 것들을 적어 보게 합니다. 그러고 나서 그것에 대해 서로 나누도록 합니다.

그리고 '나팔'(민 10:1-10), '옷단의 술'(민 15:37-41), '절기'(레 23장) 등 하나님이 얼마나 다양한 방식으로 이스라엘의 믿음을 일깨우시는지 언급합니다.

학습자들이 나눈 목록 가운데 성만찬이 포함되었는지 확인해 보십시오.

"유월절은 복음서 이전의 복음입니다. ⋯ 구약의 모든 다채롭고 극적인 의식과 예전은 그리스도의 사역을 예표하며 예시합니다. 구속, 대속, 속죄는 하나님의 사후 처방이 아닙니다."[1]

_W. A. 크리스웰

저희 부부가 우크라이나에서 아이들을 입양할 때, 그곳에서 의무적으로 40일 동안 살아야 했습니다. 대부분의 시간을 남동부의 한 작은 산업 도시에서 지냈는데, 우리가 먹을 만한 음식이 많지 않았습니다. 현지 음식도 맛이 있었지만 여전히 미국 음식이 그리웠지요.

여기저기 짧은 여행을 다닐 때마다 폴타바 시를 들르곤 했는데, 그곳에는 맥도날드가 있었습니다. 맥도날드의 골든 아치는 굶주린 우리에게 희망의 빛이었습니다. 세계를 여행하는 미국인들은 빅맥 세트를 먹고 큰 위안을 얻습니다. 평소에 맥도날드를 좋아하지 않던 사람도 말입니다. 미국의 대표 음식인 만큼 먹으면 집 생각이 나기 때문입니다.

Q 추억 어린 음식이 있습니까? 명절이나 특별한 날에 어떤 음식을 먹습니까?

하나님은 그분의 백성이 출애굽을 기억하길 바라셨습니다. 그래서 그들에게 시각, 청각, 후각, 미각, 촉각 등 복합적인 감각을 통해 기념할 수 있는 유월절 식사를 주셨습니다.

> **Leader**
>
> 이스라엘은 애굽에서 첫 번째 유월절을 지켰습니다. 그리고 그 후 40년간 광야에서 이를 기념했습니다(민 9:1~5). 약속의 땅에 들어갔을 때도 역시 계속해서 지켰습니다(참조, 출 12:15; 수 5:10~11).
>
> 우리는 잘 잊는 사람들이라 성경이 하나님과 그분의 사역을 기억하라고 촉구합니다(느 4:14; 시 105:5-6; 전 12:1; 롬 15:15; 빌 3:1; 딤후 2:8; 14; 벧후 1:12~15; 3:1~2; 유 1:5).
>
> "내가 돌아본 후에 일어나서 귀족들과 민장들과 남은 백성에게 말하기를 너희는 그들을 두려워하지 말고 지극히 크시고 두려우신 주를 기억하고 너희 형제와 자녀와 아내와 집을 위하여 싸우라 하였느니라"(느 4:14).

"그의 종 아브라함의 후손 곧 택하신 야곱의 자손 너희는 그가 행하신 기적과 그의 이적과 그의 입의 판단을 기억할지어다"(시 105:5-6).

"그러나 내가 너희로 다시 생각나게 하려고 하나님께서 내게 주신 은혜로 말미암아 더욱 담대히 대략 너희에게 썼노니"(롬 15:15).

"내가 전한 복음대로 다윗의 씨로 죽은 자 가운데서 다시 살아나신 예수 그리스도를 기억하라 너는 그들로 이 일을 기억하게 하여 말다툼을 하지 말라고 하나님 앞에서 엄히 명하라 이는 유익이 하나도 없고 도리어 듣는 자들을 망하게 함이라"(딤후 2:8, 14).

"그러므로 너희가 이것을 알고 이미 있는 진리에 서 있으나 내가 항상 너희에게 생각나게 하려 하노라 내가 이 장막에 있을 동안에 너희를 일깨워 생각나게 함이 옳은 줄로 여기노니 이는 우리 주 예수 그리스도께서 내게 지시하신 것같이 나도 나의 장막을 벗어날 것이 임박한 줄을 앎이라 내가 힘써 너희로 하여금 내가 떠난 후에라도 어느 때나 이런 것을 생각나게 하려 하노라"(벧후 1:12~15).

"사랑하는 자들아 내가 이제 이 둘째 편지를 너희에게 쓰노니 이 두 편지로 너희의 진실한 마음을 일깨워 생각나게 하여 곧 거룩한 선지자들이 예언한 말씀과 주 되신 구주께서 너희의 사도들로 말미암아 명하신 것을 기억하게 하려 하노라"(벧후 3:1-2).

"너희가 본래 모든 사실을 알고 있으나 내가 너희로 다시 생각나게 하고자 하노라 주께서 백성을 애굽에서 구원하여 내시고 후에 믿지 아니하는 자들을 멸하셨으며"(유 1:5).

유월절에서 배우는 교훈은, 하나님이 우리를 위해 하신 일을 우리가 기억하고, 다른 사람들을 일깨워주는 것이 중요하다는 것입니다.

예수님도 유월절과 연관된 주의 만찬을 제정하실 때, "너희가 이를 행하여 나를 기념하라"(눅 22:19)라고 하셨습니다.

"이스라엘은 여호와께 구원해 달라고 '부르짖었습니다'(출 2:23). 바로에게도 고통을 '호소했지만' 소용없었습니다(출 5:15). 이제 하나님의 심판에 몹시 괴로워하며 '부르짖을' 이들은 애굽 사람들입니다."[2]
_R. 앨런 콜

Session Summary

유월절 이야기는 하나님의 심판과 구원을 아름답게 묘사해 줍니다. 하나님이 애굽에 경고하신 후 심판을 쏟아 놓으시는 데서 심판의 엄중함을 볼 수 있습니다. 또한 백성을 진노에서 보호하시고 그들이 압제에서 벗어나 전심으로 하나님께 감사하며 경배할 수 있도록 대속 제물을 주신 데서 은혜의 아름다움을 볼 수 있습니다. 하나님이 심판하실 때 자기 백성을 '넘어가신 일'로 말미암아 우리는 구원을 기쁘게 기념할 수 있게 되었습니다.

**심화
주석** 성경은 이 재앙의 보편성과 무차별성의 속성을 매우 강조합니다('공작의 아들이나 요리사의 아들이나'라는 영어 표현처럼 말입니다). '맷돌 두 짝 뒤에'(히브리어 원문을 직역함) 앉는다는 것은 집안 권속 중에서 가장 비천한 여성이 맷돌을 돌리는 것 같은 노동을 한다는 뜻입니다(사 47:2).

성경에서 '모든'은 문자 그대로 '전부'라는 뜻일까요? 아니면 출애굽기 9장 6절 등에서처럼 '일반적'이라는 뜻으로 이해해야 할까요? 또 '처음 난 것'이라는 히브리어 '베코르'는 '꽃청춘'이나 '알짜배기' 같은 은유적인 뜻일까요? 어쨌든 '베코르'는 보통 다른 어근 '바하르'의 어형으로 쓰이곤 합니다.

권좌의 후계자(바로의 장자)를 비롯해 애굽의 자녀 중 가장 귀한 아이들이 갑자기 죽은 것은 큰 타격이었습니다. 아마 하나님은 다윗을 벌하실 때도 이런 재앙을 사용하신 듯합니다(삼하 24장). 마찬가지로 이것은 전염병이나 '여호와의 천사'의 활약으로 묘사될 수 있을 것입니다. 애굽과 블레셋은 전염병이 창궐하는 지역으로 유명했습니다(출 15:26). 아마도 페스트와 소아마비(아이들의 질병이라는 점에서)가 퍼져 아이들에게 해를 입혔을지도 모릅니다.[3]

_R. 앨런 콜

1. 하나님이 임박한 심판을 경고하십니다(출 11:4~8)

> **Leader** 재앙들은 애굽에 엄청난 혼란을 가져왔습니다. 하나님은 자기와 자기 백성에 대항하는 애굽에 호된 심판을 내리심으로써 영광을 선포하셨습니다. 마지막 재앙은 이전 것들보다 훨씬 혹독할 것입니다. 하나님은 모세를 통해 다가올 심판을 경고하기로 하셨습니다.

[4]모세가 바로에게 이르되 여호와께서 이와 같이 말씀하시기를 밤중에 내가 애굽 가운데로 들어가리니 [5]애굽 땅에 있는 모든 처음 난 것은 왕위에 앉아 있는 바로의 장자로부터 맷돌 뒤에 있는 몸종의 장자와 모든 가축의 처음 난 것까지 죽으리니 [6]애굽 온 땅에 전무후무한 큰 부르짖음이 있으리라 [7]그러나 이스라엘 자손에게는 사람에게나 짐승에게나 개 한 마리도 그 혀를 움직이지 아니하리니 여호와께서 애굽 사람과 이스라엘 사이를 구별하는 줄을 너희가 알리라 하셨나니 [8]왕의 이 모든 신하가 내게 내려와 내게 절하며 이르기를 너와 너를 따르는 온 백성은 나가라 한 후에야 내가 나가리라 하고 심히 노하여 바로에게서 나오니라

> **Leader** 모세는 이 심판을 경고할 때는 바로에게 "백성을 가게 해 달라"고 요청하지 않았습니다. 바로의 완악한 마음이 어떤 끔찍한 결과를 가져올지 알았기 때문입니다. 재앙은 무서운 결말을 향해 가고 있었습니다.

모세는 사람의 장자와 동물의 처음 난 것이 죽게 될 것이라고 예언합니다(출 11:5). 출애굽 이야기 앞부분에서 하나님은 이스라엘을 "내 장자"로 부르시며(출 4:22) 바로가 그의 장자로 값을 치르게 될 것이라고 말씀하셨습니다(출 4:23). 이제 이 완악한 마음의 애굽 통치자에게 심판의 때가 이르렀습니다. 심판은 매우 혹독할 것입니다.

8절을 보십시오. 모세는 바로의 신하들이 그에게 절하며 "제발 떠나라"고 사정하게 될 것이라고 말합니다. 바로의 최측근 신하들은 모세 앞에서, 궁극적으로는 모세의 하나님 앞에서 완전히 수치를 당하는 하나님의 심판을 받게 될 것입니다. 그들은 바로가 아닌 모세에게 절하게 될 것입니다.

다음 구절은 고개를 갸우뚱하게 합니다.

"[모세가] 심히 노하여 바로에게서 나오니라"(출 11:8).

이 구절은 모세와 바로의 대결 전반에 관한 일반적인 어조로 받아들여야 할 것입니다. 모세는 아마 바로와 만날 때마다 의분이 일었을 것입니다. 마지막 대결에서 모세의 내면에 있던 감정이 폭발했습니다. 바로의 거만함에 화가 났던 것입니다.

Q 왜 하나님은 바로에게 다가올 재앙을 미리 알려 주셨을까요?

2. 하나님이 완전한 희생 제물을 통해 보호해 주십니다

(출 12:1~13)

미국에서는 전몰장병 추모일, 독립기념일, 노동절, 재향군인의 날 등 국경일마다 중요한 행사들이 열립니다. 이런 기념일은 과거에 무슨 일이 있었는지 기억하기 위한 시간입니다. 출애굽기 12장에서 하나님은 훨씬 엄청난 규모로 일을 벌이십니다. 하나님은 이스라엘의 달력 자체를 바꿔서 유월절을 기념하라고 하십니다. 모세와 아론에게 새로운 달력을 소개하시며(출 12:1~2), 그것이 새로운 시작의 징표가 될 것이라고 말씀하십니다. 신학에 근거한 역법(曆法)을 제정하신 것입니다. 새해가 시작될 때마다 사람들은 하나님의 위대하신 구원 사건을 기억하게 될 것입니다. 그들 삶의 중심에 하나님을 두기 위해서입니다. 마찬가지로 우리도 삶의 중심에 하나님을 두도록 부름받았습니다.

¹여호와께서 애굽 땅에서 모세와 아론에게 일러 말씀하시되 ²이달을 너희에게 달의 시작 곧 해의 첫 달이 되게 하고 ³너희는 이스라엘 온 회중에게 말하여 이르라 이달 열흘에 너희 각자가 어린양을 잡을지니 각 가족대로 그 식구를 위하여 어린양을 취하되 ⁴그 어린양에 대하여 식구가 너무 적으면 그 집의 이웃과 함께 사람 수를 따라서 하나를 잡고 각 사람이 먹을 수 있는 분량에 따라서 너희 어린양을 계산할 것이며 ⁵너희 어린양은 흠 없고 일 년 된 수컷으로 하되 양이나 염소 중에서 취하고 ⁶이달 열나흗날까지 간직하였다가 해 질 때에 이스라엘 회중이 그 양을 잡고 ⁷그 피를 양을 먹을 집 좌우 문설주와 인방에 바르고 ⁸그 밤에 그 고기를 불에 구워 무교병과 쓴 나물과 아울러 먹되 ⁹날것으로나 물에 삶아서 먹지 말고 머리와 다리와 내장을 다 불에 구워 먹고 ¹⁰아침까지 남겨두지 말며 아침까지 남은 것은 곧 불사르라 ¹¹너희는 그것을 이렇게 먹을지니 허리

심화 주석 '흠 없음'을 전제하는 까닭은 양질의 식사를 위해서가 아니라 상징적인 목적 때문입니다. 즉 그 동물은 완전하신 하나님이 자기 백성을 자신과 같이 거룩하게 만들어 가시는 과정의 하나로, 그들을 위해 완전하게 베풀어 주신 궁극적인 구원을 기억나게 하는 역할을 했습니다.

하나님과의 바른 관계에는 완전함이 요구됩니다. 그런데 희생 동물이 어떻게 그것을 먹는 사람들을 완전하게 하여 하나님께 용납되도록 도울 수 있습니까? 희생 동물을 먹는 전 과정은 유월절 규례에 따라 믿음과 순종으로 행해야 합니다. 인간 스스로 가질 수 없는 거룩함을 하나님이 은혜로 주신다는 믿음과 참 하나님의 참 약속과 명령을 확신하는 과정에의 순종입니다.

하나님이 인간을 창조하기 전부터 예정하신 구속사 전체의 측면에서 보면, 나사렛 예수는 죽을 당시 젊은 남성으로 하나님 앞에 흠 없이 완전했습니다. 그의 흠 없는 무죄함이 오직 그만이 하나님의 어린양이 될 자격을 부여했습니다. 이 어린양은 한 마리 동물 양이 아니라 인간 어린양이며, 유월절 만찬의 기준을 충족해 줍니다.⁴

_더글러스 K. 스튜어트

에 띠를 띠고 발에 신을 신고 손에 지팡이를 잡고 급히 먹으라 이것이 여호와의 유월절이니라 ¹²내가 그 밤에 애굽 땅에 두루 다니며 사람이나 짐승을 막론하고 애굽 땅에 있는 모든 처음 난 것을 다 치고 애굽의 모든 신을 내가 심판하리라 나는 여호와라 ¹³내가 애굽 땅을 칠 때에 그 피가 너희가 사는 집에 있어서 너희를 위하여 표적이 될지라 내가 피를 볼 때에 너희를 넘어가리니 재앙이 너희에게 내려 멸하지 아니하리라

> 백성은 이달 열흘에 각 가족대로, 그러나 식구가 너무 적으면 그 집의 이웃과 함께 사람 수를 계산해서 한 마리의 양을 잡아야 합니다(출 12:4).

어린양을 대속 제물로 바치되, 흠 없고 일 년 된 수컷이어야 합니다(출 12:5). 완전한 제물의 필요성은 우리 자신의 상태를 돌아보게 합니다. 죄로 부패한 우리는 스스로 자신을 구원할 수 없습니다. 우리를 위해 대속 제물이 되어 주실 분이 필요합니다. 예수님은 하나님의 가족을 위해 바쳐지는 어린양이십니다. 오직 그분을 믿는 믿음을 통해서만 우리 죄가 해결됩니다. 주님만이 우리의 희망입니다(고전 5:7 참조).

> 신명기 17장 1절에서 하나님은 흠 있는 동물로 희생 제물을 삼는 것은 가증한 것이라고 말씀하셨습니다.

"흠이나 악질이 있는 소와 양은 아무것도 네 하나님 여호와께 드리지 말지니 이는 네 하나님 여호와께 가증한 것이 됨이니라"(신 17:1).

이스라엘은 완전한 대속물, 완전한 희생 제물이 필요했습니다. 우리의 선행도 흠 있는 어린양과 같아서 거룩하신 하나님 앞에서는 가치가 없습니다. 바울은 "우리의 유월절 양 곧 그리스도께서 희생되셨느니라"(고전 5:7)라고 말했습니다.

출애굽기 12장 6~7절에서 우리는 흠 없는 어린양에게 무슨 일이 일어났는지 보게 됩니다. 해 질 녘에 양을 잡았습니다.

죽임당한 어린양은 모든 사람이 심판받아 마땅한 존재임을 생생히 보여 줍니다(롬 3:23 참조). 따라서 흠 없는 생명이 구원이 필요한 죄 많은 백성을 대신해 희생되어야 합니다. 그리고 그 어린양의 피를 문설주에 발라야 합니다(출 12:7). 이를 따른다는 것은 하나님이 말씀을 지켜 심판을 유보하고 넘어가실 것을 믿는다는 뜻입니다. 결과적으로 이스라엘은 제물을 통해 심판을 면합니다. 대속 제물을 믿는 믿음으로 구원이 성취된 것입니다.

Q 제물로 바쳐질 양은 흠이 없어야 한다는 것이 왜 중요합니까? '흠 없음'이란 무

엇을 의미합니까?

8~11절에서 하나님은 어린양을 어떻게 처리해 먹어야 하는지 알려 주십니다. 무교병을 함께 먹어야 합니다. 무교병을 먹는 것이나 특정 방식으로 옷을 입으라는 지시는 언제라도 떠날 준비가 되어 있어야 함을 나타냅니다. 또한 쓴 나물도 먹어야 하는데, 이는 애굽에서 겪은 쓰라린 경험을 상기시키기 위함입니다. 유월절 식사는 출애굽을 상기시키는 역할을 합니다. 이처럼 우리도 하나님이 구원해 주시기 전까지 겪어야 했던 쓰라림을 기억해야 합니다.

> **Leader**
우리는 죄에 고통스럽게 매여 있었습니다. 그런데 완전한 유월절 양, 그리스도를 통해 하나님의 진노에서 구원받았고, 새 생명을 부여받았습니다.

"너희는 누룩 없는 자인데 새 덩어리가 되기 위하여 묵은 누룩을 내버리라 우리의 유월절 양 곧 그리스도께서 희생되셨느니라"(고전 5:7).

"하물며 영원하신 성령으로 말미암아 흠 없는 자기를 하나님께 드린 그리스도의 피가 어찌 너희 양심을 죽은 행실에서 깨끗하게 하고 살아 계신 하나님을 섬기게 하지 못하겠느냐"(히 9:14).

많은 사람이 은혜의 하나님을 크게 찬양하지 않는 이유는 죄를 대수롭지 않게 여기기 때문입니다. 토머스 왓슨의 말대로 "죄가 쓰게 될 때까지 그리스도도 달지 않을 것"입니다.[5] 하나님이 우리를 속박에서 구원해 새 생명을 주기 위해 어떤 일을 하셨는지를 기억해야 합니다.

Q 문설주에 바른 피는 누가 봐도 알 수 있도록 게시한 공적 선언이었습니다. 이것은 기독교 신앙에 대한 생각에 어떤 영향을 줍니까?

하나님은 애굽 사람들의 무능한 신들에 맞서 단호히 행하실 것입니다. 두려워해야 할 분은 오직 여호와뿐입니다. 주님만이 참되고 의로운 심판자이십니다. 주님은 스스로 자신을 계시하실 것입니다. 유월절 사건은 애굽과 그들의 거짓 신들에 대한 하나님의 거룩한 심판을 가장 잘 드러내는 사건이었습니다.

이스라엘 백성이 문설주에 바른 피는 그 집에 이미 심판이 내려졌다는 표시가 되었습니다. 애굽에 임한 재앙들이 하나님의 의와 심판의 표징인 것처럼, 유월절은 이스라엘에 임한 하나님의 자비의 표징입니다. 이를 통해 우리는 하나님이 창세기 3장 15절의 약속과 아브라함과의 언

"우리는 죄의 속박과 하나님의 두려운 심판으로부터의 구원이 필요하고, 이 구원은 오직 처음 나신 흠 없는 어린양의 피로써만 가능합니다. 유월절 양이 죄인을 위한 대속 제물인 것처럼 하나님의 어린양도 마찬가지입니다. 모든 것이 이스라엘을 위해 행해졌고, 그래서 그들과 우리는 하나님의 백성이 대속 제물로 구원받았음을 알게 되었습니다. 하나님은 모세에게 유월절에 관해 지시하시면서, 이 점을 자기 백성에게 가르치셨습니다. … 하나님은 유월절 어린양의 죽음에서 훗날 우리가 예수님, 곧 하나님의 어린양이신 메시아의 죽음을 이해하는 데 가장 중요한 어휘들을 포석으로 깔고 계십니다."[6]
_마크 디버

"그리스도의 피로 우리의 문설주가 얼룩지고 나서, 혹은 그분의 십자가의 징표로 우리 이마가 인 쳐지고 나서, 우리는 이스라엘이 애굽의 노예 생활이나 재앙으로부터 그랬듯이 이 세상의 폐허에서 자유로워집니다. 또한 사탄에서 그리스도에게로, 흔들거리는 세상에서 가장 굳건히 세워진 그리스도의 왕국으로 넘어감으로써 가장 유익한 넘어감을 실행하는 것입니다. 따라서 지나가는 세상과 함께 넘어가지 않으려면, 오래 참으시는 하나님께 넘어가야 합니다."[7]
_어거스틴

핵심교리
99

42. 죄와 죽음

죄의 궁극적 결과는 죽음, 즉 '육체의 죽음', '영적 죽음', 그리고 '영원한 죽음'입니다(롬 6:23). 에덴동산에서 하나님은 아담과 하와에게 선악을 알게 하는 나무의 열매를 먹으면 반드시 죽으리라고 분명하게 말씀하셨습니다(창 2:17). 에덴동산에서 일어난 타락의 결과로 주어진 죽음은 육체의 죽음뿐 아니라, 하나님과의 분리를 뜻하는 영적 죽음까지도 포함합니다. 따라서 그리스도의 구속의 은혜를 받지 못한 채 죽은 사람은 하나님과 분리된 영적으로 죽은 자로서 다시는 하나님 나라에 들어오지 못하고 영원한 형벌 가운데 놓이는 영원한 죽음을 당하게 됩니다.

심화주석 바로가 마지막으로 모세와 아론을 만났습니다. 그는 이전에 모세에게 "네가 내 얼굴을 보는 날에는 죽으리라"라고 했는데, 그 말을 실천할 수 없었습니다. 오히려 그는 그들에게 항복하고 이스라엘이 나가서 예배할 수 있도록 조건 없는 자유를 주게 되었습니다. 하지만 바로는 스스로 주님을 경배할지에 대해서는 언급하지 않았습니다(왕하 5:17~18 참조). 바로가 진작에 축복을 요구했었더라면 그의 상황은 매우 다를 수 있었을 텐데 지금에야 그런 요구를 하는 것은 애굽 사람들과 이방인들이 이전에 하나님의 백성을 어떻게 대했는지 기억하게 해 줍니다(창 12:3; 21:22~24; 26:28~31; 39:5; 47:7; 10).

약을 견지하고 계심을 알 수 있습니다. 하나님은 심판의 기운이 맴도는 와중에도 '여자의 후손'을 약속하셨습니다. 하나님은 미래의 구원을 위해 이스라엘을 노예 상태와 죽음에서 건져 내셨습니다(출 12:13). 희생 제물의 피를 받으심으로써 그들의 죄를 넘어가신 것입니다.

이와 마찬가지로 거듭난 사람은 그리스도의 보혈로 덮인 셈입니다. 하나님이 그리스도의 보혈을 보시고 죄를 넘어가십니다. 죄를 사하시고, 그리스도의 의로 의롭다 해 주시는 것입니다.

> Leader

하나님이 이스라엘을 선대하셨다고 해서 그들이 무죄하다는 뜻은 아닙니다. 또한 그들이 죄 없게 된 것은 그들의 혈통 때문이 아닙니다. 대속 제물의 피가 뿌려졌기 때문에 무죄 판결을 받을 수 있었습니다. 애굽을 심판하신 하나님은 이스라엘도 심판하셨습니다. 유월절은 어린양의 피가 없으면 이스라엘도 심판받게 된다는 사실을 보여 줍니다. 왜입니까? 하나님은 거룩하시기 때문입니다.

모두가 죄인이기에 누구든지 하나님의 심판을 받을 수 있습니다. 권좌에 앉지 않았을 뿐, 우리는 모두 바로와 마찬가지입니다. 하지만 하나님은 은혜로 대속 제물의 피를 통해 구원받는 길을 제공하십니다. 지금까지 재앙에서 보호받아 온 이스라엘도 이번에는 주님이 주신 '넘어가는' 조건을 충족시키기 위해 믿음으로 행해야 했습니다. 히브리서 저자는 이 사건을 다음과 같이 회상합니다.

"믿음으로 유월절과 피 뿌리는 예식을 정하였으니 이는 장자를 멸하는 자로 그들을 건드리지 않게 하려 한 것이라"(히 11:28).

경배하고 순종하라는 명령을 들은 백성의 반응을 27~28절에서 살펴보십시오. 그들은 "머리 숙여 경배"(출 12:27)하고, "물러가서 그대로 행하되 여호와께서 모세와 아론에게 명령하신 대로"(출 12:28) 행했습니다. 경배와 순종이라는 주제가 바로 출애굽기를 관통하고 있습니다. 이스라엘 백성은 하나님이 누구시며 그분이 어떤 일을 하셨는지를 기억함으로써 하나님께 경배와 순종을 바쳤습니다.

Q 어린양을 찬양하는 것과 복음을 증거하는 것은 어떤 관련이 있습니까?

3. 하나님의 심판은 엄중하고 그분의 자비는 무궁합니다

(출 12:29~32)

[29]밤중에 여호와께서 애굽 땅에서 모든 처음 난 것 곧 왕위에 앉은 바로의 장자로부터 옥에 갇힌 사람의 장자까지와 가축의 처음 난 것을 다 치시매 [30]그 밤에 바로와 그 모든 신하와 모든 애굽 사람이 일어나고 애굽에 큰 부르짖음이 있었으니 이는 그 나라에 죽임을 당하지 아니한 집이 하나도 없었음이었더라 [31]밤에 바로가 모세와 아론을 불러서 이르되 너희와 이스라엘 자손은 일어나 내 백성 가운데에서 떠나 너희의 말대로 가서 여호와를 섬기며 [32]너희가 말한 대로 너희 양과 너희 소도 몰아가고 나를 위하여 축복하라 하며

초태생의 죽음 이야기에서 우리는 하나님의 구속 능력이 대반전으로 펼쳐지는 것을 보게 됩니다. 하나님은 애굽의 처음 난 것들을 치기 시작하셨습니다. 부자나 가난한 자나, 왕이나 노예나 차별 없이 온 애굽 사람을 심판하셨습니다. 울음소리가 온 땅에 퍼졌습니다.

앞서 하나님은 모세에게 이렇게 말씀하셨습니다. "너는 바로에게 이르기를 여호와의 말씀에 이스라엘은 내 아들 내 장자라 내가 네게 이르기를 내 아들을 보내 주어 나를 섬기게 하라 하여도 네가 보내 주기를 거절하니 내가 네 아들 네 장자를 죽이리라 하셨다 하라"(출 4:22~23). 이제 하나님이 말씀을 이루시는 것을 보게 됩니다.

열 번째 재앙으로 하나님이 악을 뒤집어엎으셨습니다. 이전에 바로는 히브리 여인이 낳은 아들들을 나일 강에 던지라는 불의한 심판을 내렸습니다. 그런데 이제 하나님이 그들의 아들들에게 의로운 심판을 내리신 것입니다. 바로의 심판이 그에게로 돌아갔습니다.

나아가 하나님은 바로의 아들을 비롯한 애굽의 '신들'을 치심으로써, 바로도 그의 아들도 신이 아님을 나타내셨습니다. 참된 하나님은 오직 하나님 한 분뿐입니다. 애굽 사람들이 장자를 잃은 일은 개인적인 차원에서만 아니라 하나님의 권능이 그들의 신들을 제압했다는 신학적인 차원에서 큰 타격이었습니다.

우리는 하나님의 엄중한 심판과 자비를 모두 기억해야 합니다. 우리도 이와 같은 심판을 받을 수 있습니다. 우리도 바로와 다를 게 없습니다. 자기는 심판받을 일이 없다고 생각하는 사람들이 있습니다. 그들은 바로처럼 돈과 명성을 좇으며 참 하나님께 경배하지 않는 인생을 살아도

된다고 여깁니다. 그러나 슬프게도 자비의 하나님께 돌이키지 않는다면, 그들의 끝은 바로와 같을 것입니다.

Q 애굽에 대한 하나님의 엄중한 심판을 통해 유일하신 참 하나님의 거룩함과 유일무이성에 관해 무엇을 알 수 있습니까?

유월절 이야기에서 우리는 무엇을 깨달아야 할까요? 첫째, 참된 자유는 세상 죄를 짊어지고 해결하신 하나님의 어린양, 예수 그리스도에게서 비롯됨을 기억해야 합니다(요 1:29). 예수님은 우리를 온전하게 하시고, 하나님의 심판에서 보호하시는 어린양입니다(요일 2:2; 4:10). 흠 없고 점 없는 어린양으로 창세전에 미리 알려지셨습니다(벧전 1:19~20). 또 뼈가 하나도 꺾이지 아니한 어린양이요(요 19:33~36), 유월절에 십자가에 달리신 궁극적인 어린양이셨습니다(마 26:26~32). 하나님의 어린양이 우리를 대신해 피를 흘리셨습니다(고후 5:21). 우리는 주님을 통해서만 구원이 있음을 믿어야 합니다.

둘째, 하나님의 어린양을 경배해야 합니다. 믿음으로 그분께 나아가면 구속받은 자의 찬양을 부를 수 있습니다(계 5:11~14). 우리를 구속하신 주님은 입술의 찬양은 물론, 순종하는 삶의 찬양까지 모든 찬양을 받아 마땅하신 분입니다.

셋째, 하나님의 어린양을 세상에 전해야 합니다. 장차 임할 심판을 일깨우고, 우리 죄를 대속하신 어린양 예수님을 통한 구원의 기쁜 소식을 모두에게 알려야 합니다. 세상의 많은 사람이 이 기쁜 소식을 듣지 못하고 있습니다.

Q 어린양의 영광을 선포하며 열방 가운데 빛을 비추려면 어떻게 해야 할까요?

결론

영국인 선교사 존 G. 패튼(1824~1907)의 이야기는 언제나 제게 힘을 줍니다. 뉴헤브리디스 제도(영국과 프랑스가 공동으로 통치했던 남태평양의 군도로 지금의 바누아투 공화국-역주)의 주민들에게 복음을 증거하기로 결심한 패튼은 주변의 반대에 부딪혔습니다. 어떤 사람이 반대하며 이렇게 말했습니다.

"그들은 식인종이야! 자네가 잡아먹힐 수도 있다니까!"

그런데 이것은 패튼을 말리기 위해 한 과장된 말이 아니었습니다. 실제로 20여 년 전에 선교사 두 명이 그곳에 갔다가 인육이 된 일이 있었습니다.[9] 패튼이 그에게 이렇게 대답했습니다.

"고백하건대, 주 예수님을 섬기고 예배하며 살다가 죽을 수만 있다면 식인종에게 먹히든 벌레에게 먹히든 아무 상관 없습니다. 최후의 심판날에 내 몸이 다시 사신 구속주의 형상대로 당신만큼이나 아름다운 모습으로 부활할 것입니다"[10]

노신사는 자리를 뜨며 두 손 들었다는 듯 이렇게 말했습니다.

"나는 더 할 말이 없네."[11]

사람들이 현직에 남는 조건으로 장려금까지 제안했지만, 패튼은 끝내 거절했습니다. 패튼의 결정에 그의 친구들은 무척 슬퍼했습니다. 그가 말했습니다.

"거의 모든 사람이 너무 심하게 반대하는 데다가 그들 대부분이 상냥한 그리스도인 친구들이라 내가 행하고 있는 것이 하나님의 뜻인지 아니면 그저 나 자신의 완고한 희망 사항인지 점검해 보고 싶었습니다."[12]

패튼은 하나님이 자신을 그곳으로 인도하신다고 믿었기에 그곳으로 갔습니다. 수많은 시련과 어려움을 겪은 후에 아니와 섬에서 처음으로 새신자를 위한 성찬식을 하게 되었을 때 그는 말할 수 없이 기뻤다고 회고했습니다. 많은 사람이 그리스도를 알기 위해 모인 것입니다.

"3년 동안, 우리는 이를 위해 애쓰고 기도하며 가르쳐 왔습니다. 식인 풍습으로 한때 피에 물들었던 손이 지금은 구속주의 사랑을 상징하고 확증하는 성체를 받기 위해 내밀고 있습니다. 그들의 가무잡잡한 손 위에 빵과 포도주를 올려놓았을 때, 저는 영광의 기쁨을 맛보았습니다. 예수님의 영광스러운 얼굴을 마주하는 그날까지 이보다 더 큰 행복감은 맛보지 못할 것입니다."[13]

이 이야기를 읽을 때마다 눈물이 납니다. 또한 이 이야기는 바로

심화주석 바로는 주님의 복을 주시는 권세가 저주하는 권세와 동일하다는 결론에 이릅니다. 즉 주님의 복이 저주를 상쇄할 수 있다고 생각한 것입니다. 구약성경에서 하나님의 저주는 신성 모독이나 마법의 주술과는 아무 상관이 없습니다. '저주받다'라는 단어에 담긴 뜻은 '대수롭지 않게 여겨지다'입니다. 따라서 저주받는다는 것은 불순종으로 인해 하나님이 원래 의도하셨던 것보다 더 낮은 위치나 더 열악한 환경에 놓이게 되는 것을 의미합니다.

… 바로는 하나님의 방법을 이해하는 데 한계가 있었지만, 주님의 권능을 충분히 보았으며 주님의 대변인인 모세와 아론에게서 충분히 들었습니다. 그래서 축복과 저주의 권세가 누구에게 있는지 알게 되었습니다. 주님은 자신을 무시하는 바로의 능력을 무너뜨리셨습니다. 바로와 애굽 사람들은 모세가 섬기는 하나님의 전능하신 손에서 나오는 10가지 재앙을 겪어야 했습니다. 마침내 바로는 더 이상의 재앙, 즉 저주를 피하기 위해 사력을 다합니다. 그래서 히브리 사람들을 풀어 주고 모세에게 자기를 축복해 달라고, 다시 말해 자기에게 복 주시도록 주님께 중재해 달라고 요청합니다.[14]

_바이런 론지노
Biblical Illustrator

이 순간에도 무관심한 사람들 틈에서 애쓰며 사역하고 있는 제 친구들을 떠올리게 합니다. 그들이 알고 있는 바로는, 그 많은 사람 중에 그리스도인은 없습니다. 그들 가운데 교회가 세워진 적도 없습니다. 그래서 저는 그들의 회심과 세워질 교회를 위해 기도합니다. 친구들이 새신자들과 빵과 포도주를 나눌 수 있는 날이 오기를 기도합니다. 그래서 그들도 패튼이 나눴던 기쁨을 알게 되기를 바랍니다. 예수님이 다시 오실 날까지 우리는 유월절의 어린양을 선포해야 합니다.

그리스도와의 연결

하나님의 백성이 심판을 면하도록 흠 없는 어린양이 희생되었던 것처럼, 예수 그리스도는 하나님의 진노에서 우리를 보호하기 위해 희생되신 유월절 어린양이십니다.

하나님의 계획 우리의 사명

선교적 적용　하나님은 다가올 심판을 경고하고, 유월절 어린양 예수님을 통해 구원받는 복된 소식을 사람들에게 전하라고 우리를 부르셨습니다.

1. 하나님은 인간에게 죄의 심판에 대해 어떻게 미리 알려 주십니까?

2. 우리를 위해 피 흘리신 예수님 안에 구원과 보호하심이 있음을 세상 사람들에게 어떻게 전할 수 있을까요?

3. 하나님의 엄중한 심판과 무궁한 자비는 우리 삶의 방식에 어떤 영향을 미칠까요?

Summary and Goal

이 세션은 이스라엘 백성이 애굽을 떠나 홍해를 건널 때 무슨 일이 일어났는지를 보여 줍니다. 백성을 인도하고, 영광을 나타내며, 사랑으로 구원하시는 하나님은 모든 찬양을 받기에 합당하십니다. 우리는 하나님의 자녀로서 하나님의 인도하심과 영광과 구원을 찬양해야 합니다.

찬양
받으실
이유

- **성경 본문**
  출애굽기 13:17~22
  출애굽기 14:1~14
  출애굽기 14:21~31

- **세션 포인트**
  1. 인도하시는 하나님은 찬양받기에 합당하십니다(출 13:17~22)
  2. 영광의 하나님은 찬양받기에 합당하십니다(출 14:1~14)
  3. 구원의 하나님은 찬양받기에 합당하십니다(출 14:21~31)

- **신학적 주제**
  하나님은 대적자를 심판하시고, 신실하게 자기 백성을 인도해 구원하심으로써 영광을 드높이십니다.

- **그리스도와의 연결**
  하나님은 자기 백성을 위한 구원의 길을 열기 위해 홍해를 가르셨습니다. 이와 유사하게 자기 아들을 보내심으로써 우리를 위한 구원의 길을 여셨습니다.

- **선교적 적용**
  하나님은 구원과 심판의 영광을 찬양하라고 우리를 부르셨습니다. 세상 사람들이 우리를 보고 주님을 찬양할 수밖에 없게 하시려고 말입니다.

Session Plan

도입

모두에게 친숙한 노래, 나아가 따라 부를 수 있는 노래로 이야기를 시작합니다. 진리를 배우는 데 이 노래가 주는 도움에 대해 나누십시오. 아래 질문을 시작으로 당신 자신의 이야기를 먼저 솔직하게 나눈 후 다른 사람들도 허심탄회하게 나눌 수 있도록 인도하십시오.

즐겨 듣는 음악 앨범이나 좋아하는 노래는 어떤 것입니까? 특히 어떤 장르의 음악을 좋아합니까?

출애굽기 15장에 나오는 모세의 노래가 진리를 가르치는 노래이며, 특히 이 세션에서 다루는 사건에 대한 내용임을 지적해 주십시오. 그러고 나서 전체 내용을 요약하십시오.

전개

1
인도하시는 하나님은 찬양받기에 합당하십니다
(출 13:17~22)

애굽을 떠나는 이스라엘 백성의 이야기를 장자의 죽음 재앙을 다룬 세션 3과 연결해 이야기하십시오. 출애굽기 13장 17~22절을 읽습니다. 부록 8: '출애굽기 지도'(뒤표지)를 사용해 하나님이 이스라엘 백성을 인도해 가실 가능 경로를 살펴봅니다(지중해 해안에서 멀리 떨어진 곳입니다). 절대 쉬운 길이 아니었지만, 하나님은 자신이 무슨 일을 하시는지 잘 알고 계셨습니다. 주님은 신뢰할 수 있는 분입니다.

왜 이따금 하나님의 인도하심이 믿기지 않을까요?

이스라엘이 애굽을 떠날 때 요셉의 유언대로 그의 유골을 가져가고 있음을 강조하십시오. 그것은 하나님의 약속에 대한 믿음의 유언이었습니다. 또한 하나님이 이스라엘 백성을 인도하시는 방법, 즉 낮의 구름기둥과 밤의 불기둥에 주목하십시오. 그러나 이제 그리스도의 사역으로 말미암아 우리 안에 성령께서 내주하셔서 모든 진리 가운데로 인도하심도 이야기해 주십시오.

성령의 인도하심을 느낀 적은 언제인가요?

과거 하나님의 인도하심을 돌아보는 것은 앞으로도 하나님이 당신을 인도해 주실 것을 확신하는 데 어떻게 도움이 될까요?

출애굽기 14장 1~14절을 읽습니다. 애굽에 대한 승리를 통해 영광받으시려는 하나님의 계획에서 바로가 어떤 역할을 했는지 설명해 주십시오.

이 기이한 전술을 통해 하나님의 영광이 어떻게 나타납니까?

하나님이 행하신 일을 모두 목격한 이스라엘 백성이 애굽의 위협에 계속해서 어떻게 불평하는지 설명해 주십시오. 그에 대한 반응으로 주님은 그들에게 가만히 서서 주님의 구원을 바라보라고 말씀하십니다. 주님 홀로 영광을 드러내실 것입니다.

이스라엘 백성의 불평은 우리 마음을 어떻게 들여다보게 합니까?

죄에 매인 노예 근성은 구속받은 후에도 우리 마음에 어떻게 영향을 미칩니까?

2

영광의 하나님은 찬양받기에 합당하십니다
(출 14:1~14)

자원자에게 출애굽기 14장 21~31절을 읽게 합니다. 하나님이 이스라엘 백성을 애굽으로부터 구원하시는 데 사용한 방법을 설명해 주십시오. 심판이나 구원이나 모두 물로써 이루어졌습니다. 부록 2: '애굽의 재앙'을 사용해 홍해를 건넌 사건이 10가지 재앙의 패턴을 어떻게 반복하고 완성했는지 살펴보십시오.

하나님의 해결을 기다리다가 마침내 하나님의 능력을 경험한 적이 있습니까?

우리를 위한 하나님의 구원하심이 우리의 연약함과 주님의 힘을 보여 준다는 사실이 왜 중요할까요?

출애굽 이야기가 그리스도인의 구원을 어떻게 보여 주는지 설명해 주십시오.

- 우리는 무엇으로부터 구원받습니까? - **속박**

- 우리는 어떻게 구원받습니까? - **은혜로 건너기**

- 우리가 구원받을 수 있는 이유는 무엇입니까? - **중보자**

자신의 공로를 주장하기보다 하나님의 구원에 감사하며 모든 영광과 찬양을 올려 드리는 것이 왜 중요할까요?

3

구원의 하나님은 찬양받기에 합당하십니다
(출 14:21~31)

결론

출애굽기 15장을 다시 훑어보면서, 예수 그리스도를 통한 위대한 구원으로 말미암아 모두가 찬양하는 백성이 될 수 있도록 서로 격려하게 하십시오. 이 세션에서 배운 진리를 '하나님의 계획, 우리의 사명'에서 적용해 보십시오.

4. 찬양받으실 이유

도입

저는 음악적 재능은 별로 없지만, 음악을 사랑하고 노래 부르기를 좋아합니다. 다른 사람들이 어떤 음악을 즐겨 듣는지 살펴보는 것도 좋아합니다. 음악은 인류가 기막힌 다양성을 지녔으며, 자기 백성을 즐거이 부르며 기뻐하시는 창조주요 구속주이신 하나님과 닮았다는 사실을 보여 줍니다(습 3:17). 마르틴 루터가 이렇게 말할 만도 합니다.

"숭고한 예술인 음악은 하나님의 말씀 다음으로 세상에서 가장 위대한 보물이다."[1]

음악은 하나님의 말씀을 가르치는 놀라운 통로로 쓰일 수 있습니다. 진리로 가득 찬 노래 한 곡은 항상 지니고 다닐 수 있다는 점에서 '휴대용 신학'입니다. 저는 에티오피아에서 입양한 10살짜리 아들이 부르는 찬양을 듣는 것을 참 좋아합니다. 아이들의 입술에서 나오는 찬양을 들을 때마다 자기 재능을 하나님께 드린 작곡가들과 가수들에게 고마움을 느낍니다.

Q 즐겨 듣는 음악 앨범이나 좋아하는 노래는 어떤 것입니까? 특히 어떤 장르의 음악을 좋아합니까?

출애굽기 15장에 아주 오래된 찬송가 한 편이 실려 있습니다. 분명 모세는 출애굽한 직후 이 노래를 기록했을 것입니다. 이 노래는 다른 노래들처럼 노랫말에 풍성한 의미가 담겨 있습니다. 이스라엘 백성은 하나님의 구원 진리를 휴대하고 언제든 이 노래를 통해 하나님의 능력과 은혜를 회상할 수 있었습니다(출 15:11~13 참조). 어디서 이런 찬양의 표현들이 나왔을까요?

> Leader

"여호와여 신 중에 주와 같은 자가 누구니이까 주와 같이 거룩함으로 영광스러우며 찬송할 만한 위엄이 있으며 기이한 일을 행하는 자가 누구니이까 주께서 오른손을 드신즉 땅이 그들을 삼켰나이다 주의 인자하심으로 주께서 구속하신 백성을 인도하시되 주의 힘으로 그들을 주의 거룩한 처소에 들어가게 하시나이다"(출 15:11-13).

Session Summary

이 세션은 이스라엘 백성이 애굽을 떠나 홍해를 건널 때 무슨 일이 일어났는지를 보여 줍니다. 백성을 인도하고, 영광을 나타내며, 사랑으로 구원하시는 하나님은 모든 찬양을 받기에 합당하십니다. 우리는 하나님의 자녀로서 하나님의 인도하심과 영광과 구원을 찬양해야 합니다.

전개

1. 인도하시는 하나님은 찬양받기에 합당하십니다(출 13:17~22)

> Leader

세션 3에서는 하나님이 이스라엘의 자녀를 애굽의 노예에서 어떻게 구원하셨는지 살펴봤습니다. 이제 다음 단계로 하나님이 이스라엘을 어떻게 인도하시는지 볼 것입니다.

[17]바로가 백성을 보낸 후에 블레셋 사람의 땅의 길은 가까울지라도 하나님이 그들을 그 길로 인도하지 아니하셨으니 이는 하나님이 말씀하시기를 이 백성이 전쟁을 하게 되면 마음을 돌이켜 애굽으로 돌아갈까 하셨음이라 [18]그러므로 하나님이 홍해의 광야 길로 돌려 백성을 인도하시매 이스라엘 자손이 애굽 땅에서 대열을 지어 나올 때에 [19]모세가 요셉의 유골을 가졌으니 이는 요셉이 이스라엘 자손으로 단단히 맹세하게 하여 이르기를 하나님이 반드시 너희를 찾아오시리니 너희는 내 유골을 여기서 가지고 나가라 하였음이더라 [20]그들이 숙곳을 떠나서 광야 끝 에담에 장막을 치니 [21]여호와께서 그들 앞에서 가시며 낮에는 구름 기둥으로 그들의 길을 인도하시고 밤에는 불 기둥을 그들에게 비추사 낮이나 밤이나 진행하게 하시니 [22]낮에는 구름 기둥, 밤에는 불 기둥이 백성 앞에서 떠나지 아니하니라

심화 주석

주님은 어떤 경로를 택하든 자기 백성을 무사히 인도하실 수 있습니다. 선택된 경로와 그에 대한 언급은 이스라엘 백성 모두를 고려한 주님의 통찰력을 담고 있습니다. 주님은 바로보다 이스라엘 백성을 더 잘 알고 계셨습니다. 바로는 이스라엘 백성이 번성해 장차 군사적 위협이 될까 봐 염려했습니다(출 1:10). 이는 백성이 경배하며 순종했다는 보고와 균형을 이루며(출 12:27~28, 35, 50~51), 그들이 취할 다음 행동의 징후를 보입니다(출 14:10~12; 16:2~3). 하나님은 출애굽 전 과정에서 이스라엘 백성과 애굽 사람들 모두의 사고를 예측하고 이를 사용하셨습니다(출 14:3).

바로를 살려 두셨듯이(출 9:13~16), 이 경로의 선택도 주님이 어떤 분이신지를 보여 줍니다. 결과적으로 이스라엘 백성은 하나님이 그들을 위해 싸우시는 것을 보게 됩니다(출 14:13~14) … 자신들의 연약함에도 불구하고 하나님의 돌보심과 긍휼하심을 경험합니다(시 103:13~14).

고고학자들의 연구 결과에 따르면, 애굽은 지중해 해안선을 따라 북쪽으로 강력한 요새를 구축하고 있었습니다. 블레셋 영토를 통과해 가나안으로 가는 경로는 이스라엘 백성이 택할 수 있는 직행로일지는 몰라도, 극도의 위험과 적들의 끊임없는 방해가 있을 것입니다. 블레셋 족속은 에게 해의 여러 섬에서 지중해 서쪽 해안에 도착해 훗날 이스라엘의 주적이 됩니다. 애굽이나 블레셋의 대적자들은 당시 이스라엘 백성에게 꽤 위협적이었습니다(출 6:9 참조).[3]

도리안 G. 쿠버-콕스
HCSB Study Bible

이스라엘이 지름길인 바닷가 길로 출애굽하지 않는 것에 주목하십시오. 그 길로 가면 2주도 안 되어 도착할 것입니다. 그만큼 빠른 길이지만, 최선의 길은 아닙니다. 곳곳에 적들이 포진해 있는데, 이스라엘은 아직 싸울 준비가 되어 있지 않았기 때문입니다.

> 하나님은 "이 백성이 전쟁을 하게 되면 마음을 돌이켜 애굽으로 돌아갈까"(출 13:17)라고 하셨습니다. 고난의 조짐이 보이면 바로에게로 돌아갈 생각을 하리라는 것입니다. 사실 그들은 "대열을 지어" 나오긴 했지만, 전투할 준비는 되어 있지 않았습니다(출 13:18). 훗날 그들은 가나안에 이르러 자신들의 적이 얼마나 거대한지를 보고 이렇게 말합니다.
> "우리가 한 지휘관을 세우고 애굽으로 돌아가자"(민 14:4).

게다가 하나님이 인도하시는 길은 결코 쉽지 않았습니다. 출발한 지 얼마 되지 않아 그들은 홍해와 바로의 군대 사이에 끼어 옴짝달싹 못하게 됩니다. 하나님은 이 여정에서 이스라엘에게 여러 가지를 가르치실 계획입니다. 그들을 단순히 여기서 저기로 이동시키는 것 이상의 목적을 염두에 두고 계십니다.

여정이 힘들어지면 이스라엘은 하나님을 의심하기 시작할 것입니다. 마치 우리가 인생 여정에서 그렇게 하는 것처럼 말입니다. 우리는 삶의 여러 정황에서 무슨 일이 일어나고 있는지 알지 못합니다. 그러나 우리는 하나님의 지혜를 신뢰하고, 그분이 선하시며 주권적인 뜻을 이루시는 분임을 믿어야 합니다(참조, 창 50:20; 롬 8:28). 비록 어디로 가는지는 알지 못해도 인도자가 계심은 분명히 알 수 있습니다.

Q 왜 이따금 하나님의 인도하심이 믿기지 않을까요?

> 이스라엘은 애굽을 떠날 때 애굽 사람들의 귀중품을 취했습니다. 그런데 19절을 보면 물건만이 아니라 사람, 즉 요셉도 취했습니다. 이스라엘 백성이 요셉의 유언대로 그의 유골을 가지고 약속의 땅으로 향한 것입니다(참조, 창 50:24~26; 히 11:22). 이 단순한 행위가 하나님이 약속을 성취하시는 분임을 드러냅니다. 요셉은 하나님의 신실하심과 아브라함에게 하신 약속대로 선한 일을 이루실 것을 믿었습니다. 그래서 이렇게 말했습니다.
> "하나님이 반드시 당신들을 돌보시리니 당신들은 여기서 내 해골을 메고 올라가겠다 하라"(창 50:25).

신실하신 인도자인 하나님은 이스라엘을 밤낮없이 아주 기이한 방식으로 인도하십니다. 낮에는 구름기둥으로, 밤에는 불기둥으로 인도하신 것입니다(출 13:21). 다시 한번 불이 하나님의 임재를 현시합니다. 많은 학자가 그건 단지 구름이었을 것이라고 주장하면서 이 기적을 부인해 오고 있습니다. 그러나 구름기둥과 불기둥이 40년 동안 백성 앞에서 진행했습니다.

> 하나님은 우리를 버려두지 않고 인도하십니다. 누군가는 이렇게 말할지도 모릅니다.

Leader

"좋아요, 나한테도 그런 구름이 있으면 좋겠네요!"

"'구름아, 결혼할 사람 머리 위에 떠 있어라' 하고 주문하고 싶군요!"

"어느 대학을 가야 할지 알려 주는 구름이 있으면 좋겠습니다!"

그리스도의 지상 사역과 승천 이후 우리는 새 언약 안에서 그보다 더 나은 것, 아니 더 나은 분을 모시게 되었습니다. 바로 믿는 자마다 그 안에 거하시는 '성령'입니다. 바울은 여러 곳에서 믿는 자들을 거처로 언급했습니다. 골로새서에서 그분은 새 언약에 대해 묘사하며 이렇게 말했습니다. "너희 안에 계신 그리스도시니 곧 영광의 소망이니라"(골 1:27).

그리스도께서 성령으로 믿는 자 가운데 계십니다. 이것은 유대인이든 이방인이든 마찬가지입니다. 그리스도께서는 회막이나 성전이 아닌 믿는 자 안에 거하시는데, 믿는 자가 곧 하나님의 거처입니다. 예수님은 승천 후에 성령을 보낼 것을 언급하면서 이렇게 말씀하셨습니다. "그[성령]는 너희와 함께 거하심이요 또 너희 속에 계시겠음이라"(요 14:17).

믿는 자라면, 인생 여정에서 자신이 혼자가 아님을 알아야 합니다. 우리는 고아처럼 남겨지지 않습니다(요 14:18). 하나님은 우리 가운데 계시며 각자의 마음속에도 계십니다. 구름기둥은 없지만, 대신 성령께서 내 주하셔서 친히 진리 가운데로 인도하십니다(요 16:13).

Q 성령의 인도하심을 느낀 적은 언제인가요?

Q 과거 하나님의 인도하심을 돌아보는 것은 앞으로도 하나님이 당신을 인도해 주실 것을 확신하는 데 어떻게 도움이 될까요?

"우리보다 우리를 더 사랑하시는 하나님이 그 위대한 이름을 위해 약속하신 대로 우리를 주의 길로 인도하심을 믿어야 합니다."[4]

_ J. D. 그리어

심화토론

• 오늘날 하나님은 자기 백성을 어떻게 인도하십니까?

• 이 길이 하나님의 뜻인지 아닌지 어떻게 알 수 있습니까?

이스라엘이 진심으로 여호와께 도움을 '부르짖었을'(출 14:10) 수도 있지만, 그들의 다음 반응은(광야에서 자주 그랬던 것처럼, 출 16:3 등 참조) 모세를 비난하는 것이었습니다. 매우 잘못한 일이지만, 사실 인간적이기도 합니다. 이스라엘 백성에게서 우리의 모습을 발견합니다.

통렬한 역설이기는 합니다만, "매장지가 없어서"(출 14:11)란 애굽 사람들의 무덤에 대한 비정상적인 집착(나바테아 왕국의 페트라나 이탈리아 에트루리아인의 강박관념과도 비슷합니다)을 고려할 때, 이스라엘 백성이 그걸 의미했을 것 같지는 않습니다. 그러기에는 상황이 너무 급박합니다. 이스라엘 백성이 실제로 애굽에서 모세에게 "당신에게 이른 말이 이것이 아니냐"라고 말했는지 안 했는지에 대해 논의하는 것은 무의미합니다. 그만큼 세밀하게 따져 볼 상황도 아니었습니다.

여러 정황으로 볼 때 이 말은 출애굽기 5장 21절("… 너희가 우리를 바로의 눈과 그의 신하의 눈에 미운 것이 되게 하고 그들의 손에 칼을 주어 우리를 죽이게 하는도다…")의 입장을 나타냅니다.

히브리어에서 '말하다'는 자주 '생각하다'와 같은 의미를 갖습니다(시 14:1 참조, '그의 마음에 이르기를').[5]

_R. 앨런 콜

2. 영광의 하나님은 찬양받기에 합당하십니다(출 14:1~14)

> **Leader:** 이스라엘 백성의 여정은 다음 장면에서 흥미로운 전환을 맞습니다. 주님은 모세에게 최후의 결전이 곧 벌어질 것이며 하나님이 '바로로 말미암아 영광을 얻을 것'이라고 말씀하셨습니다(출 14:4).

[1]여호와께서 모세에게 말씀하여 이르시되 [2]이스라엘 자손에게 명령하여 돌이켜 바다와 믹돌 사이의 비하히롯 앞 곧 바알스본 맞은편 바닷가에 장막을 치게 하라 [3]바로가 이스라엘 자손에 대하여 말하기를 그들이 그 땅에서 멀리 떠나 광야에 갇힌 바 되었다 하리라 [4]내가 바로의 마음을 완악하게 한즉 바로가 그들의 뒤를 따르리니 내가 그와 그의 온 군대로 말미암아 영광을 얻어 애굽 사람들이 나를 여호와인 줄 알게 하리라 하시매 무리가 그대로 행하니라 [5]그 백성이 도망한 사실이 애굽 왕에게 알려지매 바로와 그의 신하들이 그 백성에 대하여 마음이 변하여 이르되 우리가 어찌 이같이 하여 이스라엘을 우리를 섬김에서 놓아 보내었는가 하고 [6]바로가 곧 그의 병거를 갖추고 그의 백성을 데리고 갈새 [7]선발된 병거 육백 대와 애굽의 모든 병거를 동원하니 지휘관들이 다 거느렸더라 [8]여호와께서 애굽 왕 바로의 마음을 완악하게 하셨으므로 그가 이스라엘 자손의 뒤를 따르니 이스라엘 자손이 담대히 나갔음이라 [9]애굽 사람들과 바로의 말들, 병거들과 그 마병과 그 군대가 그들의 뒤를 따라 바알스본 맞은편 비하히롯 곁 해변 그들이 장막 친 데에 미치니라 [10]바로가 가까이 올 때에 이스라엘 자손이 눈을 들어 본즉 애굽 사람들이 자기들 뒤에 이른지라 이스라엘 자손이 심히 두려워하여 여호와께 부르짖고 [11]그들이 또 모세에게 이르되 애굽에 매장지가 없어서 당신이 우리를 이끌어 내어 이 광야에서 죽게 하느냐 어찌하여 당신이 우리를 애굽에서 이끌어 내어 우리에게 이같이 하느냐 [12]우리가 애굽에서 당신에게 이른 말이 이것이 아니냐 이르기를 우리를 내버려 두라 우리가 애굽 사람을 섬길 것이라 하지 아니하더냐 애굽 사람을 섬기는 것이 광야에서 죽는 것보다 낫겠노라 [13]모세가 백성에게 이르되 너희는 두려워하지 말고 가만히 서서 여호와께서 오늘 너희를 위하여 행하시는 구원을 보라 너희가 오늘 본 애굽 사람을 영원히 다시 보지 아니하리라 [14]여호와께서 너희를 위하여 싸우시리니 너희는 가만히 있을지니라

하나님이 하시는 것만 아니라면, 이 전략은 말도 안 된다고 할 만합니다(출 14:1~3). 하나님은 애굽으로부터 벗어나 행진 중이던 이스라엘

에게 다시 돌아가서 바다와 사막 가운데 장막을 치라고 명령하셨습니다. 바로가 추격해 오면 그들은 꼼짝없이 갇힐 것입니다.

하나님은 성경 전반에 걸쳐 특이한 전략을 구사하십니다. 아브라함과 사라가 아이를 가졌을 때 나이가 얼마였습니까? 앞으로 기드온과 삼백 용사(삿 6~8장), 암몬 자손, 모압 자손과 싸운 여호사밧의 전쟁(대하 20장), 귀신에 사로잡힌 돼지 떼(막 5장) 이야기 등을 보게 될 것입니다.

궁극적으로 하나님은 예수님께도 기이한 전략을 사용하셨습니다. 바로 십자가로 향하는 것입니다. 사탄도 바로처럼 자기가 예수님을 넘어뜨렸다고 생각했을 것입니다. 하지만 예수님은 부활을 통해 우리를 구원하셨고, 스스로 영광을 받으셨습니다.

이야기가 계속됨에 따라, 우리는 바로가 하나님의 백성을 얼마나 끈질기게 뒤쫓는지 보게 됩니다. 하나님이 말씀하신 그대로입니다(출 14:5~9). 바로는 자기가 좋은 전략을 펼치고 있다고 생각했겠지요. 하지만 실제로는 하나님의 계획대로 흘러가고 있었습니다. 이스라엘을 추격할 때, 아마 가장 좋은 전차를 동원했을 것입니다. 사용 가능한 모든 군사적 이점을 활용했을 것입니다. 바로는 이스라엘이 패배해 다시 노예로 전락할 것이라고 확신했을 것입니다. 바로는 전투가 시작되기도 전에 승전가부터 불렀을 것입니다. 하지만 그의 예상은 완전히 틀렸습니다.

Q 이 기이한 전술을 통해 하나님의 영광이 어떻게 나타납니까?

10절에 의하면, 이스라엘 백성은 애굽 사람들을 보고 두려워합니다. 놀랄 일도 아닙니다. 그들은 최정예 군사들이었습니다. 이른바 '대량 살상 무기'도 가지고 있었습니다. 하지만 진짜 문제가 뭔지 압니까? 이스라엘이 그들을 그곳으로 인도하신 분이 하나님이라는 사실을 잊고 있었다는 것입니다. 그들은 하나님만 경외하며 그분의 사랑을 신뢰하기만 하면 되는데 말입니다(시 106:1~10 참조).

이스라엘은 불평하기 시작합니다. 모세가 겁에 질려 불평해 대는 백성에게 말합니다. "너희는 두려워하지 말고 가만히 서서 여호와께서 오늘 너희를 위하여 행하시는 구원을 보라 너희가 오늘 본 애굽 사람을 영원히 다시 보지 아니하리라 여호와께서 너희를 위하여 싸우시리니 너희는 가만히 있을지니라"(출 14:13~14).

이런 전략을 본 적이 있습니까? 가만히 서 있으라니요, 하나님이 대신 싸우신다니요? 그러나 이것은 대단히 뛰어난 전략입니다(대하 20:15~17 참조). "두려워하지 말라. 전쟁은 네 몫이 아니다. 가만히 서서 하나님의 구원을 보라." 하나님이 승리를 주시기 때문에 하나님만 영광을 받으실 수 있습니다. 이것은 이스라엘의 승전고가 아니라, 하나님의 필적할 바 없는 비교 불가능한 영광을 나타내는 이야기입니다.

Q 이스라엘 백성의 불평은 우리 마음을 어떻게 들여다보게 합니까?

Q 죄에 매인 노예 근성은 구속받은 후에도 우리 마음에 어떻게 영향을 미칩니까?

3. 구원의 하나님은 찬양받기에 합당하십니다(출 14:21~31)

> 성경 전체에서 가장 중요하다고 할 만한 이야기가 14장 끝에 나옵니다. 바로 홍해를 건넌 사건입니다. 하나님은 바다의 기적을 통해 자기 백성을 애굽에서 건지셨고, 물로 애굽 사람들을 심판하셨습니다.

Leader :....

[21]모세가 바다 위로 손을 내밀매 여호와께서 큰 동풍이 밤새도록 바닷물을 물러가게 하시니 물이 갈라져 바다가 마른 땅이 된지라 [22]이스라엘 자손이 바다 가운데를 육지로 걸어가고 물은 그들의 좌우에 벽이 되니 [23]애굽 사람들과 바로의 말들, 병거들과 그 마병들이 다 그들의 뒤를 추격하여 바다 가운데로 들어오는지라 [24]새벽에 여호와께서 불과 구름 기둥 가운데서 애굽 군대를 보시고 애굽 군대를 어지럽게 하시며 [25]그들의 병거 바퀴를 벗겨서 달리기가 어렵게 하시니 애굽 사람들이 이르되 이스라엘 앞에서 우리가 도망하자 여호와가 그들을 위하여 싸워 애굽 사람들을 치는도다 [26]여호와께서 모세에게 이르시되 네 손을 바다 위로 내밀어 물이 애굽 사람들과 그들의 병거들과 마병들 위에 다시 흐르게 하라 하시니 [27]모세가 곧 손을 바다 위로 내밀매 새벽이 되어 바다의 힘이 회복된지라 애굽 사람들이 물을 거슬러 도망하나 여호와께서 애굽 사람들을 바다 가운데 엎으시니 [28]물이 다시 흘러 병거들과 기병들을 덮되 그들의 뒤를 따라 바다에 들어간 바로의 군대를 다 덮으니 하나도 남지 아니하였더라 [29]그러나 이스라엘 자손은 바다 가운데를 육지로 행하였고 물이 좌우에 벽이 되었더라 [30]그날에 여호와께서 이같이 이스라엘을 애굽 사람의 손에서 구원하시매 이스라엘이 바닷가에서 애굽 사람들이 죽어 있는 것을 보았더라 [31]이스라엘이 여호와께서 애굽 사람들에게 행하신 그 큰 능력을 보았으므로 백성이 여호와를 경

외하며 여호와와 그의 종 모세를 믿었더라

> 모세는 하나님이 내리신 명령에 순종했습니다(출 14:21). 그런데 이 명령을 한번
잘 생각해 봅시다. 바로의 군대가 쫓아오고 있고 백성은 원망하고 있는데, 하나
님은 "네가 지팡이를 든 손을 바다 위로 내밀면 내가 바다를 가르겠다"고 하십니
다. 왜입니까? 하나님의 영광이 다시 한번 드러날 때이기 때문입니다.

"내가 바로로 말미암아 영광을 얻으리라"(출 14:17).

터무니없는 듯한 명령이었지만 모세는 순종했습니다.

하나님의 구원이 바다가 갈라짐으로써 분명히 드러납니다. 그 결
과 이스라엘 백성은 안전한 곳까지 걸어갈 수 있었습니다(출 14:21-22).

> 상상이나 할 수 있겠습니까? 물이 물러나 벽을 세웠습니다. '벽'이라는 표현은 '도
시 성벽'을 연상시킵니다. 한 주석가는 이렇게 말했습니다.

"도시 성벽 규모의 물 벽이 양쪽으로 세워졌다는 것은 깊은 물의 본체가 나뉘었
음을 의미한다. 낮은 지대뿐 아니라 깊은 물 속까지 마른 땅이 되었다."[8]

이 부분을 읽을 때 나이아가라 폭포가 떠올랐습니다. 장관이지요. 그러나 물을
나누는 것은 창조주 하나님께는 그다지 어려운 일이 아니었습니다.

애굽 군대가 이스라엘 백성을 추격해 올 때 "여호와께서 … 보시고" 만물 가운
데 장엄하게 높임을 받으셨습니다(출 14:24). 주님은 애굽 사람들을 충격에 빠
뜨리시고, 그들의 정교한 병거 바퀴를 벗겨서 달리기 어렵게 하셨습니다(출
14:24~25). 그들은 달아나야 했지만, 그럴 수가 없었습니다.

그들이 바다를 건너자 모세는 지팡이를 뻗어 물이 애굽 사람들과
그들의 병거 위를 뒤덮게 했습니다(출 14:26). 완전 소탕입니다. 동이 트자
이스라엘은 하나님의 승리를 볼 수 있었습니다. 물이 다시 흘러 드러난
땅을 덮고 애굽 사람들을 전부 삼켜 버린 것입니다(출 14:27~28).

30~31절에 심판과 구원의 현실이 분명히 드러납니다. 시신들이 해
변으로 쓸려 온 모습을 상상해 보십시오. 거룩하신 하나님 앞에 회개할
줄 모르던 사람들의 끔찍한 최후입니다. 믿음을 거절한 사람들은 심판의
물에서 죽음을 맞았습니다. 반면 믿는 자들은 심판의 물에서 구원을 받
고 행복해합니다. 그들은 믿음을 통한 은혜로써 반대편으로 인도된 것
입니다.

 하나님의 해결을 기다리다가 마침내 하나님의 능력을 경험한 적이 있습니까?

우리를 위한 하나님의 구원하심이 우리의 연약함과 주님의 힘을 보여 준다는

 출애굽기 14장 31절은 믿음을 강조하는 전체 사건 가운데서도 가장 중요한 암시를 드러냅니다. 즉 결과적으로 하나님의 백성이 주님을 믿게 되고, 기꺼이 주님과 그분의 대변자인 모세를 신뢰하기로 한 것입니다. 따라서 이 구절은 구원 이야기의 초점을 모든 사람이 바다에서 살아났다는 데 두는 것이 아니라(여기에서 배워야 할 것은 어떤 곤경에서도 주님이 자기 백성을 구원하실 수 있다는 확신뿐입니다), 오히려 믿음에 의한 구원을 강조하는 신약을 예시합니다.

이스라엘에게 중요한 것은 그들은 안전하고, 애굽 사람들은 그렇지 않다는 것만이 아닙니다. 관건은 믿음이 구원한다는 점이며, 하나님을 믿는 믿음이 어떻게 영원한 유익을 얻게 했는지 하나님이 보여 주셨다는 데 있습니다. 그들은 아직 온전한 신학을 정립하지 못했습니다. 그들 대다수는 초기에만 해도 여호와가 누구시며 그들에게 무엇을 바라시는지를 거의 이해하지 못했습니다. 하지만 이제 그들은 애굽으로부터 궁극적이며 놀라운 구원 행위를 목격했고, 이로써 하나님을 경외하고 신뢰하게 되었습니다.[9]

_더글러스 K. 스튜어트

78. 하나님의 백성

성경은 하나님의 성전, 즉 교회를 "하나님의 백성"으로 묘사합니다 (고후 6:16 참조). 유대인과 이방인으로 이루어진 교회는 하나님이 그리스도의 대속적인 죽음을 통해 세우셨습니다. '교회'는 두 가지 의미로 쓰입니다. 첫째, 그리스도의 주 되심을 고백하며 언약을 맺은 사람들로 구성된 보이는 교회입니다. 이 교회는 각 지역에 있는 지교회를 통해서 나타납니다. 아울러 이처럼 믿음을 고백하는 모든 사람으로 이루어진 보편적인 교회를 생각할 수 있습니다. 이러한 교회를 가리켜 보편적인 보이는 교회라고 합니다. 둘째, 보이지 않는 교회가 있습니다. 이 교회는 하나님이 그리스도 안에서 선택하신 모든 백성을 가리킵니다. 보이지 않는 교회에 속한 하나님의 백성은 통상적으로 보이는 교회를 통해서 하나님의 보호와 돌보심을 받으며, 하나님의 다스림 아래 살아가며, 예외 없이 모두 구원을 받습니다. 이와 조금 다르게, 신앙고백을 통해 나타나는 보이는 교회에는 신앙고백을 거짓으로 해서 구원을 받지 못하는 이들이 있을 수 있습니다.

사실이 왜 중요할까요?

모세가 이스라엘 백성을 심판의 바닷물을 지나 건너편으로 이끌었던 것처럼, 그리스도 안에 있는 사람들은 그분의 전능하신 부활을 통해 사망의 바닷물을 안전히 건너 반대편으로 갑니다. 이것은 '사망에서 생명으로 옮겨졌다'는 뜻의 '세례'를 의미합니다. 세례를 통해 우리는 "그리스도와 함께 죽었고, 그와 함께 장사되었으며 그와 함께 살아날 것입니다!"(롬 6:1~4 참조)라고 외치는 셈입니다.

출애굽의 이야기는 구원받은 그리스도인의 삶에 어떤 일이 일어나는가를 보여 줍니다.

우리는 무엇으로부터 구원받습니까? — <u>속박</u>

이스라엘 백성은 노예 상태에서 해방되었습니다. 이것은 구원의 예시입니다. 그러나 문제가 있습니다. 육체적으로는 출애굽에 성공했지만, 마음은 여전히 애굽에 매여 있었던 것입니다(행 7:39 참조). 이 이야기는 우리와 어떤 관련이 있습니까? 하나님은 우리도 속박에서 구원해 주셨습니다. 하지만 속박은 다양한 양상을 보입니다.[10] 객관적으로 우리는 예수님을 통해 정죄에서 놓여 자유를 얻었습니다. 징벌도 없습니다. 우리는 객관적으로 유죄 판결을 받았으나, 예수님을 통해 풀려났습니다(롬 8:1 참조). 그런데도 주관적으로는 여전히 '애굽'으로 돌아가려는 문제로 고심합니다. 노예가 아님에도 불구하고 노예처럼 살려고 합니다.

우리는 어떻게 구원받습니까? — <u>은혜로 건너기</u>

출애굽기 14장 13~14절에서 모세는 이스라엘 백성에게 가만히 서서 "여호와께서 오늘 너희를 위하여 행하시는 구원을 보라 … 여호와께서 너희를 위하여 싸우실 것이다"라고 했습니다. 은혜의 원리가 이보다 더 분명할 수는 없습니다. 구원은 우리의 행위가 아니라 예수님 안에서 우리를 위해 하나님이 행하신 것에 달려 있습니다(롬 4:3~8 참조).

이스라엘이 홍해를 건너는 사건은 예수님이 영생에 대해 하신 말씀을 떠올리게 합니다.

"내가 진실로 진실로 너희에게 이르노니 내 말을 듣고 또 나 보내신 이를 믿는 자는 영생을 얻었고 심판에 이르지 아니하나니 사망에서 생명으로 옮겼느니라"(요 5:24).

요한도 사망에서 생명으로 옮겨지는 것에 관해 언급했습니다.

"우리는 형제를 사랑함으로 사망에서 옮겨 생명으로 들어간 줄을 알거니와 사랑하지 아니하는 자는 사망에 머물러 있느니라"(요일 3:14).

그리스도인이라면 이미 '사망'에서 '생명'으로 건넌 것입니다. 구원의 하나님을 찬양합니다!

우리가 구원받을 수 있는 이유는 무엇입니까? — **중보자**

> Leader

이 사건에서 이스라엘 백성이 물에 빠지지 않은 이유를 생각해 볼 필요가 있습니다. 그들에게 중보자가 있었기 때문입니다.

모세의 역할에 대해 생각해 보십시오. 그는 한편으로는 이스라엘 백성 쪽에 서 있고, 다른 한편으로는 하나님 쪽에 서 있습니다. 이스라엘 백성을 너무 아낀 나머지 그들의 죄를 짊어지기까지 합니다. 출애굽기 14장 15절에서 모세는 이스라엘의 죄 때문에 정죄를 받았습니다. 하나님은 모세에게 "네가 어찌하여 내게 부르짖느냐?"라고 하셨습니다. 그가 부르짖었다는 진술이 없는데도 질책을 받은 것입니다. 그런가 하면 하나님의 능력이 그를 통해 역사할 정도로 하나님 편에 서 있기도 합니다(출 14:21, 26). 이것이 중재입니다. 모세는 중간에 선 중재자였습니다.

그러나 모세보다 더 훌륭한 중보자가 있으니, 바로 예수 그리스도이십니다. 그분은 정죄받은 적이 단 한 번도 없으시면서도 중보자로서 우리의 모든 죄를 짊어지고 하나님의 진노를 받으셨습니다. 게다가 이 중보자는 하나님 자신입니다(요 1:1). 예수님은 우리가 하나님께 닿을 수 있는 유일한 길이요 중보자이십니다.[11]

Q 자신의 공로를 주장하기보다 하나님의 구원에 감사하며 모든 영광과 찬양을 올려 드리는 것이 왜 중요할까요?

팀 켈러에 따르면 인식 가능한 세 가지 단계로 우리 마음의 노예 근성을 설명할 수 있습니다. 첫째, 우리는 죄의 노예 근성으로 되돌아갈 수 있습니다. 바울은 믿는 자들에게 "그러므로 너희는 죄가 너희 죽을 몸을 지배하지 못하게 하라"(롬 6:12)라고 말했습니다. 날마다 죄가 죽게 해야 합니다. 둘째, 우리는 의의 사역으로 돌이킬 수 있습니다. 우리 마음은 사역에 기반을 둔 구원 체계, 실천에 기반을 둔 기독교로 돌아가기를 원합니다. 우리는 구원은 오직 그리스도 안에만 있다는 사실을 믿기 위해 날마다 싸워야 합니다. 셋째, 우리의 낡은 우상을 해결해야 합니다. "나를 섬기지 않으면 죽는다"고 속삭이는 옛 주인에게 굴복하고 싶은 유혹에 맞서 싸워야 합니다.

"오, 하나님의 아들이시여! 모든 시험을 피할 위대한 피난처는 인자 안에 있도다. 모세가 아닌 예수님 안에, 종이 아닌 그 주인에게 있음이여. … 그분은 지팡이 대신 십자가를 들어 … 홍해를 갈라 죄를 그 가운데 빠뜨리셨도다. 그분이 너를 떠나지 않으리로다."[13]
_찰스 스펄전

결론

출애굽기 15장에서 하나님의 백성이 노래합니다. 이것은 선하며 옳은 일입니다. 구원받은 백성은 찬양하는 백성이 될 수밖에 없습니다. 이스라엘 백성은 전심을 다해 구원을 찬양했습니다. 그런데 예수님을 통해 그보다 더 큰 구원을 받은 우리는 어떻게 해야 하겠습니까? 귀하게 여기는 대상은 찬양하게 마련입니다. 당신은 구원의 하나님을 귀하게 여기고 있습니까? 또한 소중히 여기는 대상은 칭찬하기 마련입니다. 주님이 소중하지 않습니까? 무엇도 하나님께 비할 수 없습니다.

그리스도와의 연결
하나님은 자기 백성을 위한 구원의 길을 열기 위해 홍해를 가르셨습니다. 이와 유사하게 자기 아들을 보내심으로써 우리를 위한 구원의 길을 여셨습니다.

하나님의 계획 우리의 사명

선교적 적용 하나님은 구원과 심판의 영광을 찬양하라고 우리를 부르셨습니다. 세상 사람들이 우리를 보고 주님을 찬양할 수밖에 없게 하시려고 말입니다.

1. 하나님의 인도하심을 따라 믿음으로 걸어갈 때 무엇을 배울 수 있습니까?

2. 하나님의 목적을 이해하기 어려운 상황에서 어떻게 하면 말씀에 순종해 하나님께 영광을 돌릴 수 있을까요?

3. 예수 그리스도를 믿는 믿음을 통해 죄와 심판으로부터 구원받게 해 주신 하나님을 어떻게 찬양할지 써 보세요. 예수님에 대한 믿음을 누구와 나눌 수 있습니까?

Summary and Goal

이 세션에서 우리는 바울의 충고대로 광야에서 이스라엘이 어떻게 행했는지를 보고
본보기로 삼아야 합니다. 우리도 이스라엘처럼 어린양의 보혈로 구속받은 나그네로
은혜를 통해서 이쪽에서 저쪽으로 옮기어, 지금은 약속의 땅을 향해 가고 있습니다.
광야를 걷는 믿음의 여정 속에서 하나님은 우리를 거룩하게 하시고 그분을 신뢰하고
사랑하고 따르는 법을 가르치십니다.

광야의
시험

- **성경 본문**
  출애굽기 17:1~7
  고린도전서 10:1~6

- **세션 포인트**
  1. 하나님의 공급을 받을 자격이 있다고 믿습니까?(출 17:1~2)
  2. 하나님의 선하심을 믿습니까?(출 17:3~4)
  3. 하나님의 임재를 믿습니까?(출 17:5~7; 고전 10:1~6)

- **신학적 주제**
  하나님의 선하심은 자기 백성을 향한 지속적인 은혜를 통해 표현됩니다.

- **그리스도와의 연결**
  모세가 백성을 치는 대신 반석을 내리치자 물이 흘러나와 백성을 구했습니다.
  예수님은 우리의 구원을 위해 내리침을 당한 반석이시며, 이 반석에서 흘러나
  온 생명수가 우리를 영원히 만족시킵니다.

- **선교적 적용**
  하나님은 우리에게 베푸시는 그분의 선하심을 증거하라고 우리를 부르셨습
  니다.

The Gospel Project

Session Plan

도입

'광야 대학'에서 이수할 교육 내용에서부터 시작하십시오. 교육의 범위는 누구를 높이거나 누구를 낮추기 위한 것이 아님을 분명히 해 주십시오.

학교에 다니지 않고도 배울 수 있는 비정규 교육에는 어떤 것들이 있습니까?

어디서도 배울 수 없는 교훈을 가르쳐 준 인생 경험을 했다면 무엇입니까?

출애굽기 17장의 배경을 설명하고, 이 세션을 요약하십시오.

전개

1
하나님의 공급을 받을 자격이 있다고 믿습니까?
(출 17:1~2)

출애굽기 17장 1~2절을 읽습니다. 여기서 보이는 이스라엘 백성의 모습은 따라서는 안 될 예라고 말해 주십시오. 첫째, 그들은 물부터 요구함으로써 특권 의식이라는 죄악 된 태도를 보였습니다.

마지막으로 하나님을 원망했던 적은 언제입니까?

원망하는 태도와 특권 의식은 어떤 연관이 있습니까?

둘째, 그들은 하나님의 공급하심을 원망했습니다. 원망에 대한 자연스러운 반응은 바로 '분노'임을 강조하십시오(자녀들과 겪었던 이야기나 자신의 경험을 나누십시오). 하지만 하나님은 여전히 자비하셔서 그들의 필요를 채워 주셨습니다. 원망하는 것이 얼마나 심각한 죄인지, 감사하는 마음이 우리에게 얼마나 필요한지 설명해 주십시오.

잘못된 태도와 행동을 보이는 것은 어려운 환경 때문입니까? 아니면 어려운 환경으로 인해 원래 가지고 있던 잘못된 태도와 행동이 드러나는 것입니까?

2
하나님의 선하심을 믿습니까?
(출 17:3~4)

출애굽기 17장 3~4절을 읽습니다. 백성의 원망이 그들을 애굽에서 구원하신 하나님의 선하심을 어떤 식으로 의심하게 만들었는지 알려 주십시오. 우리도 시험을 만나면 하나님의 선하심을 의심하는 데 빠질 수 있습니다. 하지만 우리로 하여금 그리스도를 닮게 하시려는 하나님의 선하심을 붙잡아야 합니다.

하나님은 이스라엘을 광야에서 훈련시켜 하나님의 백성으로 만드시려고 했습니다. 어려운 시기를 지나고 있는 당신을 하나님은 어떤 식으로 훈련시키십니까?

하나님의 공급하심에 대한 믿음을 설명해 주십시오. 예수님의 죽음과 부활을 통해 우리의 가장 큰 문제를 해결해 주신 하나님은 선하십니다.

누구나 원망하고 불평하곤 합니다. 원망이나 불평 앞에 '하나님께 맞서'라는 말을 붙이는 것이 이런 태도에 대한 관점을 어떻게 바꿔 줍니까?

3

하나님의 임재를 믿습니까?
(출 17:5~7; 고전 10:1~6)

'하나님의 임재'는 출애굽기의 중요한 주제이기도 합니다. 이것을 보여 주는 예들을 제시해 주십시오. 그러고 나서 자원자에게 출애굽기 17장 5~7절을 읽게 하십시오. 이스라엘 백성은 그들 가운데 계신 하나님의 임재를 의심했지만, 하나님은 반석에서 물을 내주심으로써 다시 한번 신실하심을 증명하셨습니다.

하나님이 원망하는 이스라엘에 물을 공급해 주신 일과 원망하는 당신에게 베푸신 일 사이에 어떤 유사점이 있습니까?

하나님의 공급하심은 당신의 태도에 어떤 영향을 미쳤습니까?

그다음 다른 자원자에게 고린도전서 10장 1~6절을 읽게 하십시오. 물을 내기 위해 내리친 반석과 우리를 구원하기 위해 고난당하신 그리스도를 연결해 주십시오. 적용할 수 있는 세 가지 진리를 강조합니다.

- 첫째, 우리에게 일상의 필요를 공급하시는 하나님에 대한 신뢰

- 둘째, 우리의 가장 절박한 필요를 채우시는 하나님의 아들에 대한 신뢰

- 셋째, 목마른 자에게 생명수를 제공하기(요한복음 4장의 우물가 사마리아 여인 이야기를 예로 들어 주십시오.)

출애굽기 17장에 나타난 하나님의 자비에 관한 묘사는 타인에게 자비를 베푸는 방식에 어떤 영향을 미칠까요?

결론

예수님이 우리에게 생명수를 공급하는 유일한 반석이심을 강조하십시오. 우리의 사명은 예수님의 구원을 세상에 알리는 것입니다. 이 세션에서 배운 진리를 '하나님의 계획, 우리의 사명'에서 적용해 보십시오.

Session Content

5. 광야의 시험

도입

당신의 최종 학력은 어떻게 됩니까? 박사? 아니면 석사? 어쩌면 학사 학위를 받고 "이거면 충분해!" 하고 그만두었을지도 모르겠습니다. 그것도 아니면 고등학교까지 마쳤거나, 사정상 마치지 못했을 수도 있습니다. 우리 가족 중에 정규교육 과정을 마치지 못한 사람이 몇 명 있는데, 놀라울 정도로 총명하고 사회적으로도 성공했습니다. 심지어 보드게임에서도 늘 저를 이긴답니다.

그리스도인이라면 누구나 다녀야 할 학교가 있습니다. 바로 '광야 대학'입니다. 이곳에서 하나님은 우리를 가르치고 훈육하며 성결하게 하십니다. 찰스 스펄전은 광야를 "하나님 나라 학생들을 위한 옥스퍼드 대학이자 케임브리지 대학"[1]이라고 불렀습니다. 여기서 광야란 출애굽한 이스라엘 백성이 약속의 땅을 향해 가는 길에 광야에서 유숙한 것을 빗대어 표현한 것입니다.

Q 학교에 다니지 않고도 배울 수 있는 비정규 교육에는 어떤 것들이 있습니까?

Q 어디서도 배울 수 없는 교훈을 가르쳐 준 인생 경험을 했다면 무엇입니까?

출애굽기 17장은 이스라엘의 광야 체험을 다룹니다. 맥락을 이해하기 위해서는 광야 여정 중에 있었던 물(출 15:22~27; 17:1~7)과 음식(출 16:1~36)과 관련된 연이은 세 가지 이야기에 주목해야 합니다. 이스라엘은 주리고 목말랐습니다. 그래서 불평했습니다. 그들의 원망이 우리에게는 경고가 됩니다.

Session Summary

이 세션에서 우리는 바울의 충고대로 광야에서 이스라엘이 어떻게 행했는지를 보고 본보기로 삼아야 합니다. 우리도 이스라엘처럼 어린양의 보혈로 구속받은 나그네로 은혜를 통해서 이쪽에서 저쪽으로 옮기어, 지금은 약속의 땅을 향해 가고 있습니다. 광야를 걷는 믿음의 여정 속에서 하나님은 우리를 거룩하게 하시고 그분을 신뢰하고 사랑하고 따르는 법을 가르치십니다.

전개

1. 하나님의 공급을 받을 자격이 있다고 믿습니까?(출 17:1~2)

¹이스라엘 자손의 온 회중이 여호와의 명령대로 신 광야에서 떠나 그 노정대로 행하여 르비딤에 장막을 쳤으나 백성이 마실 물이 없는지라 ²백성이 모세와 다투어 이르되 우리에게 물을 주어 마시게 하라 모세가 그들에게 이르되 너희가 어찌하여 나와 다투느냐 너희가 어찌하여 여호와를 시험하느냐

이스라엘 백성은 구름기둥과 불기둥으로 인도하시는 하나님을 계속 따라가다가 르비딤에 장막을 칩니다. 그곳에는 물이 없었습니다. 그들은 하나님을 신뢰하고 하나님께 간구하는 대신 모세와 다투며 원망하기 시작합니다(출 17:2~3). 급기야 이곳은 시험과 다툼을 의미하는 '맛사' 또는 '므리바'라는 이름을 얻게 됩니다(출 17:7; 참조, 시 95편). 그들은 하나님을 믿기는커녕 하나님을 시험했습니다.

우리는 이 사건을 보고 교훈을 얻어 그들처럼 행하지 말아야 합니다. 하나님의 공급을 받아 마땅한 자격이 있는 양 굴어서는 안 됩니다. 하나님의 공급하심은 놀라운 은혜의 선물입니다. 특권 의식으로 사는 대신 하나님을 믿는 법을 배워야 합니다.

특권 의식의 죄 된 태도는 두 가지 방식으로 표출됩니다. 첫째, 이스라엘 백성은 물을 요구합니다. 그들은 "우리에게 물을 주어 마시게 하라"고 말합니다. 성경은 그들의 태도에 주목합니다. 그들은 겸손히 청한 것이 아니라 버릇없는 아이처럼 굴었습니다.

> 믿는 자로서 우리는 하나님께 일, 가정, 교회를 둘러싼 문제들을 자기가 원하는 대로 해결해 달라고 요구해서는 안 됩니다. 인내심을 가지고 주님을 기다리는 시간이 필요합니다.

Leader

심화 주석 히브리어 '나싸'는 '시험하다'입니다. 구약의 하나님은 백성의 마음을 알아보기 위해 그들을 시험하셨습니다.

하나님이 만나를 내려 주실 때 모세에게 각 사람에게 일용할 것만 모으라고 명령하신 것이 바로 시험입니다. "이같이 하여 그들이 내 율법을 준행하나 아니하나 내가 시험하리라"(출 16:4). 또 하나님은 이삭을 제물로 바치라고 명령하심으로써 아브라함을 시험하셨습니다(창 22:1). 그러나 입장을 바꾸어 만약 사람이 하나님의 성품을 증명해 달라고 요구한다면, 그것은 죄가 됩니다. 이스라엘이 르비딤에서 하나님을 시험한 것은 잘못이었습니다(신 6:16; 시 78:18, 41, 56). 이런 식으로 하나님을 시험하는 것은 주님의 거룩한 성품과 자기 백성을 향한 선하심을 의심한다는 뜻이기 때문입니다.[3]

_켄들 이슬리

> *"광야 여정은 이스라엘의 구원을 위해 필요한 것이 아니라 그들의 성결을 위해 필요했습니다."[4]*
> _필립 그레이엄 라이큰_

핵심교리 99

35. 죄-과녁에서 벗어남

죄에 대한 여러 개념 중 하나는 하나님이 인간을 위해 세워 놓으신 기준에서 벗어났다는 것입니다. 기준, 곧 과녁에서 벗어남은 단순한 실수가 아니라 의식적으로 죄를 선택함으로써 하나님의 영광에 미치지 못하는 것입니다. 하나님의 기준에 따라 살지 못하는 인간의 실패를 죄로 부르기도 하지만, 여기서 중요한 것은 의도성이 있는 실패라는 것입니다. 우리를 향한 하나님의 뜻을 고의로 내칠 때, 우리는 과녁에서 벗어나게 됩니다.

Q 마지막으로 하나님을 원망했던 적은 언제입니까?

Q 원망하는 태도와 특권 의식은 어떤 연관이 있습니까?

둘째, 이스라엘은 하나님의 공급하심을 불평함으로써 특권 의식을 드러냅니다. 모세가 묻습니다. "너희가 어찌하여 나와 다투느냐?"

> **Leader** 이것은 이스라엘의 슬픈 자화상입니다. 그들은 애굽의 바로 치하에서 원망하고 불평하며 살았습니다(출 2:23). 홍해 앞에서도 원망했고(출 14:11~12), 마라에서도 불평했습니다(출 15:23~24). 지도자들에게도 불평했습니다(출 16:2~3; 17:3~4; 참조, 민 11장). 르비딤에서 하나님이 쓴 물을 단물로 바꿔 주시고, 하늘에서 떡을 내려 주셨는데도 여전히 원망하고 불평했습니다.

백성을 애굽에서 기껏 인도해 냈더니 "애굽 땅에서는 고기 가마 곁에 앉아 있기라도 했지"라며 구시렁거리는 소리를 듣는다면 그 심정이 어떻겠습니까? 저라면 몹시 화가 났을 것 같습니다.

> **Leader** 우크라이나에서 새로 입양한 네 명의 아이들과 함께 40일간 머물다가 돌아오던 때를 기억합니다. 멤피스 집에 돌아오자마자 아이들을 데리고 바비큐 가게로 갔습니다. 야들야들한 돼지고기가 너무 그리웠기 때문입니다. 아이들에게 메뉴판에서 먹고 싶은 것을 고르게 했습니다. 다들 바비큐 요리를 골랐습니다. 그런데 막상 음식이 나오자, 아이들이 모두 불평하며 먹기 싫어했습니다. 저는 화가 났습니다. 아이들이 배은망덕하게 보였습니다. 전에 있던 곳과 먹던 음식을 생각하면, 분명히 바비큐를 좋아할 거라고 생각했던 것입니다. 이게 바로 천하의 멤피스 바비큐인데 말입니다! 결국 저는 풀이 죽고 말았습니다.

그런데 하나님은 이스라엘 백성에게 자비로 반응하셨습니다. 배은망덕한 그들에게 여전히 은혜를 베푸십니다. 하나님의 인내와 은혜는 참으로 놀랍습니다.

원망은 생각보다 훨씬 심각한 죄입니다(참고로 고전 10:1~12에 언급된 죄들에 주목하십시오). 바울은 빌립보 교회에 중요한 가르침을 전했습니다. "모든 일을 원망과 시비가 없이 하라 이는 너희가 흠이 없고 순전하여 어그러지고 거스르는 세대 가운데서 하나님의 흠 없는 자녀로 세상에서 그들 가운데 빛들로 나타내며"(빌 2:14~15). 바울은 어두운 세상에서 빛으로 살 수 있는 방법 중 하나가 바로 '원망하지 않는 것'이라고 말합니다. 세상에는 원망이 가득합니다. 하지만 불평하는 말 대신 감사하는 말로 하루를 살 수 있다면, 그런 세상과 거리를 둘 수 있습니다.

이생에서의 고된 삶은 앞으로도 달라지지 않습니다. 그러나 약속의 땅이 다가오고 있습니다. 힘겨운 광야 생활일지라도 우리에게는 자녀를 돌보시는 하나님이 계십니다. 그러므로 불평하는 세상 문화를 피하고, 당신 입술에서 감사의 말이 흘러나오게 하십시오. 홍해를 가르고 죽은 자를 살리시는 하나님께 감사하십시오. 그러면 더 나은 사람이 될 수 있습니다.

> 친구 목사 중에 감사가 헤픈 것으로 유명한 이가 있습니다. 사람들이 "어떻게 지내세요?" 하고 물으면, 그는 이렇게 대답합니다. "과분하게도 잘 지냅니다." 사람들은 그의 대답에 당황하곤 하지만, 분명히 그의 말이 맞습니다. 우리가 무슨 자격이 있습니까? 신학적으로, 우리에게는 지옥이 적격입니다. 오늘 지옥에 있지 않다면, 그건 우리에게 과분한 대접인 것입니다. 만약 잘 지내는지 안부에 대한 기준점이 지옥이라면, 불평해서는 안 될 것입니다. 고난의 순간에도 찬양이 넘쳐 흘러야 마땅할 것입니다.

이생에서의 삶이 형편없는 것은 앞으로도 달라지지 않습니다. 그러나 약속의 땅이 다가오고 있습니다. 힘겨운 광야 생활일지라도 우리에게는 자녀를 돌보시는 하나님이 계십니다. 그러므로 불평하는 세상 문화를 피하고, 당신 입술에서 감사의 말이 흘러나오게 하십시오. 홍해를 가르고 죽은 자를 살리시는 하나님께 감사하십시오. 그러면 더 나은 사람이 될 수 있습니다.

Q 잘못된 태도와 행동을 보이는 것은 어려운 환경 때문입니까? 아니면 어려운 환경으로 인해 원래 가지고 있던 잘못된 태도와 행동이 드러나는 것입니까?

2. 하나님의 선하심을 믿습니까?(출 17:3~4)

³ 거기서 백성이 목이 말라 물을 찾으매 그들이 모세에게 대하여 원망하여 이르되 당신이 어찌하여 우리를 애굽에서 인도해 내어서 우리와 우리 자녀와 우리 가축이 목말라 죽게 하느냐 ⁴ 모세가 여호와께 부르짖어 이르되 내가 이 백성에게 어떻게 하리이까 그들이 조금 있으면 내게 돌을 던지겠나이다

이어서 하나님의 선하심에 의구심을 품는 이스라엘의 모습이 등장합니다. 그들은 애굽으로부터 구원받은 것이 맞는지 의심하기 시작합니다. '광야에서 죽으라고 해방시켜 주신 것은 아닐까?' 물론 아닙니다.

심화주석 백성이 모세와 '다투었습니다'(출 17:2상). '다투다'라는 동사는 이곳의 이름이 '므리바'('논쟁' 혹은 '다툼')로 불리게 된 연유를 설명해 주는 중요한 단어입니다.

일부는 이와 다른 설명을 하기도 합니다. '심판의 우물'이라는 뜻의 '엔미스밧 곧 가데스'(창 14:7)에서 사법 판결이 이루어졌다는 사실에 기초해 그 이름이 생겼다고 보는 것입니다. 또는 목자들이 우물을 두고 '다투었다'(창 26:16~22 참조)는 견해를 근거로 삼습니다. 두 가지 견해 모두 타당한 점이 있지만, 이 문맥에서는 두 가지 모두 그 이름이 붙여진 이유로 언급되어 있지 않습니다.

모세는 자신의 답변에서 '다투었다'는 사실을 반향하고(출 17:2하), 여기에다 맛사('시험하다')라는 이름 배후의 두 번째 어근을 결합합니다.

"우리 가축이 목말라 죽게 하느냐"(출 17:3하)라는 말은 그들이 늘 말도 안 되는 이유를 모세에게 전가하고 있다는 사실과 함께 그들의 성격을 어느 정도 묘사해 주고 있습니다. 여기서 진실한 이스라엘의 양치기가 말합니다. "조금 있으면 내게 돌을 던지겠나이다"(출 17:4). 이것이 이스라엘에서 지도자가 거부당하는 마지막 단계입니다. 시글락에서 다윗(삼상 30:6)이나 세겜에서 아도람(왕상 12:18)의 경우를 보십시오. 이는 모세가 이스라엘 백성 앞에 처음 나섰을 때의 반응을 연상시킵니다(출 5:21). 예수 그리스도(요 10:31), 스데반(행 7:58), 바울(행 14:19) 역시 모두 하나님의 백성, 즉 그들이 보내심을 받은 바로 그 사람들이 던지는 돌에 맞았습니다.[5]

_R. 앨런 콜

하나님의 공급하심은 의심할 필요가 없습니다.

> 백성에 이어 모세도 주님께 부르짖었습니다.

"내가 이 백성에게 어떻게 하리이까 그들이 조금 있으면 제게 돌을 던지겠나이다."

모세는 그들의 원망이 심각하다는 것을 감지한 것입니다.

우리도 시험을 만나면 하나님의 선하심에 대해 의구심을 갖곤 하지 않습니까? 시험 중에는 '하나님이 우리를 해치려고 하시나 보다' 하고 생각하거나 하나님이 공급하지 않으실 것이라고 생각하기 쉽습니다. 하지만 그리스도인은 하나님이 우리를 그리스도의 형상으로 빚으셨으므로(롬 8:28~29), 힘든 시련의 시간도 지나야 한다는(롬 5:3~4; 약 1:3) 사실을 믿어야 합니다.

Q 하나님은 이스라엘을 광야에서 훈련시켜 하나님의 백성으로 만드시려고 했습니다. 어려운 시기를 지나고 있는 당신을 하나님은 어떤 식으로 훈련시키십니까?

하나님은 이스라엘을 버리려고 구속하신 것이 아닙니다. 하나님은 구속하시고, 공급하십니다. 믿는 자로서 우리는 하나님이 우리에게 더 큰 구원을 베푸셨다는 사실을 기억해야 합니다. 하나님은 그리스도의 죽음과 부활을 통해 우리의 가장 큰 골칫거리에 해결책을 주셨습니다. 이 사실을 기억한다면, 일상의 소소한 문제들에 부딪혀도 하나님의 선하심에 의문을 품거나 신실하심을 의심할 이유가 없습니다. 하나님은 선하십니다. 이것을 믿으십시오.

> 시편 73편은 하나님의 선하심이 의심될 때 묵상하기 좋습니다. 시편 기자는 이렇게 시작합니다.

"하나님이 참으로 이스라엘 중 마음이 정결한 자에게 선을 행하시나"(시 73:1).

곧 그는 이 전제에 의문을 표합니다. 악인의 형통함을 지켜봐야 했기 때문입니다. 그는 여러 절에 걸쳐 탄식합니다. 어떻게 악인이 잘 먹고 형통하게 사느냐는 것입니다. 하지만 그는 깊은 생각 끝에 이렇게 적고 있습니다.

"내가 어쩌면 이를 알까 하여 생각한즉 그것이 내게 심한 고통이 되었더니 하나님의 성소에 들어갈 때에야 그들의 종말을 내가 깨달았나이다"(시 73:16~17).

영원의 관점으로 상황을 바라보자, 악인의 형통함은 아주 잠시뿐임을 알게 된 것입니다. 끔찍한 종말이 그들에게 다가오고 있었습니다. 상황을 바로 보게 되자,

그의 통탄은 하나님의 신실하심과 임재하심과 선하심을 찬양하는 쪽으로 나아
갑니다.

"내가 항상 주와 함께하니 주께서 내 오른손을 붙드셨나이다 주의 교훈으로 나
를 인도하시고 후에는 영광으로 나를 영접하시리니 하늘에서는 주 외에 누가 내
게 있으리요 땅에서는 주밖에 내가 사모할 이 없나이다 내 육체와 마음은 쇠약하
나 하나님은 내 마음의 반석이시요 영원한 분깃이시라"(시 73:23~26).

다음 사실을 곰곰이 생각해 보십시오. "그리스도인에게 하나님의
임재는 최고의 선이다." 하나님이 당신과 함께하십니다. 하나님이 당신을
영광의 길로 이끄실 것입니다. 시험이 닥쳐도 하나님의 선하심을 의심할
필요가 없습니다. 십자가를 바라보십시오. 그리고 당신의 가장 큰 문제가
이미 해결되었음을 기억하면 됩니다. 하나님은 선하십니다.

Q 누구나 원망하고 불평하곤 합니다. 원망이나 불평 앞에 '하나님께 맞서'라는
말을 붙이는 것이 이런 태도에 대한 관점을 어떻게 바꿔 줍니까?

3. 하나님의 임재를 믿습니까?(출 17:5~7; 고전 10:1~6)

'하나님의 임재'는 출애굽기의 핵심 주제입니다. 하나님은 애굽에
서 이스라엘이 부르짖는 소리를 들으셨습니다. 홍해에서 그들과 함께 계
셨고, 광야에서도 그들과 함께하셨습니다. 하나님은 시내 산에서 장엄하
게 나타나셨으며, 성막에 임재하셨습니다.

모세는 주님께 이스라엘 백성을 떠나지 말아 달라고 부르짖기도
했습니다(출 33:14~16). 하나님의 임재 없이는 한 걸음도 나아갈 수 없다고
분명히 말했습니다. 이스라엘이 주변 민족들과 구별되는 점은 땅에 있
지 않습니다(아직 얻지도 못했습니다). 부강함도 아닙니다(노예 출신입니다). 문
화도 아닙니다(아직 발전도 못했습니다). 무엇이 그들을 구별해 줍니까? 바로
하나님이 그들과 함께하신다는 사실입니다.

다시 한번 하나님의 임재가 놀라운 방법으로 백성에게 선포됩니
다. 하나님이 물 문제를 어떻게 해결하시는지 보십시오.

*5여호와께서 모세에게 이르시되 백성 앞을 지나서 이스라엘 장로들을 데리고
나일 강을 치던 네 지팡이를 손에 잡고 가라 6내가 호렙 산에 있는 그 반석 위 거*

> "불만족이라는 죄는 그 자체가
> 형벌이라 자학하게 만듭니다. 영혼을
> 슬프게 만들고, 몸을 아프게 하고,
> 모든 즐거움을 앗아 갑니다. 또한
> 심령이 무거워지고, 뼈가 썩습니다.
> 죄가 죄를 낳습니다. 죄를 짓는 것은
> 상황이 아니라 마음에서 비롯되기
> 때문입니다. 알다시피 사도 바울은
> 감옥에서도 기뻐했지만, 아합은
> 궁궐에서도 불평했습니다."[7]
> _매튜 헨리

기서 네 앞에 서리니 너는 그 반석을 치라 그것에서 물이 나오리니 백성이 마시
리라 모세가 이스라엘 장로들의 목전에서 그대로 행하니라 [7]그가 그곳 이름을
맛사 또는 므리바라 불렀으니 이는 이스라엘 자손이 다투었음이요 또는 그들이
여호와를 시험하여 이르기를 여호와께서 우리 중에 계신가 안 계신가 하였음이
더라

이야기의 끝에 이스라엘이 하나님의 임재를 의심하는 모습이 나
옵니다. 그들은 "여호와께서 우리 중에 계신가 안 계신가" 하고 물었습니
다(출 17:7). 하나님이 자신들과 함께 계시는지 의심한 것입니다. 이에 모세
가 기도하자, 하나님이 반석에서 물을 내주셨습니다(출 17:4~6).

우리 역시 광야 같은 시간을 보내는 동안 하나님이 나를 버리신 건
아닌가 하고 의심할 수 있습니다. 그러나 하나님은 자기 백성에게 언제나
신실하신 분입니다. 바울이 이렇게 말한 바 있습니다. "너희를 불러 그의
아들 예수 그리스도 우리 주와 더불어 교제하게 하시는 하나님은 미쁘
시도다"(고전 1:9).

Q 하나님이 원망하는 이스라엘에 물을 공급해 주신 일과 원망하는 당신에게 베
푸신 일 사이에 어떤 유사점이 있습니까?

Q 하나님의 공급하심은 당신의 태도에 어떤 영향을 미쳤습니까?

고린도전서 10장에서 바울은 이 사건을 회상하며 고린도 교회에
권고합니다.

[1]형제들아 나는 너희가 알지 못하기를 원하지 아니하노니 우리 조상들이 다 구
름 아래에 있고 바다 가운데로 지나며 [2]모세에게 속하여 다 구름과 바다에서
세례를 받고 [3]다 같은 신령한 음식을 먹으며 [4]다 같은 신령한 음료를 마셨으니
이는 그들을 따르는 신령한 반석으로부터 마셨으매 그 반석은 곧 그리스도시라
[5]그러나 그들의 다수를 하나님이 기뻐하지 아니하셨으므로 그들이 광야에서
멸망을 받았느니라 [6]이러한 일은 우리의 본보기가 되어 우리로 하여금 그들이
악을 즐겨 한 것같이 즐겨 하는 자가 되지 않게 하려 함이니

> 이스라엘 백성의 광야 경험은 그리스도와 많은 연관성을 가집니다. 바울은 모세
와 이스라엘이 하나 되어 홍해를 건너 출애굽한 것을 그리스도와 연합해 세례받

Leader

는 것과 유사하다고 해석했습니다.

"형제들아 나는 너희가 알지 못하기를 원하지 아니하노니 우리 조상들이 다 구름 아래에 있고 바다 가운데로 지나며 모세에게 속하여 다 구름과 바다에서 세례를 받고"(고전 10:1~2).

"무릇 그리스도 예수와 합하여 세례를 받은 우리는 그의 죽으심과 합하여 세례를 받은 줄을 알지 못하느냐"(롬 6:3).

"누구든지 그리스도와 합하기 위하여 세례를 받은 자는 그리스도로 옷 입었느니라"(갈 3:27).

또한 바울은 하나님이 이스라엘을 먹이신 것처럼 우리도 영적으로 먹이신다고 주장합니다.

"다 같은 신령한 음식을 먹으며 다 같은 신령한 음료를 마셨으니 이는 그들을 따르는 신령한 반석으로부터 마셨으매 그 반석은 곧 그리스도시라"(고전 10:3~4).

바울은 '반석에서 물이 터진 사건'을 언급하면서, 이것은 우리를 구원하기 위해 반석으로서 내리침을 당하신 그리스도에 관한 이야기라고 말했습니다. 바울이 "그 반석은 곧 그리스도시라"라고 말한 데서 반석이 그리스도를 의미한다는 것을 알 수 있습니다.

모세는 백성을 치는 대신 반석을 내리칩니다. 그러자 물이 흘러나와 백성을 구합니다. 반석이신 예수님이 우리의 구원을 위해 내리침을 당하셨습니다. 하나님은 우리를 대신해 자기 아들을 때리셨습니다. 예수님이 창에 찔리자 반석에서처럼 옆구리에서 물이 터져 나왔습니다(요 19:34). 우리가 맞이해야 할 죽음을 예수님이 맞으셨습니다. 이제 우리는 영생을 위한 생명수를 마시게 되었습니다(요 7:37~38). 예수님을 믿음으로써 궁극적인 구원의 물을 마시게 된 것입니다.

그리스도께서는 우리 죄로 인해 상하고 맞고 찔리며 고초를 당하셨습니다. 그러면서도 도수장으로 끌려가는 어린양처럼 입을 열지 않으셨습니다. 하나님의 뜻에 순종하시고 원망하지 않으셨습니다. 우리와 같이 불평을 해 대는 자들이 받아야

유대 백성의 역사에서 가장 중요한 단일 사건은 모세의 리더십으로 애굽의 바로에게 묶여 있던 이스라엘이 해방된 것입니다. 그들이 광야에서 헤맨 40년은 역사적으로 '출애굽'이라 알려지게 되었습니다.

대부분의 고린도 교회 교인들이 이방인이기는 했지만, 이스라엘 백성은 그들의 영적 조상이었습니다. 이런 상황에서 그리스도인의 교회가 유대인과 역사적으로 연관되어 있음을 염두에 둘 필요가 있습니다.

바울은 그리스도 안에서 적절한 자유의 사용에 관해 긴 주장을 펼친 후에(고전 8~9장), 이스라엘의 광야 체험에 초점을 맞추어 믿는 자들이 죄의 묶임에서 구원받고 나서 불만족, 이기심, 비도덕적 행위를 통해 어떻게 세상에 다시 얽매이게 되는지를 보여 줍니다(고전 10장). 이 얽매임 때문에 히브리 사람 거의 대다수가 약속의 땅에 들어가지 못했습니다. 사실 '거의 대다수'란 대단히 우회적인 표현입니다. 애굽에서 나온 자들 중 이십 세 이상으로는 단 두 명만이 가나안 땅에 들어갔기 때문입니다(민 32:10~11).[9]

_L. 밀턴 한킨스
Biblical Illustrator

할 심판을 대신 받으심으로 우리가 하나님의 구원을 알게 되었습니다(사 53:4~7 참조). 구원의 반석을 찬양하십시오!

출애굽 이야기는 우리에게 가르침과 용기를 주는 동시에 경고도 줍니다. 바울은 이 이야기를 통해 고린도 교회에 경고했습니다. 하나님의 기적적인 출애굽 구원과 광야에서의 공급하심을 경험했던 이스라엘 세대는 이적들을 보고 하나님의 말씀을 들었음에도 불구하고 약속의 땅을 볼 수 없었습니다(고전 10:5; 참조, 민 14:22~23, 29, 37; 26:64~65). 놀라운 공급하심에도 불구하고 하나님을 진심으로 믿은 자가 극소수에 불과했기 때문입니다(히 3:16~19; 4:2).

이 이야기에서 진리를 적용하는 세 가지 방법을 찾을 수 있습니다. 첫째, 매일의 필요를 채우시는 하나님을 믿는 것입니다. 이스라엘의 광야 생활을 보면, 하나님이 자기 백성과 함께하시며 자기 백성에게 선하심으로 공급하신다는 사실을 알 수 있습니다. 주님을 믿겠습니까? 아니면 그분께 맞서 원망하며 근심하겠습니까?

> **Leader**
> 하나님은 이스라엘에게 물과 만나를 충분히 공급해 주셨습니다. 하나님은 40년 동안 날마다 그들에게 물과 만나를 주셨습니다. 훗날 예수님도 제자들에게 '일용할 양식'(마 6:11)을 위해 기도하라고 가르치십니다. 출애굽기는 하나님이 우리에게 필요한 것을 공급해 주신다는 사실을 분명히 보여 줍니다. 하나님은 충분히 공급하십니다. 바울은 빌립보 교회 교인들에게 아무것도 염려하지 말고 모든 일에 기도하라고 하면서(빌 4:6), 그러면 하나님의 평강이 기도하는 심령에 밀려들 것이라고 했습니다. 우리의 염려를 아버지께 맡기면 주님이 우리를 돌보십니다(벧전 5:7).
>
> "아무것도 염려하지 말고 다만 모든 일에 기도와 간구로, 너희 구할 것을 감사함으로 하나님께 아뢰라"(빌 4:6),
>
> "너희 염려를 다 주께 맡기라 이는 그가 너희를 돌보심이라"(벧전 5:7).

둘째, 영혼의 필요를 채우시는 하나님의 아들을 믿으십시오. 먹을 것과 마실 것을 주시는 이야기는 우리 안에 더 큰 영적 필요가 있음을 지적합니다. 예수님을 믿으십시오. 그러면 영적으로 더는 갈급하거나 주리거나 목마르지 않을 것입니다. 주님이야말로 생명의 떡이요 생명수이십니다.

셋째, 갈급한 이들에게 생명수를 전하십시오. 우리의 구원을 위해 반석이신 예수님이 고초를 당하셨습니다. 이 좋은 소식을 우리만 알아서는 안 됩니다. 생명수 되시는 예수님을 모두에게 전해야 합니다.

요한복음 4장에 예수님이 우물가에서 사마리아 여인을 만나시는 장면이 나옵니다. 위대한 전도자인 예수님은 여인과 즉석 토론에 들어가셨습니다. 대화는 '물리적인 물'에서 '영적인 물'로 나아갔습니다. 예수님은 도덕적이지 않은 여인에게 이렇게 말씀하십니다.

"이 물을 마시는 자마다 다시 목마르려니와 내가 주는 물을 마시는 자는 영원히 목마르지 아니하리니 내가 주는 물은 그 속에서 영생하도록 솟아나는 샘물이 되리라"(요 4:13~14).

예수님은 여인에게 영적인 삶과 행복의 길을 보여 주셨고, 제자들에게는 모형을 주셨습니다. 예수님은 제자들이 먹을 것을 가지고 돌아오자 그들과 '추수', 즉 생명의 반석이신 예수 그리스도에 대해 듣고 믿기를 기다리는 큰 무리에 관해 말씀을 나누셨습니다. 이 무리는 모든 족속과 방언과 나라에서 셀 수 없이 많이 나올 것입니다.

Q 출애굽기 17장에 나타난 하나님의 자비에 관한 묘사는 타인에게 자비를 베푸는 방식에 어떤 영향을 미칠까요?

심화토론

결론 부분에서 시편 95편을 다시 한 번 읽고 다음 질문에 대한 의견을 서로 나누게 하십시오.

• 이 세션에서 배운 내용을 바탕으로 시편 95편에 언급된 "우리의 구원의 반석"(시 95:1)을 설명한다면 어떻게 하시겠습니까?

결론

예수님이 우리에게 생명수를 공급해 주시는 반석이라면, 주님만이 유일한 구원자이십니다. 우리는 구원자의 본을 받아 경계를 뛰어넘으라는 부르심을 받았습니다. 사회적, 도덕적, 종교적 배경과 상관없이 목마른 이들에게 생명수를 공급해야 합니다. 오직 한 분만이 만족시켜 주실 수 있기 때문입니다.

우리는 세상에 좋은 것을 많이 제공할 수 있고, 또 그래야만 합니다. 세상은 깨끗한 물과 음식과 의복을 필요로 합니다. 세상 사람들에게 필요한 것을 제공하고, 나아가 우리에게 영생을 주기 위해 고난당하신 구세주의 복된 소식인 복음을 전해야 합니다.

그리스도와의 연결

모세가 백성을 치는 대신 반석을 내리치자 물이 흘러나와 백성을 구했습니다. 예수님은 우리의 구원을 위해 내리침을 당한 반석이시며, 이 반석에서 흘러나온 생명수가 우리를 영원히 만족시킵니다.

하나님의 계획 우리의 사명

선교적 적용　　하나님은 우리에게 베푸시는 그분의 선하심을 증거하라고 우리를 부르셨습니다.

1. 하나님이 과거에 어떻게 베풀어 주셨고, 지금도 어떻게 베풀어 주고 계시는지 목록을 적어 보십시오.

2. 주어진 환경에 대해 원망하는 것은 하나님을 향한 마음 자세가 어떠함을 드러냅니까?

3. 그리스도인이 세상 사람들에게 생명수를 흘려 보내려면 어떻게 해야 합니까?

Summary and Goal

이 세션에서 우리는 이스라엘의 죄 된 우상 숭배가 어떻게 참예배를 왜곡하고, 하나님의 의로우신 정죄를 가져오는지를 보게 될 것입니다. 우상 숭배는 위험합니다. 그것은 하나님에 대한 우리의 관점을 왜곡하고, 우리의 행동을 망칩니다. 또한 우리를 구원하고 변화시키기 위해 자신을 계시하신 하나님으로부터 멀어지게 하고, 아무 능력도 없는 거짓 신에게 이끌리게 만듭니다. 또한 우리는 모세가 하나님과 백성 사이에 들어가 중재하는 것을 보게 될 것입니다. 예수 그리스도를 중보자로 둔 우리는 우상을 제압하고 사명을 위해 우리에게 힘을 주시는 하나님의 능력을 신뢰해야 합니다.

- **성경 본문**
  출애굽기 32:1~14

- **세션 포인트**
  1. 우상 숭배는 참예배를 왜곡합니다(출 32:1~6)
  2. 우상 숭배는 정죄받아 마땅합니다(출 32:7~10)
  3. 우상 숭배의 속죄를 위해 중보자가 필요합니다(출 32:11~14)

- **신학적 주제**
  우상 숭배는 하나님의 자리에 다른 사람이나 사물을 놓는 것입니다.

- **그리스도와의 연결**
  이스라엘의 자녀들은 자신들을 대신해 기도해 줄 중재자가 필요했습니다. 예수 그리스도는 하나님과 죄인 된 인류 사이의 중보자이십니다. 예수님은 자기 백성을 위해 중보하십니다.

- **선교적 적용**
  하나님은 주님을 필요로 하는 사람들을 위해 중재 기도를 하도록 우리를 부르셨습니다. 그들의 구원을 위해 기도할 때는 하나님의 성품과 뜻에 호소해야 합니다.

구속자 하나님께 맞서다

Session Plan

도입

이제까지 공부해 온 출애굽 이야기를 되짚어 보십시오. 하나님에 대한 올바른 반응은 감사와 예배인데 이스라엘 백성은 우상 숭배에 빠졌다는 사실을 지적해 주십시오. 우상 숭배에는 어떤 것들이 수반되는지 설명해 주십시오.

우상 만들기에 우리 마음이 이끌리는 이유는 무엇입니까?

우상 숭배가 하나님을 바라보는 우리의 관점을 어떻게 일그러뜨립니까?

고린도전서 10장을 통해 이스라엘 백성의 부정적인 본보기로부터 무엇을 배워야 할지 살펴봅니다. 그러고 나서 이 세션을 요약하십시오.

전개

1
우상 숭배는 참예배를 왜곡합니다
(출 32:1~6)

세션 5와 이 세션 사이에 생긴 공백에 어떤 이야기가 담겨 있는지 소개해 주십시오. 자원자에게 출애굽기 32장 1~6절을 읽게 하십시오. 그 후 우리가 우상 숭배에 빠지는 이유에 관해 설명해 주십시오.

• 이스라엘처럼 우리도 하나님 말씀에 불순종할 때 시험에 빠집니다.

하나님에 관한 우리의 견해가 하나님 자신의 계시와 상응하는 것이 왜 중요합니까?

오늘날 우리의 생각과 삶에서 흔한 '우상'은 무엇입니까?

• 이스라엘처럼 우리도 하나님의 목적을 불신할 때 시험에 빠집니다.

어려울 때 우상을 찾는 대신 믿음으로 하나님께 의지하도록 서로를 어떻게 도울 수 있을까요?

• 이스라엘처럼 우리도 하나님의 은혜를 잊어 버릴 때 시험에 빠집니다.

• 이스라엘처럼 우리도 하나님의 영광을 위해 자기 은사를 사용하지 않을 때 시험에 빠집니다.

이 모든 것이 예배의 왜곡으로 이어짐을 알 수 있습니다. 인도자용 교재 92쪽을 참고해 이스라엘 백성의 예배가 하나님이 지시하신 방법에서 벗어난 구체적인 내용을 목록으로 작성하도록 합니다.

하나님의 뜻보다 사람의 입맛에 맞게 하면서부터 예배가 '망가지고 있다'는 표시는 무엇입니까?

이스라엘 백성의 우상 숭배에 하나님이 어떻게 반응하셨는지 보기 위해 출애굽기 32장 7~10절을 읽으십시오. 우상 숭배가 어떻게 '선한 것들'을 '우상의 것들'로 바꾸는지 설명해 주십시오. 그리고 나서 우상 숭배의 두 가지 결과를 정리합니다.

첫째, '도덕적인 부패'입니다.

하나님을 오해해서 잘못된 선택을 한 적이 있습니까?

둘째, '모방'입니다. 우리는 우리가 예배하는 대상을 닮게 됩니다. 우상 숭배에 빠지는 시험을 피하기 위해서는 그리스도 안에서 하나님을 예배해야 함을 강조하십시오. 학습자용 교재에 있는 '오늘날 보편적인 우상의 목록'을 작성해 보게 하십시오. 우상들이 자기 약속을 어떻게 지키지 못하는지도 살펴보십시오.

2
우상 숭배는 정죄받아 마땅합니다
(출 32:7~10)

본문 소개를 위해 시편 106편 23절을 언급하십시오. 그리고 백성을 위한 모세의 중재를 다룬 출애굽기 32장 11~14절을 읽게 하십시오. 하나님이 모세를 중재의 자리로 몰아가신다는 점을 지적해 주십시오. 모세의 본보기는 더 위대한 중보자이신 예수 그리스도를 예시합니다. 부록 1: '출애굽기에서 만나는 예수님'을 참고하십시오.

3
우상 숭배의 속죄를 위해 중보자가 필요합니다
(출 32:11~14)

모세는 왜 하나님이 백성에게 자비를 베푸셔야 한다고 생각했습니까?

이것은 하나님의 영광을 위하는 그분의 동기에 대해 무엇을 말해 줍니까?

모세의 본을 바탕으로 타인을 위한 기도의 세 가지 방식을 묘사합니다.

- 첫째, 하나님의 성품과 신실하심에 호소해야 합니다.
- 둘째, 자신의 이기적인 욕망이 아닌 하나님의 뜻을 구해야 합니다.
- 셋째, 하나님이 응답하신다는 사실을 믿어야 합니다.

기도에 시간을 어떻게 할애하는지 말해 보십시오.

타인을 위해 얼마나 자주 기도합니까?

결론

우리가 예수님의 은혜로우신 중보를 필요로 하는 것처럼, 우리에게 다른 사람들과 교회와 세상의 유익을 위해 중재해야 하는 사명이 있음을 연결해 주십시오. 이 세션에서 배운 진리를 '하나님의 계획, 우리의 사명'에서 적용해 보십시오.

Session Content

6. 구속자 하나님께 맞서다

도입

> Leader

세션 5에서 노예 상태에 놓인 자기 백성의 부르짖음을 들으신 하나님이 애굽에서 그들을 어떻게 구원해 광야로 인도하셨는지를 살펴봤습니다. 하나님의 구원에 대한 올바른 반응은 감사와 예배입니다. 그런데 불행히도 이스라엘은 구원의 하나님이 아닌 금송아지 우상을 예배했습니다.

우상 숭배는 이스라엘에 언제나 존재하던 위험이었습니다. 그러나 우상 숭배의 위험은 우상만이 아니라 인간의 마음과 연관됩니다. 최초의 기독교 순교자인 스데반은 이스라엘 역사의 이 슬픈 순간을 다음과 같이 회상했습니다.

"그 마음이 도리어 애굽으로 향하여 아론더러 이르되 우리를 인도할 신들을 우리를 위하여 만들라"(행 7:39~40).

그때나 지금이나 우상 숭배는 마음의 문제입니다.

우상 숭배란 무엇입니까? 하나님의 자리에 다른 사람이나 사물을 놓는 것입니다. 그리스도만이 주실 수 있는 것, 기쁨, 안정, 평화, 의미, 중요성, 정체성, 구원 등을 다른 것에서 구한다면 그것이 우상입니다. 많은 사람이 우상을 제단, 신전, 새겨진 형상 등과만 연관시키기 때문에 우상 숭배를 문제로 여기지 않습니다. 하지만 마음의 우상 숭배는 어디나 존재합니다. 돈, 섹스, 연인 관계, 동료의 인정, 경쟁력과 기량, 안전하고 쾌적한 환경, 아름다움, 두뇌, 성공과 야망 등이 보편적으로 볼 수 있는 우상입니다.

Q 우상 만들기에 우리 마음이 이끌리는 이유는 무엇입니까?

Q 우상 숭배가 하나님을 바라보는 우리의 관점을 어떻게 일그러뜨립니까?

바울은 고린도 교회에 보낸 첫 번째 편지에서 금송아지 이야기를 하나의 예로 듭니다. 우리는 이스라엘의 부정적인 면에서 교훈을 얻을 수 있습니다(고전 10:6~7, 11~12).

> "이러한 일은 우리의 본보기가 되어 우리로 하여금 그들이 악을 즐겨 한 것같이 즐겨 하는 자가 되지 않게 하려 함이니 그들 가운데 어떤 사람들과 같이 너희는 우상 숭배하는 자가 되지 말라 기록된바 백성이 앉아서 먹고 마시며 일어나서 뛰논다 함과 같으니라 … 그들에게 일어난 이런 일은 본보기가 되고 또한 말세를 만난 우리를 깨우치기 위하여 기록되었느니라 그런즉 선 줄로 생각하는 자는 넘어질까 조심하라"(고전 10:6~7, 11~12).

바울은 우리에게 악을 즐겨 하지 말고, 우상 숭배 하는 자가 되지 말라고 말합니다. 유혹을 받을 수는 있지만, 우상 숭배로부터 달아나야 합니다. 고린도 교회 성도들은 지역 이방 신의 유혹을 받았고, 출애굽 때 백성은 애굽 신들의 유혹을 받았습니다. 문화마다 신은 다르지만 원칙은 같습니다. 우리 마음에서 우상을 제거해야 한다는 것입니다.

Session Summary

이 세션에서 우리는 이스라엘의 죄 된 우상 숭배가 어떻게 참예배를 왜곡하고, 하나님의 의로우신 정죄를 가져오는지를 보게 될 것입니다. 우상 숭배는 위험합니다. 그것은 하나님에 대한 우리의 관점을 왜곡하고, 우리의 행동을 망칩니다. 또한 우리를 구원하고 변화시키기 위해 자신을 계시하신 하나님으로부터 멀어지게 하고, 아무 능력도 없는 거짓 신에게 이끌리게 만듭니다. 또한 우리는 모세가 하나님과 백성 사이에 들어가 중재하는 것을 보게 될 것입니다. 예수 그리스도를 중보자로 둔 우리는 우상을 제압하고 사명을 위해 우리에게 힘을 주시는 하나님의 능력을 신뢰해야 합니다.

전개

1. 우상 숭배는 참예배를 왜곡합니다(출 32:1~6)

> 애굽을 떠난 지 얼마 안 되어 이스라엘 백성은 시내 산에 이르렀습니다. 하나님이 모세에게 불타는 떨기나무 징표를 주셨던 곳입니다(출 3:12). 여기서 하나님은 백성에게 십계명을 주셨고, 그 후 모세를 산으로 불러 올바른 예배를 위한 성막 규정과 율법을 주셨습니다. 그런데 백성은 거짓 신을 예배하기 위해 금송아지를

God
Delivers

"우상 숭배는 성경에서 가장 많이 논의되는 문제입니다. … 우상을 탐지하고 멸하려는 확고한 태도 없이는 믿음의 공동체가 있을 수 없습니다."[1]
_오스 기니스, 존 실

만들었습니다. 그들은 애굽에서 떠나왔으나 애굽이 백성에게서 떠나지 않았습니다. 모세는 백성에게서 40일이나 떠나 있었지만, 아론은 그 자리에 계속 있었습니다. 백성은 아론에게 그들이 원하는 예배를 말했고, 아론은 확신 없는 지도자로서의 모습을 여실히 드러냈습니다. 백성이 요구한 그대로 따른 것입니다.

[1]백성이 모세가 산에서 내려옴이 더딤을 보고 모여 백성이 아론에게 이르러 말하되 일어나라 우리를 위하여 우리를 인도할 신을 만들라 이 모세 곧 우리를 애굽 땅에서 인도하여 낸 사람은 어찌 되었는지 알지 못함이니라 [2]아론이 그들에게 이르되 너희의 아내와 자녀의 귀에서 금고리를 빼어 내게로 가져오라 [3]모든 백성이 그 귀에서 금고리를 빼어 아론에게로 가져가매 [4]아론이 그들의 손에서 금고리를 받아 부어서 조각칼로 새겨 송아지 형상을 만드니 그들이 말하되 이스라엘아 이는 너희를 애굽 땅에서 인도하여 낸 너희의 신이로다 하는지라 [5]아론이 보고 그 앞에 제단을 쌓고 이에 아론이 공포하여 이르되 내일은 여호와의 절일이니라 하니 [6]이튿날에 그들이 일찍이 일어나 번제를 드리며 화목제를 드리고 백성이 앉아서 먹고 마시며 일어나서 뛰놀더라

이스라엘은 왜 우상 숭배에 빠졌을까요? 왜 참예배를 왜곡했을까요? 우리가 우상 숭배에 빠지는 것과 같은 이유에서입니다. 이스라엘처럼 우리도 하나님 말씀에 불순종할 때 시험에 빠집니다. 죄가 어떻게 역사하는지 알아야 합니다. 우리는 무엇을 하라는 말을 듣고 싶어 하지 않습니다. 이러한 경향의 역사는 에덴동산까지 쭉 거슬러 올라갑니다. 그곳에서 사탄은 인류의 첫 조상을 유혹하기 위해 하나님의 말씀에 이렇게 의문을 던졌습니다. "하나님이 참으로 너희에게 동산 모든 나무의 열매를 먹지 말라 하시더냐"(창 3:1). "너희가 결코 죽지 아니하리라"(창 3:4).

> 흥미로운 점은 이스라엘이 "주님"(출 32:5, "여호와")을 예배한다고 주장한다는 점입니다. 그들은 우상에게 희생 제물을 바치기까지 했습니다(출 32:6). 그들은 자신들이 진정한 하나님을 예배하고 있다고 생각했을지도 모릅니다. 하지만 그들의 예배 방식은 하나님의 말씀에 어긋나는 것이었습니다. 이 사악한 행동에서 드러난 대로 그들 마음속에는 여전히 애굽이 있었습니다.

왜곡된 예배가 우리에게 시사하는 바는 하나님을 우리 생각대로 상상하는 것의 위험성과 그분을 제대로 아는 것의 중요성입니다. 예배란 성경에서 계시된 하나님에 관한 올바른 인식에 기초합니다. A. W. 토저가 말한 대로 "우상 숭배의 본질은 하나님께 합당하지 않는 하나님에 대

한 생각들을 즐기는 것"[3]입니다.

Q 하나님에 관한 우리의 견해가 하나님 자신의 계시와 상응하는 것이 왜 중요합니까?

Q 오늘날 우리의 생각과 삶에서 흔한 '우상'은 무엇입니까?

또한 이스라엘처럼 우리도 하나님의 목적을 불신할 때 시험에 빠집니다. 백성은 모세에게 무슨 일이 일어났는지 모른다고 했습니다. 하지만 그들은 모세가 어디 있는지 알고 있었습니다. 그들은 단지 하나님의 목적을 신뢰하지 않았던 것입니다. 그들이 우상을 만든 이유를 보십시오. 그들은 모세의 부재가 장기화되자 좌절해 하나님의 목적을 신뢰하는 대신 그분 없이 살기로 했습니다.

> **Leader**
> 하나님을 신뢰하지 못하는 것이 죄이며, 이 죄가 무수한 죄들로 이어집니다. 이스라엘은 여정을 계속하기를 원합니다. 하지만 하나님은 일정표를 제공하지 않으십니다. 그분은 그들과 함께 가겠다고만 약속하십니다. 하지만 인내심 없는 이스라엘 백성은 하나님을 신뢰하지 못합니다. 하나님을 의심해야 할 이유가 있었습니까? 물론 아닙니다. 이제까지 하나님이 베푸신 모든 이적을 생각해 보십시오.

우리도 마찬가지입니다. 하나님은 우리에게 대본을 주시지 않습니다. 하지만 "내가 너와 함께하겠다. 나를 믿어라. 내 때를 기다리라. 내 목적은 선하며 최선의 것이다"라고 말씀하십니다. 광야에 있는 사람은 거기서 벗어나고 싶을 것입니다. 만약 지금 당신이 그런 처지라면, 하나님의 선하심을 믿고 그분을 기다리십시오.

Q 어려울 때 우상을 찾는 대신 믿음으로 하나님께 의지하도록 서로를 어떻게 도울 수 있을까요?

그리고 이스라엘처럼 우리도 하나님의 은혜를 잊어버릴 때 시험에 빠집니다. 백성이 빼내어 가져온 금고리는 하나님의 은혜를 상기시키는 물건이었습니다. 그들이 우상으로 만든 금을 어떻게 얻었는지 기억해 보십시오(출 3:20~22 참조).

> **Leader**
> 금고리는 이스라엘 백성이 애굽에서 획득한 전리품이었습니다. 그들이 어떻게 애굽의 금을 얻었습니까? 하나님이 그들에게 주셨습니다(출 3:20~22 참조). 즉 금은 하나님의 승리로 얻은 것입니다. 따라서 하나님의 영광과 신실하심을 드러

<table>
<tr><td>

핵심교리 99

39. 죄-우상 숭배

죄는 하나님께 대한 반역이 거짓말이나 도둑질과 같은 행동으로 표출된 것뿐 아니라 마음의 문제이기도 합니다. 외적으로 나타나는 죄는 사람의 마음에서 태동한 것이 열매로 자란 결과입니다(마 15:10~20). 성경에서 우상 숭배는 대개 나무나 금으로 새긴 형상에 절하는 것이나 창조주 대신 피조물을 예배하는 것을 가리킵니다. 그러나 더 교묘한 형태를 띠기도 합니다. 사람들의 인정, 안전, 권력, 쾌락 등을 추구하는 것도 우상 숭배일 수 있습니다. 마음의 소원이 맹목적인 열망으로 바뀌는 영역을 검토해 봄으로써 우리 마음의 우상 숭배를 진단할 수 있습니다(약 4:1~2).

</td></tr>
</table>

냅니다. 하지만 이스라엘은 하나님의 은혜를 우습게 여겼습니다. 하나님의 선물을 그분의 영광을 위해 사용하는 대신 우상에게 내주었습니다. 시편 기자는 이 장면을 다음과 같이 묘사했습니다.

"그들이 호렙에서 송아지를 만들고 부어 만든 우상을 경배하여 자기 영광을 풀 먹는 소의 형상으로 바꾸었도다 애굽에서 큰일을 행하신 그의 구원자 하나님을 그들이 잊었나니"(시 106:19~21).

나아가 이스라엘처럼 우리도 하나님의 영광을 위해 자기 은사를 사용하지 않을 때 시험에 빠집니다. 우리는 하나님의 은사를 즐기고 감사하며 하나님 나라를 위해 사용해야 합니다. 우상 숭배에 허비해서는 안 됩니다. 우상을 만드는 데 금고리뿐 아니라 기술과 시간도 들인 것에 대해 생각해 보십시오. 기술과 시간과 재물을 하나님을 영화롭게 하는 것이 아닌 우상 숭배 하는 것에 사용한 것입니다. 우리도 자신에게 이 같은 질문을 던져 봐야 합니다. "하나님이 주신 재물과 재능과 시간을 하나님 영광을 위해 쓰고 있는가? 아니면 다른 것을 위해 쓰고 있는가?"

> **Leader**
>
> 오늘날 헌신 없이 구원만 바라는 사람이 많습니다. 하나님이 이스라엘을 애굽에서 구원해 주셨는데, 이스라엘은 하나님의 영광대로 살지 못했습니다. 죄 사함을 받고 천국에 가기를 바라면서도, 많은 사람이 세상의 우상을 붙듭니다. 그러나 하나님은 업신여김을 받지 않으십니다(갈 6:7).

다음의 것들은 우리를 예배의 왜곡으로 이끕니다. 하나님의 말씀에 대한 거부, 하나님을 향한 신뢰의 부족, 하나님의 은혜에 대한 감사의 부족, 하나님의 영광에 대한 갈망의 부족이 모두 이스라엘을 타락한 우상 숭배에 빠뜨렸습니다. 이 장면 전체가 예배의 왜곡을 보여 줍니다. 그들은 하나님의 방법이 아닌 자기 방법대로 모든 것을 행했습니다.

> **Leader**
>
> 그들의 예배가 하나님의 명령으로부터 얼마나 벗어났는지 살펴보십시오.

- 하나님 대신 그들 자신이 주도권을 잡았습니다.
- 제물은 자원해서 드려진 것이 아니었습니다.
- 예배를 위해 스스로 준비하지 않았습니다.
- 하나님의 임재라는 보호가 없었습니다.
- 보이지 않는 하나님을 보이는 형상과 맞바꾸었습니다.
- 인격적이며 살아 계신 하나님을 생명 없는 어리석은 우상과 맞바꾸었습니다.

금송아지가 백성이 바라던 신이었습니다. 이 점을 생각해 보십시오. 송아지는 말을 할 줄 모릅니다. 경외할 필요도 없습니다. 누군가의 욕망에 따라 쉽게 조종됩니다. 이스라엘 백성은 그들과 대면해 말씀하시는 거룩한 하나님을 원하지 않은

:.... 것입니다.

예배란 자신을 만족시키는 것이 아니라, 하나님을 영화롭게 하는 것임을 기억해야 합니다. 주님의 이름으로 하는 일이라도 주님을 예배하는 게 아닐 수 있고, 전통적인 예전을 따르더라도(그들도 축제를 열고 제물을 바쳤습니다) 하나님이 받지 않으시는 예배일 수 있습니다.

Q 하나님의 뜻보다 사람의 입맛에 맞게 하면서부터 예배가 '망가지고 있다'는 표시는 무엇입니까?

2. 우상 숭배는 정죄받아 마땅합니다(출 32:7~10)

> **Leader**
>
> 다음으로, 주님은 모세에게 내려가서 백성의 왜곡된 예배에 맞서라고 말씀하십니다. 하나님은 자기 백성이 그분의 영광을 소의 형상으로 바꾼 데 분노하셨습니다(시 106:19~23 참조). 결과적으로 우상 숭배자들은 하나님의 정죄를 받게 될 것입니다.

⁷여호와께서 모세에게 이르시되 너는 내려가라 네가 애굽 땅에서 인도하여 낸 네 백성이 부패하였도다 ⁸그들이 내가 그들에게 명령한 길을 속히 떠나 자기를 위하여 송아지를 부어 만들고 그것을 예배하며 그것에게 제물을 드리며 말하기를 이스라엘아 이는 너희를 애굽 땅에서 인도하여 낸 너희 신이라 하였도다 ⁹여호와께서 또 모세에게 이르시되 내가 이 백성을 보니 목이 뻣뻣한 백성이로다 ¹⁰그런즉 내가 하는 대로 두라 내가 그들에게 진노하여 그들을 진멸하고 너를 큰 나라가 되게 하리라

> **Leader**
>
> 이스라엘은 창조주 하나님을 예배하는 대신 피조물을 경배하기로 결정했습니다. 바울은 이 경악스러운 뒤바꿈을 이렇게 묘사했습니다.
> "스스로 지혜 있다 하나 어리석게 되어 썩어지지 아니하는 하나님의 영광을 썩어질 사람과 새와 짐승과 기어다니는 동물 모양의 우상으로 바꾸었느니라 그러므로 하나님께서 그들을 마음의 정욕대로 더러움에 내버려 두사 그들의 몸을 서로 욕되게 하게 하셨으니 이는 그들이 하나님의 진리를 거짓 것으로 바꾸어 피조물을 조물주보다 더 경배하고 섬김이라 주는 곧 영원히 찬송할 이시로다 아멘"(롬 1:22~25).
>
> 피조물은 무엇이나 우상 숭배의 대상이 될 수 있습니다. 좋은 것일

심화주석 아론의 주장은 아마도 결과가 수단을 정당화한다는 이론을 가지고, 이 상황을 모면하기 위한 시도였을 것입니다. 하지만 백성의 축제는 하나님을 영화롭게 할 수 없었습니다. 그 방법이 하나님을 거부하기 때문입니다. '부패하였다'로 번역된 단어는 창세기 6장 12~13절, 19장 13절, 출애굽기 8장 24절, 예레미야 12장 10절, 13장 7절 등에서와 마찬가지로 완전한 망가짐을 의미합니다. '부패'라는 단어는 다시는 어떻게도 사용할 수 없는, 돌이킬 수 없는 망가짐을 묘사합니다.[5]

도리안 G. 쿠버-콕스, 켄들 이슬리
HCSB Study Bible

심화주석 **우상 숭배의 네 가지 표현**

첫째, 우주 만물의 창조주 하나님께 한계를 정해 국한하기.
둘째, 인간 생명을 지탱하시는 하나님이 마치 우리에게 의존하시는 것처럼 어르고 달래서 길들이기.
셋째, 열방의 통치자이신 하나님은 우리와 멀리 계시지 않는데도 하나님이 멀리서 침묵하신다고 비난하며 외면하기.
넷째, 우리를 만드신 아버지 하나님을 우리의 고안과 손재주로 만든 형상으로 격하시킴으로써 하나님의 자리에서 끌어내리기.
간단히 말해서 모든 우상 숭배는 창조주를 우리의 통제 아래 두기 위해 창조주와 피조물 간의 격차를 최소화하려는 시도입니다.[6]

존 스토트

수록 우상으로 떠받들어지기 쉽습니다. 하지만 '선한 것들'을 '우상의 것들'로 둔갑시켜서는 안 됩니다. 그러면 완전히 속박되어 부패한 삶을 살게 될 것입니다.

이 이야기에서 우리는 우상 숭배의 두 가지 결과를 볼 수 있습니다. 첫째, '도덕적 부패'입니다. 잘못된 예배는 부패한 삶으로 이어집니다(출 32:6~7; 참조, 롬 1:18~32). 7절에 "부패하였도다"라는 표현이 있습니다. 6절의 "백성이 앉아서 먹고 마시며 일어나서 뛰놀더라"에 주목하십시오. 이 묘사가 성적인 의미를 함축하고 있다고 지적하는 견해도 있습니다. 놀랄 것도 없습니다. 거짓 신을 예배하면 어떤 죄라도 지을 수 있기 때문입니다.

> 잠시 후 여호수아가 산에서 내려오다가 요란한 소리를 듣고 이렇게 말합니다. "진중에서 싸우는 소리가 나나이다"(출 32:17). 하지만 모세는 그런 것 같지 않다고 답합니다. 19절에 보면 그들은 "춤추고" 있었습니다. 춤추는 것은 죄가 아니지만 그 소리와 춤이 의미하는 바가 거칠고 부도덕했을 것입니다.
> 바울은 로마서 1장에서 창조주 대신 피조물을 경배하는 사람들을 하나님이 "부끄러운 욕심"에 내버려 두셨다고 말합니다(롬 1:26). 따라서 죄 문제는 예배 문제입니다. 포르노 중독은 예배 문제입니다. 분노 장애도 예배 문제입니다. 돈에 대한 집착도 예배 문제입니다.

Q 하나님을 오해해서 잘못된 선택을 한 적이 있습니까?

우상 숭배의 두 번째 결과는 '모방'입니다. 우리는 우리가 예배하는 대상을 닮기 마련입니다. 출애굽기 32장 7~10절에서 이것을 분명히 볼 수 있습니다(시 115:4~8 참조). 백성은 우상처럼 우둔해지고 영적으로 생기를 잃습니다. 소처럼 타락하고 추잡해집니다. 시편 106편은 그들이 하나님의 영광을 풀 먹는 소의 형상으로 바꾸었다고 말합니다(시 106:20).

이스라엘이 "목이 뻣뻣해져" 다루기 힘든 소처럼 완고해졌다는 점에 주목하십시오(출 32:9). 본문은 백성이 하나님의 길을 떠나 소처럼 "방자해졌다"고 합니다(출 32:25). 호세아 4장 16절은 "이스라엘은 완강한 암소처럼 완강"했다고 말합니다.

> 성경은 몇몇 구절에서 우상 숭배와 관련된 사탄의 영향을 언급합니다. "그들은 하나님께 제사하지 아니하고 귀신들에게 하였으니 곧 그들이 알지 못하던 신들, 근래에 들어온 새로운 신들 너희의 조상들이 두려워하지 아니하던 것들

이로다"(신 32:17).

같은 방식으로 바울도 이렇게 말합니다.

"그런즉 내가 무엇을 말하느냐 우상의 제물은 무엇이며 우상은 무엇이냐 무릇 이
방인이 제사하는 것은 귀신에게 하는 것이요 하나님께 제사하는 것이 아니니 나
는 너희가 귀신과 교제하는 자가 되기를 원하지 아니하노라"(고전 10:19~20).

이런 타락을 피하려면 어떻게 해야 할까요? 하나님을 예배해야 합
니다. 그리스도의 얼굴에서 하나님의 영광을 바라볼 때, 우리는 그리스
도의 형상으로 변화될 것입니다(고후 3:18). 이것이 성화입니다. 우상은 우
리를 실망시키게 되어 있습니다. 우리에게 약속한 행복과 기쁨을 줄 수
없기 때문입니다.

> 오늘날 보편적인 우상의 목록을 작성하고,
> 어떻게 해서 그것들이 우리를 실망시키게 되는지 적어 보십시오.

3. 우상 숭배의 속죄를 위해 중보자가 필요합니다(출 32:11~14)

> **Leader**
>
> 시편 106편 23절은 이렇게 기록합니다.
>
> "그러므로 여호와께서 그들을 멸하리라 하셨으나 그가 택하신 모세가 그 어려움
> 가운데에서 그의 앞에 서서 그의 노를 돌이켜 멸하시지 아니하게 하였도다."
>
> 모세의 중재 사역에 대한 매우 인상적인 묘사입니다. 출애굽기 32장 11~14절에
> 서 우리가 배우는 것은 중재, 특히 모세의 중요한 중재 역할입니다.

[11]모세가 그의 하나님 여호와께 구하여 이르되 여호와여 어찌하여 그 큰 권능
과 강한 손으로 애굽 땅에서 인도하여 내신 주의 백성에게 진노하시나이까 [12]어
찌하여 애굽 사람들이 이르기를 여호와가 자기의 백성을 산에서 죽이고 지면에
서 진멸하려는 악한 의도로 인도해 내었다고 말하게 하시려 하나이까 주의 맹렬
한 노를 그치시고 뜻을 돌이키사 주의 백성에게 이 화를 내리지 마옵소서 [13]주의
종 아브라함과 이삭과 이스라엘을 기억하소서 주께서 그들을 위하여 주를 가리
켜 맹세하여 이르시기를 내가 너희의 자손을 하늘의 별처럼 많게 하고 내가 허

심화 주석 다른 성경 구절에서 하나님은 중재를 요청하는 수단으로 거룩한 분노를 선포하셨습니다. 아모스 7장 1~6절에서 하나님은 아모스에게 이스라엘을 향해 무슨 일을 할지 예고하십니다. 하지만 아모스가 중재 기도를 하자 하나님이 뜻을 돌이키셨습니다. 요나 선지자는 40일 안에 니느웨가 멸망한다는 하나님의 경고를 선포하는 것이 사실은 니느웨 사람들을 회개로 초청하는 것임을 알았습니다. 실로 그들은 회개했습니다. 그러자 하나님은 그들을 멸하지 않으셨습니다. 똑같은 일이 출애굽기에서 일어난 것입니다.

심화 주석 출애굽기 32장 14절의 "여호와께서 뜻을 돌이키사"라는 표현은 하나님이 마음을 바꾸셨다는 의미가 아닙니다. 하나님은 모세를 중재 기도로 초청하셨고, 모세가 순종했기에 진노를 가라앉히신 것입니다. 즉 하나님이 자기 계획을 바꾸신 것이 아닙니다. 하나님의 계획은 모세가 하나님의 계획을 수행하는 것이었습니다. 결국, 하나님은 재앙을 보내시지만, 처음 언급한 것과 비교해 작은 처벌로 그치셨습니다(출 32:34~35).

락한 이 온 땅을 너희의 자손에게 주어 영원한 기업이 되게 하리라 하셨나이다
[14]여호와께서 뜻을 돌이키사 말씀하신 화를 그 백성에게 내리지 아니하시니라

10절에서 하나님이 말씀하십니다. "그런즉 내가 하는 대로 두라 내가 그들에게 진노하여 그들을 진멸하고 너를 큰 나라가 되게 하리라." 하나님은 모세를 중재의 자리로 몰아가십니다. 이 백성을 순식간에 멸하실 수도 있는데, 그렇게 하지 않으시고 모세로 하여금 개입하게 하십니다. "네가 중재하지 않으면 내가 이럴 수도 있다."[9]

우리는 모세에게서 기도에 대해 배울 수 있는 것은 무엇입니까? 죄인은 중보자가 필요하다는 것입니다. 예수님이야말로 궁극적인 중보자이십니다(딤전 2:5 참조). 모세보다 위대한 중보자이신 예수님이 중보하시어 우리에게서 하나님의 진노를 제하셨습니다(요일 2:1~2). 예수님의 사역이 없었다면 우리는 모두 정죄받고 소멸되었을 것입니다. 우리와 같은 우상 숭배자들을 구원하신 예수 그리스도를 찬양합시다!

Q 모세는 왜 하나님이 백성에게 자비를 베푸셔야 한다고 생각했습니까?

Q 이것은 하나님의 영광을 위하는 그분의 동기에 대해 무엇을 말해 줍니까?

이 이야기가 시사하는 것은 다른 사람을 위해 하나님께 간청해야 한다는 것입니다.

첫째, 기도할 때 하나님의 성품과 신실하심에 호소해야 합니다. 모세가 어떻게 호소하는지 잘 보십시오.

- 하나님의 권능 — 어째서 하나님의 권능을 무가치하게 만드십니까?(출 32:11)
- 하나님의 지난 노고와 평판 — 어째서 적들이 하나님의 백성의 멸망을 보고 기뻐하게 하십니까?(출 32:12)
- 하나님의 언약에 대한 신실하심 — 어째서 언약을 깨뜨리려 하십니까?(출 32:13)

> Leader 모세는 하나님의 긍휼하심, 지난 노고와 평판과 언약에 대한 신실하심 등에 호소합니다(민 14:13~19 참조). 기도할 때 하나님의 성품에 호소할 것을 권합니다.

둘째, 기도할 때 이기적인 욕망이 아닌 하나님의 뜻을 구해야 합니다. 모세는 개인의 영광을 구하지 않았습니다. 하나님이 그에게 그와 함께 다시 시작하겠다고 말씀하셨습니다. "너를 큰 나라가 되게 하리라"(출

32:10). 듣기 좋은 말일 수도 있는데, 모세의 관심은 백성이 그들을 큰 민족으로 만들고자 하시는 하나님의 뜻을 성취하는 데 있었습니다. 우리도 하나님의 뜻 가운데 기도해야 합니다. 즉 개인의 명성을 구하지 말고, 열방을 제자로 삼으라는 뜻 가운데 기도해야 하는 것입니다.

셋째, 기도할 때 하나님이 응답하신다는 사실을 믿어야 합니다. 출애굽기 32장은 하나님이 기도에 어떻게 응답하시는지를 보여 주는 최고의 예입니다. 하나님의 주권에 대한 높은 견해를 가진 사람들이 종종 기도로 고심하곤 합니다. 그런데 기억하십시오. 하나님은 수학 방정식이 아닙니다. 추상적인 관념도 아닙니다. 하나님은 인격적이며 기도에 응답하시는 분입니다.

Q 기도에 시간을 어떻게 할애하는지 말해 보십시오.

Q 타인을 위해 얼마나 자주 기도합니까?

결론

이 세션에서 우리는 우상 숭배의 현실과 중재 기도의 아름다움을 살펴봤습니다. 이스라엘이 그들의 지도자인 모세의 중재가 필요했던 것처럼, 우상 숭배를 버리지 못하는 우리도 구세주 예수님의 중보 사역이 필요합니다.

죄 사함을 받아 지금은 성령의 내주하심이 있는 우리는 중재에서 유익만을 얻을 것이 아니라 실제로 중재를 해야 합니다. 이것은 위대한 선물입니다. 하나님이 다른 이들의 삶에 역사하시는 그분의 사역에 우리를 참여시키시는 방법입니다. 우리는 기도함으로 다른 사람들과 교회와 세상의 유익을 위해 우리 마음을 하나님의 마음에 연합해야 합니다.

> *"우리 기도가 우리 영광이 아닌 하나님의 사역 확장을 위한 것이 되게 합시다. 우리를 위해서가 아니라 하나님이 보내신 사랑하시는 아들을 위해서 합시다."[11]*
> _D. L. 무디

심화토론
• 당신은 하나님의 어떤 속성을 의지하여 기도합니까?

그리스도와의 연결

이스라엘의 자녀들은 자신들을 대신해 기도해 줄 중재자가 필요했습니다. 예수 그리스도는 하나님과 죄인 된 인류 사이의 중보자이십니다. 예수님은 자기 백성을 위해 중보하십니다.

하나님의 계획 우리의 사명

선교적 적용 하나님은 주님을 필요로 하는 사람들을 위해 중재 기도를 하도록 우리를 부르셨습니다. 그들의 구원을 위해 기도할 때는 하나님의 성품과 뜻에 호소해야 합니다.

1. 유일하신 참 하나님 대신 우상을 섬김으로써 생기는 문제들의 예를 들어 봅시다.

2. 하나님에 관한 견해는 행실과 어떤 관련이 있습니까?

3. 지금 바로 누군가를 위해 기도해 주십시오. 하나님이 그들의 눈을 열어 그리스도의 빛을 바라보게 해 주십사 기도하십시오. 당신의 기도를 아래에 기록해 보십시오.

Summary and Goal

이 세션에서 우리는 이스라엘에 대한 하나님의 사랑 선포를 듣고, 이 선포가 어떻게 해서 율법의 수여로 이어지는지 살펴볼 것입니다. 이스라엘 백성은 하나님의 사랑과 함께 그분이 그들에게 기대하시는 바를 이해할 필요가 있었습니다. 또한 하나님을 더욱 알아 가고 주님과의 언약적 관계 속에서 산다는 것이 어떤 의미인지 알 필요가 있었습니다. 우리는 하나님의 율법을 통해 하나님의 거룩하심과 우리를 향한 구속적 사랑을 볼 수 있습니다. 우리는 하나님께 순종함으로써 하나님의 거룩하심과 사랑을 세상에 드러내야 합니다.

- **성경 본문**
  출애굽기 19:1~6
  출애굽기 20:1~11

- **세션 포인트**
  1. 율법의 하나님은 자기 백성을 사랑하십니다(출 19:1~6; 20:1~2)
  2. 율법의 하나님은 우리 삶에서 으뜸이 되셔야 합니다(출 20:3~6)
  3. 율법의 하나님은 모든 일에서 높임을 받으셔야 합니다(출 20:7~11)

- **신학적 주제**
  하나님의 율법은 주님의 선하신 성품과 자기 백성의 삶에서 으뜸이 되고자 하시는 주님의 열망을 나타냅니다.

- **그리스도와의 연결**
  흠 없는 구세주 예수님은 하나님을 온전히 사랑하며 만물 가운데 하나님의 이름을 영화롭게 한 독생자이십니다. 예수님은 십자가 사역을 완수함으로써 우리의 안식이 되셨습니다.

- **선교적 적용**
  하나님은 하나님을 기쁘시게 하며 그분의 목적을 드러내는 삶을 살게 하시려고 우리를 부르셨습니다.

**율법의
하나님은
사랑이시다**

Session Plan

도입

《시라노 드 베르주라크》(*Cyrano de Bergerac*)를 간략하게 소개해 주십시오. 이 작품을 읽었거나 관람한 사람이 있다면 그에게 소개를 부탁하십시오.

누군가에게 할 말이 있지만 두려워서 하지 못했던 적이 있습니까?

진실을 얘기하는 것은 관계에 어떤 영향을 미칩니까?

하나님이 율법을 주심으로써 자기 백성에 대한 사랑을 선포하셨다는 이 세션의 내용을 요약하십시오.

전개

1

**율법의 하나님은
자기 백성을
사랑하십니다**
(출 19:1~6; 20:1~2)

출애굽기 19장 1~6절을 읽으십시오. 출애굽 이야기를 요약해 하나님이 이스라엘을 향한 사랑을 어떻게 증명하셨는지 보여 주십시오.

하나님은 구원을 통해 자신의 사랑을 어떻게 증거하셨습니까?

삶으로 구원의 하나님을 증거하고 있습니까?

출애굽기 20장 1~2절을 읽고, 십계명이 하나님의 권능과 자기 백성을 향한 사랑에서 기인한 것임을 강조하십시오.

이스라엘에 대한 하나님의 선포는 매우 인격적이며 그들에 대한 하나님의 사랑하심과 돌보심을 드러냅니다. 출애굽기 19장에서 이스라엘을 향한 하나님의 사랑은 어떻게 나타나고 있습니까?

2

**율법의 하나님은
우리 삶에서
으뜸이 되셔야 합니다**
(출 20:3~6)

자원자에게 출애굽기 20장 3~6절의 처음 두 계명을 읽게 하십시오. 에덴동산에서 아담과 하와가 첫째 계명의 핵심을 어떻게 깨뜨렸는지 알려 주십시오. 이 계명은 우리의 행위, 생각, 관계에서 큰 의미가 있습니다.

첫째 계명을 어기지 않으면서 다른 계명들 중 하나를 깨뜨릴 수 있습니까? 가능하다면 또는 불가능하다면, 각각 이유를 말해 보세요.

이 계명이 첫 번째가 된 이유와 이것이 갖는 의미는 무엇일까요?

둘째 계명이 첫째 계명을 어떻게 더 자세히 진술하는지 설명해 주십시오. 순종의 문제는 우리 마음에 달려 있습니다. 해답은 하나님이 그리스도를 통해 우리에게 각인해 놓으셨습니다. 분명히 해야 할 것은, 우상은 신들을 새긴 조각뿐 아니라 우리 삶의 첫째 자리에 둔 사람이나 물건도 될 수 있다는 점입니다.

당신 인생 가운데 있는 좋은 것들 중에 우상으로 만들지 않으려고 애쓰는 것은 무엇입니까?

그리스도의 능력이 그런 것들에 대해 적절한 관점을 갖도록 어떻게 돕습니까?

자원자에게 이어지는 다음 두 계명, 출애굽기 20장 7~11절을 읽게 합니다. 다음 적용 질문들에 대해 생각하고, 하나님 이름을 경외할 때 셋째 계명이 수반하는 것에 대해 의견을 나누십시오.

3
**율법의 하나님은
모든 일에서
높임을 받으셔야 합니다**
(출 20:7~11)

하나님의 이름이 세상에서 남용되지 않게 하려면 어떻게 해야 할까요?

하나님은 왜 이것을 이토록 심각하게 여기실까요?

넷째 계명과 관련해 안식일 개념과 함께 예수님이 안식일 율법의 세부 절차로부터 우리를 어떻게 자유롭게 하셨는지 설명해 주십시오. 교재 중간에 나오는 도표를 사용해 더욱 잘 기억해야 할 안식일의 원리를 강조하십시오(학습자용 교재에 있는 도표에 내용을 기록하게 할 수도 있습니다).

* 십계명은 하나님을 본받는 길입니다

* 우리는 하나님이 아닙니다.

* 하나님에 대한 신뢰를 나타내는 길입니다.

* 우리에게 하나님이 필요합니다.

* 우리에게 하나님의 백성이 필요합니다.

당신의 정체성과 생계를 위한 일에 얼마나 어떻게 의지해 왔는지 구체적으로 말해 보세요.

안식일 준수가 하나님께 다시 마음과 뜻을 다하도록 어떻게 돕습니까?

결론

율법의 목적이 거룩한 하나님의 요구를 충족할 수 없는 우리의 무력함을 드러내는 데 있음을 지적해 주십시오. 예수님만이 우리를 위해 율법을 충족시키십니다. 이제 우리에게 주어진 순종은 사람들에게 예수님을 전하는 것입니다. 이 세션에서 배운 진리를 '하나님의 계획, 우리의 사명'에서 적용해 보십시오.

**Session
Content**

7. 율법의 하나님은 사랑이시다

도입

에드몽 로스탕(Edmond Rostand)의 《시라노 드 베르주라크》(*Cyrano de Bergerac*)는 고백하지 못해서 이루지 못한 사랑에 관한 서사극입니다. 시인이자 검객인 시라노는 아름다운 록산느를 사랑하게 되었습니다.

시라노는 큰 코를 가진 추남인 자신을 록산느가 사랑할 리 없다고 생각했습니다. 그래서 그녀에게 사랑을 고백하는 대신 자기 부하 크리스티앙이 그녀의 마음을 사로잡을 수 있도록 편지를 대필해 줍니다. 시라노는 여러 차례 록산느에게 자신의 정체를 밝히고 사랑을 고백하려고 시도합니다. 그러나 안타깝게도 번번이 실패합니다. 시라노가 록산느에게 사랑을 고백하려고만 하면 상황이 꼬이고 또 꼬입니다. 극이 끝날 무렵에야 록산느는 자신에게 편지를 써 왔던 인물이 시라노였으며, 자신이 진짜로 사랑하는 사람은 바로 그라는 것을 깨닫습니다. 여느 비극과 마찬가지로 그녀의 깨달음은 너무 늦었습니다. 시라노는 록산느가 그의 사랑을 받아들이기 전에 죽고 맙니다.

Q 누군가에게 할 말이 있지만 두려워서 하지 못했던 적이 있습니까?

Q 진실을 얘기하는 것은 관계에 어떤 영향을 미칩니까?

> 하나님은 모세에게 율법을 주어 이스라엘 백성에게 진리를 가르쳐 주십니다. 이스라엘의 자녀들은 광야에서 헤매느라 지쳐 있습니다. 하나님이 그들을 위해 홍해에서 이루신 위대한 승리는 먼 옛날 일이 되었고, 이제 그들은 하나님이 약속하신 땅에 들어가 정착하기만을 바랍니다. 하지만 이스라엘 백성은 하나님이 약속하신 땅에 들어갈 준비가 되어 있지 않습니다. 하나님은 아직 그들 가운데 하실 일이 남아 있습니다.

Leader

Session Summary

이 세션에서 우리는 이스라엘에 대한 하나님의 사랑 선포를 듣고, 이 선포가 어떻게 해서 율법의 수여로 이어지는지 살펴볼 것입니다. 이스라엘 백성은 하나님의 사랑과 함께 그분이 그들에게 기대하시는 바를 이해할 필요가 있었습니다. 또한 하나님을 더욱 알아 가고 주님과의 언약적 관계 속에서 산다는 것이 어떤 의미인지 알 필요가 있었습니다. 우리는 하나님의 율법을 통해 하나님의 거룩하심과 우리를 향한 구속적 사랑을 볼 수 있습니다. 우리는 하나님께 순종함으로써 하나님의 거룩하심과 사랑을 세상에 드러내야 합니다.

전개

1. 율법의 하나님은 자기 백성을 사랑하십니다(출 19:1~6; 20:1~2)

> **Leader** 이스라엘은 애굽의 압제 아래 오랫동안 고통을 겪었습니다. 하나님은 노예였던 그들을 놀라운 기적으로 건지셨습니다. 그런데 지금 그들은 다시 좌절해 있습니다. 하나님의 말씀이 필요했습니다. 이때 하나님이 모세를 시내 산으로 불러 백성에게 말씀을 전하게 하십니다. 이 말씀이 출애굽기 19장 1~6절에 나옵니다.

¹이스라엘 자손이 애굽 땅을 떠난 지 삼 개월이 되던 날 그들이 시내 광야에 이르니라 ²그들이 르비딤을 떠나 시내 광야에 이르러 그 광야에 장막을 치되 이스라엘이 거기 산 앞에 장막을 치니라 ³모세가 하나님 앞에 올라가니 여호와께서 산에서 그를 불러 말씀하시되 너는 이같이 야곱의 집에 말하고 이스라엘 자손들에게 말하라 ⁴내가 애굽 사람에게 어떻게 행하였음과 내가 어떻게 독수리 날개로 너희를 업어 내게로 인도하였음을 너희가 보았느니라 ⁵세계가 다 내게 속하였나니 너희가 내 말을 잘 듣고 내 언약을 지키면 너희는 모든 민족 중에서 내 소유가 되겠고 ⁶너희가 내게 대하여 제사장 나라가 되며 거룩한 백성이 되리라 너는 이 말을 이스라엘 자손에게 전할지니라

하나님은 사랑으로 백성의 마음을 준비시키십니다. 과거에 하나님이 그들을 어떻게 대하셨는지를 기억하게 하시는 것입니다. 아브라함과 맺었던 언약을 상기시키심으로써 하나님과의 관계를 재설정하십니

심화 주석 제재와 약속들 사이에 중요한 신학적 의미가 들어 있습니다(출 19:5~6).

첫째, 하나님은 창조주이자 모든 백성과 종족의 아버지이지만, 자신을 위해 특별히 한 백성, 즉 '소유된 백성'을 창조하시려는 의도를 선포하십니다. 이는 하나님의 택한 백성이 보통의 세상 사람과 구별된다는 뜻으로, 성경 전반의 구속사적 용어로 말하자면 영원히 하나님과 동행할 백성을 택해 입양하시겠다는 뜻이 나타나기 시작한 것입니다.

둘째, "세계가 내게 속하였나니"(출 19:5~6)에서 완전한 유일신론이 나타났습니다. 이는 성경의 유일신론에 관한 가장 선명한 초기 진술 가운데 하나입니다. 이스라엘 백성은 대개 다신론자로 성장해 왔기 때문에 모세가 이런 표현을 처음 언급하는 것을 듣고, 확실히 생소한 교육법으로 여겼을 것입니다. 이스라엘이 하나님께 받은 임무에는 중재도 포함됩니다. 하나님과의 특별한 관계를 즐기면서 나머지 세상은 외면해 버리는 이기적인 백성이 되어서는 안 되었습니다. 이스라엘이 할 일은 나머지 세상을 향해 하나님을 대변하고, 나머지 세상을 하나님께 데려오기 위해 애쓰는 것입니다.[2]

더글러스 K. 스튜어트

다. 하나님은 그들에게 그분의 은혜에 관해 가르치시고, 그분을 기쁘시게 하고 그 사랑을 세상에 전함으로써 하나님께 반응하는 법을 가르치십니다.

> **Leader** 하나님의 사랑은 보호하심과 공급하심으로 나타납니다. 4절은 하나님이 히브리 사람들을 독수리의 날개로 업어서 구원하셨다고 합니다. 신명기에 하나님을 독수리에 더 직접적으로 비유하는 구절이 나옵니다.
> "마치 독수리가 자기의 보금자리를 어지럽게 하며 자기의 새끼 위에 너풀거리며 그의 날개를 펴서 새끼를 받으며 그의 날개 위에 그것을 업는 것같이"(신 32:11).
> 이것은 어미 독수리가 새끼 독수리에게 나는 법을 가르치며 그들 밑에서 움직이는 광경입니다. 어미는 새끼를 받아 업을 수 있는 힘으로 그들을 안전하게 보호합니다. 새끼들이 떨어지면 어미가 받아 낼 것입니다. 새끼 독수리들은 어미 독수리의 능력으로 보호됩니다. 이스라엘이 하나님의 권능으로 바로의 손에서 구원된 것과 마찬가지입니다.

하나님은 이스라엘을 애굽의 속박에서 건져 내어 친히 데려온 이가 바로 자신임을 모세를 통해 그들에게 상기시키십니다. 이스라엘을 건져 내실 때, 자신을 구속주로 드러내셨던 것입니다.

Q 하나님은 구원을 통해 자신의 사랑을 어떻게 증거하셨습니까?

Q 삶으로 구원의 하나님을 증거하고 있습니까?

'시내 산에 있는 모세' 하면, 십계명이 떠오릅니다. 우리는 십계명의 맥락을 잘 알아야 합니다. 십계명 앞에 서술된 다음의 두 절은 이스라엘이 하나님의 권능과 사랑에 대해 확신할 수 있게 해 줍니다(출 20:1~2).

[1]하나님이 이 모든 말씀으로 말씀하여 이르시되 [2]나는 너를 애굽 땅, 종 되었던 집에서 인도하여 낸 네 하나님 여호와니라

십계명은 융통성 없고 무정한 주인이 세운 규칙 목록이 아닙니다. 노예 상태에 있던 자녀를 건져 낸 사랑의 아버지가 만드신 것입니다.

> **Leader** 지치고 불확실한 순간에 하나님은 자기 백성에게 확신을 주십니다. 그들을 건져 주실 만큼 하나님은 그들을 사랑하고 잊지 않으셨다는 것입니다. 그들은 안전한 만큼 주님을 신뢰해야 합니다.

하나님의 사랑은 구원 사건뿐 아니라 '언약'이라는 선물에서도 잘

나타납니다. 하나님은 이스라엘 백성에게 주님의 뜻을 선포하는 역할을 할 모세와 언약을 맺으셨습니다. 하나님은 그들에게 자기 뜻을 숨기지 않으실 만큼 이스라엘을 사랑하셨습니다. 거짓 종교는 사람들로 하여금 상상 속의 신들을 어떻게 달래야 할지 몰라 전전긍긍하게 만들어 좌절시키지만, 하나님은 율법을 통해 자신을 계시하실 만큼 이스라엘을 사랑하셨습니다. 율법은 애매모호함 없이, 그들 삶 속에 적용될 하나님의 거룩하심이 어떠한지를 보여 줍니다.

Q 이스라엘에 대한 하나님의 선포는 매우 인격적이며 그들에 대한 하나님의 사랑하심과 돌보심을 드러냅니다. 출애굽기 19장에서 이스라엘을 향한 하나님의 사랑은 어떻게 나타나고 있습니까?

2. 율법의 하나님은 우리 삶에서 으뜸이 되셔야 합니다
(출 20:3~6)

> 하나님은 이스라엘 백성에게 율법을 주시기 전에 먼저 율법을 받을 준비를 시키십니다. 그들이 하나님께 어떻게 속하게 되었는지, 하나님의 사랑을 기억하게 하신 것입니다. 출애굽기 19장의 후반부는 하나님의 권능과 임재를 보여 줍니다. 불과 연기와 지진 속에서 하나님은 모세를 시내 산으로 부르시고 그에게 율법을 주십니다. 그러나 십계명의 첫 번째 선포는 모두가 듣도록 직접 말씀하셨습니다.

하나님은 이스라엘의 하나님이시며, 홀로 그들을 애굽에서 구원해 내신 분입니다. 하나님은 이 사실을 그들에게 다시 한번 강조하십니다. 교훈은 간단합니다. 하나님은 하나님이시기에 우리의 완전한 헌신을 받으실 자격이 있으시다는 것입니다. 첫 두 계명이 이 중요한 진리를 어떻게 뒷받침해 주는지 살펴봅시다.

³너는 나 외에는 다른 신들을 네게 두지 말라 ⁴너를 위하여 새긴 우상을 만들지 말고 또 위로 하늘에 있는 것이나 아래로 땅에 있는 것이나 땅 아래 물 속에 있는 것의 어떤 형상도 만들지 말며 ⁵그것들에게 절하지 말며 그것들을 섬기지 말라 나 네 하나님 여호와는 질투하는 하나님인즉 나를 미워하는 자의 죄를 갚되 아버지로부터 아들에게로 삼사 대까지 이르게 하거니와 ⁶나를 사랑하고 내 계명을 지키는 자에게는 천 대까지 은혜를 베푸느니라

심화주석 "나 외에는"(출 20:3)을 직역하면 '내 얼굴 앞에'입니다. 조금 특이한 이 표현은 본처가 여전히 살아있는데 둘째 부인을 취할 때도 사용됩니다. 독점적인 관계가 깨질 때 사용되는 표현이라는 점이 이 의미를 이해하는 데 도움이 될 것입니다. 그런 점에서 5절이 하나님을 "질투하는 하나님"으로 묘사한 것과도 연관됩니다. … 이를 어떤 방식으로 이해하든 강조점은 분명합니다. 여호와께서는 자기 성품과 하신 일 때문에 다른 것과 예배를 나눠 받지 않으신다는 것입니다. 주님은 홀로 하나님이십니다.[5]

_R. 앨런 콜

심화주석 우상을 만들지 않는 것은 고대 근동 문화의 본능에 역행하는 것이었고, 우상을 만드는 것은 '질투의 하나님'을 모욕하는 것이었습니다. 하나님은 자기 백성과의 관계를 온전하게 보호하는 데 관심을 기울이십니다(출 34:14). 이스라엘 백성이 우상을 만든다면 그것은 미움과 불충과 배척의 행위가 될 것입니다. 주님이 이스라엘 백성에게 자신을 알리셨을 때, 백성은 아무런 형태도 보지 못했습니다(신 4:10~20). 하나님을 알고 예배하는 최선의 길은 그가 이미 행하고 말씀하신 것을 회상하고, 그분을 신뢰하며 미래에 하실 일을 바라보는 데 집중하는 것입니다.[6]

_도리안 G. 쿠버-콕스
HCSB Study Bible

하나님은 겨룰 자가 없는 분이시지만 백성에게 충성을 증명하게 하십니다. 하나님 외에 다른 누구에게도 그 무엇에도 더 큰 헌신을 보이지 말라는 것입니다. 에덴동산에서 아담과 하와는 "하나님과 같이" 되리라는 유혹에 빠졌습니다. 첫째 계명에서 하나님은 인간의 죄로 뒤집힌 것을 바로잡으십니다. 우리는 모든 생각과 행동과 관계에서 하나님께 그분이 마땅히 계셔야 할 자리를 내어 드려야 합니다.

Q 첫째 계명을 어기지 않으면서 다른 계명들 중 하나를 깨뜨릴 수 있습니까? 가능하다면 또는 불가능하다면, 그 이유를 말해 보세요.

Q 이 계명이 첫 번째가 된 이유와 이것이 갖는 의미는 무엇일까요?

둘째 계명은 첫째 계명을 더 자세히 진술합니다. 죄로 인해 우리는 하나님의 형상으로 지음받았으면서도 거꾸로 하나님을 우리처럼 만들려고 시도합니다. 손으로 우상을 만들고, 그것이 우리를 특별하게 만들어 주고 구원해 주기를 바라며 그것에 믿음을 쏟습니다. 바울은 이런 욕망을 로마서 1장 21~23절에서 설명했습니다.

> "하나님을 알되 하나님을 영화롭게도 아니하며 감사하지도 아니하고 오히려 그 생각이 허망하여지며 미련한 마음이 어두워졌나니 스스로 지혜 있다 하나 어리석게 되어 썩어지지 아니하는 하나님의 영광을 썩어질 사람과 새와 짐승과 기어 다니는 동물 모양의 우상으로 바꾸었느니라"(롬 1:21~23).

하나님 아닌 다른 무언가를 신격화하려는 욕망은 으뜸 자리를 두고 하나님과 늘 경쟁하려고 덤비는 마음에서 나옵니다. 우리는 그냥 내버려 두면 언제나 자신을 높이고, 바라는 걸 이루어 주리라 믿는 것들로 주변을 둘러쌉니다. 우리 마음은 외부의 도움으로 다시 만들어지고 세워져야 합니다. 하나님보다 못한 것에 경배하려는 죄 된 성향을 깨뜨릴 수 있는 힘이 필요합니다.

오직 하나님만이 우리를 다시 만드실 수 있습니다. 그리스도를 통해 이를 성취하십니다. 율법의 기능 중 하나는 그리스도를 통한 거듭남이 없다면 하나님을 예배하고 따르려는 어떤 사람의 수고와 노력도 모두 헛것임을 밝히 드러내는 것입니다.

마음을 들여 받드는 우상의 조각상이나 그림을 만드는 일은 하지 않더라도, 미묘한 형태의 우상 숭배를 할 수 있습니다. 우리는 이것을 경계해야 합니다. 우리 삶에서 으뜸이 되는 것은 누구든 또는 무엇이든 우상이 될 수 있습니다.

> **Leader** 인생에서 우리의 사랑과 관심을 빼앗아 가는 것들을 자주 만나곤 합니다. 명백히 사악한 것들만이 우상이 아닙니다. 사실 가장 간교한 우상은 우리가 최고라고 여기는 좋은 것들입니다. 처음 두 계명이 우리에게 상기시키는 사실은, 사랑이 많으면서도 질투하시는 하나님이 그분의 보좌를 두고 다툴 자를 허용하지 않으신다는 것입니다. 우리 삶에서 하나님은 반드시 으뜸이셔야만 합니다.

Q 당신 인생 가운데 있는 좋은 것들 중에 우상으로 만들지 않으려고 애쓰는 것은 무엇입니까?

Q 그리스도의 능력이 그런 것들에 대해 적절한 관점을 갖도록 어떻게 돕습니까?

3. 율법의 하나님은 모든 일에서 높임을 받으셔야 합니다

(출 20: 7~11)

> **Leader** 다음 두 계명에서 하나님은 그분께 완전히 헌신된 삶의 단면을 보여 주십니다.

[7]너는 네 하나님 여호와의 이름을 망령되게 부르지 말라 여호와는 그의 이름을 망령되게 부르는 자를 죄 없다 하지 아니하리라 [8]안식일을 기억하여 거룩하게 지키라 [9]엿새 동안은 힘써 네 모든 일을 행할 것이나 [10]일곱째 날은 네 하나님 여호와의 안식일인즉 너나 네 아들이나 네 딸이나 네 남종이나 네 여종이나 네 가축이나 네 문안에 머무는 객이라도 아무 일도 하지 말라 [11]이는 엿새 동안에 나 여호와가 하늘과 땅과 바다와 그 가운데 모든 것을 만들고 일곱째 날에 쉬었음이라 그러므로 나 여호와가 안식일을 복되게 하여 그날을 거룩하게 하였느니라

셋째 계명을 잠시 들여다봅시다. 하나님의 이름이 남용되는 것을 하나님이 얼마나 심각하게 여기시는지 알겠습니까? 단지 하나님의 이름으로 저주하거나 맹세하는 일에만 해당하는 계명이 아닙니다. '하나님의 이름을 경외하라'는 것에는 훨씬 더 많은 의미가 들어 있음을 알아야 합니다.

'하나님의 이름을 경외하라'는 것은 그분의 이름을 함부로 사용하지 말라는 것입니다. 그래서 하나님에 관해서 혹은 하나님을 대변하기 위해서 하나님의 이름을 사용할 때는 항상 신중히 해야 합니다. 고린

심화 주석 우리는 주님의 이름을 경박하고 불신앙적이며 위선적으로 남용하고 있습니다. '경박하다'는 것은 하나님의 이름으로 진실함 없이 저주하거나 맹세하는 것입니다. '불신앙적'이라는 것은 하나님에 대해 진실하지 않게 얘기해서 그 명예를 더럽히고 그 뜻을 왜곡하는 것입니다. '위선적'이라는 것은 우리 삶에서 하나님 이름의 가치를 보여 주지 못하고 하나님에 대한 간증에 해를 입히는 것입니다.

십계명의 셋째 계명은 우리가 간구하는 대상 앞에 무릎을 꿇고 복음에서 기인하는 자비를 받을 수 있게 할 것입니다. 하나님의 이름을 남용하지 않은 단 한 분이 계십니다. 그분의 모든 말과 행위에서 하나님의 이름이 존귀함을 받으셨습니다. 바로 예수님이 하나님의 이름을 거룩하게 하셨습니다.[10]

_트레빈 왁스

심화 주석 안식일의 원리는 구약과 신약에서 다르게 적용되어야 합니다(골 2:16; 참조, 롬 14:5). 초대 교회는 그리스도께서 안식일 율법을 완성하셨다고 믿었습니다. 그래서 성경은 그들이 토요일, 일요일에 이어 날마다 예배했다고 기록합니다. 또 다른 날을 '새로운 안식일'로 만드는 것이 중요한 게 아니라는 뜻입니다. 그리스도께서 바로 안식일이라는 것이 중요합니다. 그분의 부활 안에서 안식하며 기뻐한다면, 이 계명을 지키는 것입니다.[11]

_J. D. 그리어

도후서 5장 20절에서는 "우리가 그리스도를 대신하여 사신이 되어"라고 합니다. 즉 하나님은 세상이 그분과 화해할 수 있도록 우리를 통해 호소하신다는 것입니다. 우리는 왕을 대변하기 위해 모든 상황에 존재하는 사람들입니다. 하나님의 이름을 잘 사용하는 것은 예수님을 사람들에게 알리고 그분을 따르도록 호소하는 데 사용하는 것을 의미합니다.

Q 하나님의 이름이 세상에서 남용되지 않게 하려면 어떻게 해야 할까요?

Q 하나님은 왜 이것을 이토록 심각하게 여기실까요?

출애굽기 8~11절에서 하나님은 일주일에 하루는 안식하라고 명령하셨습니다. 하나님의 백성이 거룩하게 지켜야 할 안식일은 모든 행위에서 구별되어야 합니다. 일주일에 6일은 생계를 위해 일하고 질서를 유지하기 위해 힘써야 합니다. 하지만 하나님은 백성이 하나님께 집중할 수 있도록 이 일상적인 활동을 잠시 멈추게 하십니다.

그리스도인으로서 우리는 예수 그리스도로 말미암아 안식일 율법의 세부 조항에서 자유롭게 되었습니다. 예수님이 우리 영혼의 안식이시기 때문입니다(골 2:16~23 참조). 그러나 십계명에는 여전히 우리가 기억해야 할 원리들이 있습니다.

십계명은 하나님을 본받는 길입니다.	창조 때 하나님이 일곱째 날을 구분하셨듯이 하루를 구분해 안식한다면, 우리가 하나님을 따르고 그분을 닮으려 한다는 사실을 증명하는 것입니다.
우리는 하나님이 아닙니다.	일을 멈추고 안식하는 것은 우리가 한계를 가진, 쉼이 필요한 존재임을 인정하는 것입니다. 하나님도 창조의 완성을 나타내기 위해 쉬셨습니다. 우리는 하나님보다 연약하고 부족하므로 마땅히 쉬어야 합니다. 쉼 없이 더 많이 이루고 성취하기 위해 밀어붙인다면, 그것은 피조물로서의 한계를 거부하고 자신의 능력과 인내라는 우상을 만드는 일일지도 모릅니다.
하나님에 대한 신뢰를 나타내는 길입니다.	우리가 일을 멈추고 쉬면서 하나님께 집중한다면, 자신의 능력을 뛰어넘어 하나님의 공급하심을 믿고 인정하는 것입니다. 쉼 없이 과로한다면, 하나님이 우리를 위해 일하심을 믿지 않는 것입니다.

우리에게는 하나님이 필요합니다.	분주한 인생은 하나님으로부터 벗어나기 쉽습니다. 하루를 예배를 위한 날로 삼는다면, 잠시 멈춰서 하나님께 주의와 관심을 기울이고 우리 삶에 그분이 마땅히 계셔야 할 자리를 정기적으로 인정하는 것입니다.
우리에게는 하나님의 백성이 필요합니다.	공동 예배, 성경 읽기, 성경 공부, 기도, 세례 의식, 성찬 등을 함께함을 강조함으로써, 우리 삶에 하나님의 간섭이 필요할 뿐 아니라 각 사람에게 있는 하나님의 은사가 필요함을 인식하게 됩니다.

Q 당신의 정체성과 생계를 위한 일에 얼마나 어떻게 의지해 왔는지 구체적으로 말해 보세요

Q 안식일 준수가 하나님께 다시 마음과 뜻을 다하도록 어떻게 돕습니까?

결론

> Leader
:....
하나님은 우리에게 율법이라는 큰 선물을 주셨습니다. 이스라엘에게 율법을 주실 때 확증해 주신 하나님의 사랑을 통해 우리를 향하신 하나님의 사랑과 보호를 알 수 있습니다. 이 같은 관점에서 율법을 봐야 합니다.

율법을 통해 하나님은 하늘의 베일을 걷고 자신에 대한 중요한 면모를 살짝 보여 주십니다. 하나님은 우리에게 그분의 거룩하심을 보여 주심으로써 우리를 위한 예수님의 사역 없이는 하나님의 거룩하심이 요구하는 것들을 이루지 못하는 우리의 모습을 보게 하십니다. 율법의 완성은 오직 십자가에서 이루어집니다.

율법을 잘 이해하려면, 하나님이 이스라엘에게 맡기신 사명을 위해 그들을 어떻게 준비시키시는지도 알아야 합니다. 그들은 율법을 통해 거룩한 소명을 받았습니다(출 19:6). 이스라엘은 율법에 순종함으로써 하나님을 드러내고 그분이 세상에 하신 일을 증거할 특권을 받았습니다.

> Leader
"너희가 내게 대하여 제사장 나라가 되며 거룩한 백성이 되리라 너는 이 말을 이스라엘 자손에게 전할지니라"(출 19:6).

이스라엘은 단지 하나님의 은혜를 과시하는 전리품이 되려고 부름받은 것이 아닙니다. 그들은 하나님의 구속사에서 중심 역할을 했습니다. 마태복음 5장 17절에서 예수님은 이 소명을 교회로 확장해 이렇게 말씀하십니다.

"내가 율법이나 선지자를 폐하러 온 줄로 생각하지 말라 폐하러 온 것이 아니요

"가치의 시작과 끝은 사랑입니다."[14]
_크리소스톰

**핵심교리 22 한 분이신 하나님
99**

'쉐마'로 불리는 신명기 6장 4~9절에서 볼 수 있듯이, 성경은 하나님이 한 분이심을 단언합니다. 구약 시대와 신약 시대 모두에서 유일신교(한 분 하나님을 믿음) 사상을 가지는 것은 주변 문화와 대조되는 일이었습니다. 대부분의 문화권이 다신교(여러 신을 믿음)나 단일신교(여러 신을 믿는 데 그중 한 신을 주신으로 섬김) 사상을 가지고 있었기 때문입니다. 오직 하나님의 백성만이 하나님의 계시에 근거해 여호와 하나님만이 유일한 참 하나님이심을 알았습니다.

심화토론

• 우상 숭배 금지가 어떻게 하나님의 백성을 보호하는 방법이 될 수 있을까요?

완전하게 하려 함이라."

그리스도의 권능으로 율법에 따라 살아가고자 할 때, 우리는 다른 사람들에게 하나님께 나아가는 길, 즉 예수님을 보여 주게 됩니다(사 49:6).

> **Leader**
>
> "그가 이르시되 네가 나의 종이 되어 야곱의 지파들을 일으키며 이스라엘 중에 보전된 자를 돌아오게 할 것은 매우 쉬운 일이라 내가 또 너를 이방의 빛으로 삼아 나의 구원을 베풀어서 땅 끝까지 이르게 하리라"(사 49:6).
>
> 여기서 우리는 이스라엘을 위한 하나님의 궁극적인 계획이 바로 예수님을 통해서 성취됨을 볼 수 있습니다.

그리스도와의 연결

흠 없는 구세주 예수님은 하나님을 온전히 사랑하며 만물 가운데 하나님의 이름을 영화롭게 한 독생자이십니다. 예수님은 십자가 사역을 완수함으로써 우리의 안식이 되셨습니다.

하나님의 계획 우리의 사명

선교적 적용 하나님은 하나님을 기쁘시게 하며 그분의 목적을 드러내는 삶을 살게 하시려고 우리를 부르셨습니다.

1. 우상 숭배가 왜 그리스도인의 사명과 가르침에 장애가 됩니까?

2. 하나님이 날마다 우리를 보내시는 그곳, 즉 가정, 직장, 학교 등에서 어떻게 해야 하나님의 대사로 살 수 있을까요?

3. 안식일의 원리를 살펴보는 것이 안식일의 주인이신 예수님을 전하는 데 어떻게 도움이 됩니까?

금주의 성경 읽기
출 37~40장;
레 1~4장

Summary and Goal

이 세션에서 우리는 인간관계를 통해 하나님을 예배하는 데 초점을 맞춘 여섯 가지 계명을 살펴볼 것입니다. 하나님이 우리를 부르신 것은 부모를 공경하고, 이웃을 자기 자신처럼 사랑하고, 자족하는 마음을 가짐으로써 하나님을 예배하도록 하기 위함임을 알게 될 것입니다. 하나님을 향한 우리 사랑을 나타내는 방법 중 하나는 주님의 형상대로 지음받은 다른 이들을 사랑하는 것입니다.

- **성경 본문**
  출애굽기 20:12~17

- **세션 포인트**
  1. 부모를 공경함으로써 하나님을 높입니다(출 20:12)
  2. 이웃을 사랑함으로써 하나님을 높입니다(출 20:13~16)
  3. 자족하는 마음을 가짐으로써 하나님을 높입니다(출 20:17)

- **신학적 주제**
  하나님의 율법은 사람이 사회에서 번영하기를 바라시는 하나님의 뜻을 반영합니다.

- **그리스도와의 연결**
  죄 없는 구세주인 예수님은 율법을 완벽히 지키신 단 한 분입니다. 예수님은 자기 생명을 바침으로써 사람들을 향한 사랑을 입증하셨습니다.

- **선교적 적용**
  하나님의 위대한 사랑을 경험한 우리는 이웃을 사랑하고 그들에게 유익을 끼치도록 부름받았습니다.

율법의 하나님은 인간관계에 관심을 가지신다

8

**Session
Plan**

도입

미국에서 방영된 리얼리티 TV 쇼 〈유토피아〉(*Utopia*)의 제작 의도와 프로그램이 실패한 원인을 이야기해 주십시오. 즉 우리에게는 질서가 필요하다는 것을 지적해 주십시오. 하나님의 십계명은 우리가 어떻게 살아야 하는지를 보여 줍니다.

지도자나 통치자가 없는 사회를 상상해 보십시오. 어떨 것 같나요? 어떤 점이 좋고, 어떤 점이 나쁠까요?

규칙이나 기준이 없는 세상에서 살고 싶은가요? 그렇다면 또는 그렇지 않다면, 그 이유는 무엇인가요?

이 세션은 마지막 여섯 계명, 즉 인간관계 속에서 하나님을 예배하는 것에 대한 내용임을 요약해 주십시오.

전개

1
**부모를 공경함으로써
하나님을 높입니다**
(출 20:12)

자원자에게 출애굽기 20장 12절을 읽게 합니다. 자신과 부모와의 관계를 다른 권위나 하나님께 반응하는 태도와 관련지어 생각해 보게 하십시오.

부모와의 관계는 하나님을 바라보는 관점에 어떤 영향을 미칩니까?

예수님이 불완전한 인간 부모에게 순종하실 때나 십자가에서 죽으시며 어머니를 부탁하실 때나 이 계명을 어떻게 온전히 순종해 본이 되셨는지를 설명해 주십시오.

당신이 부모라면, 예수님을 따르는 것이 어떤 것인지 자녀에게 본이 되어 줄 수 있습니까?

자녀로서든 부모로서든 갖게 되는 후회에 복음이 어떻게 적용될 수 있을까요?

2
**이웃을 사랑함으로써
하나님을 높입니다**
(출 20:13~16)

이웃을 자기 자신처럼 사랑하는 것이 나머지 계명에 순종하는 길임을 설명해 주십시오. 그리고 나서 출애굽기 20장 13~16절을 읽어 주십시오.

예수님이 각 계명을 산상수훈에서 어떻게 설명하셨는지 언급하십시오.

- 살인하지 말라

예수님이 미워하는 마음과 살인을 연결시키신 이유는 무엇입니까?

우리는 미움을 입으로 어떻게 표현합니까?

- 간음하지 말라

성적 문란으로 이끌 수 있는 유혹에는 어떤 요소들이 들어 있습니까?

그리스도인은 남부끄러운 일이 일어나지 않도록 어떻게 경계할 수 있습니까?

- 도둑질하지 말라

하나님의 은사가 부적절하게 관리되는 것을 '도둑질'로 볼 수 있습니까? 그렇다면 또는 그렇지 않다면, 그 이유는 무엇인가요?

하나님을 제외하고, 당신이 만족을 얻는 것들은 무엇입니까?

- 네 이웃에 대하여 거짓 증거하지 말라

가정과 교회에서 진실만을 말하는 훈련을 어떻게 할 수 있을까요?

출애굽기 20장 17절을 읽으십시오. 탐심을 자기 숭배라는 관점에서 정의하고, 탐심을 제어하는 유일한 방법이 복음임을 알려 주십시오. 즉 그리스도 안에서 성령을 통해 만족을 배워야 합니다.

3
자족하는 마음을 가짐으로써 하나님을 높입니다
(출 20:17)

학습자용 교재에 있는 복음 중심의 질문들을 생각해 보도록 시간을 주십시오. 탐심의 유혹과 싸우는 방법을 알게 해 줄 것입니다. 원한다면 서로의 생각을 나눌 기회를 주십시오. 강요나 압박에 의한 나눔이 되어서는 안 됩니다.

결론

순종이 우리 삶에서 어떻게 그리스도의 현존을 반영하고, 다른 이들에게 예수님을 증거할 기회를 주는지 개괄합니다. 이 세션에서 배운 진리를 '하나님의 계획, 우리의 사명'에서 적용해 보십시오.

Session Content

8. 율법의 하나님은 인간관계에 관심을 가지신다

도입

2014년 미국에서 〈유토피아〉(*Utopia*)라는 제목의 리얼리티 TV 쇼 프로그램이 방영되었습니다. 프로그램의 방식은 간단했습니다. 다양한 배경을 가진 15명의 사람이 시골에서 함께 사는 모습을 보여 주는 것입니다. "지도자도 없고, 규칙도 없고, 화장실도 없다"(No leaders, No rules, No plumbing)라는 구호 그대로 말입니다.

이 프로그램은 5천만 달러나 손해를 보고 막을 내렸습니다. 그리 놀라운 일은 아닙니다. 문명사회는 규칙이나 법 없이는 존재할 수 없습니다. 우리는 체계가 필요한 존재로 창조되었습니다. 하나님이 질서의 하나님이시기에 우리는 질서를 갈망합니다. 창조에서부터 제사법 제정에 이르기까지 모든 분야에서 하나님의 질서를 발견할 수 있습니다.

하나님의 질서를 우리 삶에 어떻게 적용할 것인가의 문제는 오늘날 제대로 이해되지 못하고 있습니다. 너무나 많은 그리스도인이 구약과 신약을 대비하며 마치 구약은 율법만 있고, 신약은 은혜만 있는 것처럼 이해합니다. 하지만 세션 7에서 살펴보았듯이 이것은 잘못된 이분법입니다. 출애굽기 19장은 이스라엘이 하나님과의 언약 안에 살도록 구원받은 백성임을 보여 줍니다. 하나님은 순종해야 은총을 베풀겠다고 말씀하지 않으셨습니다. 그전에 이미 이스라엘을 선택하셨고, 구원하셨습니다. 하나님은 십계명을 통해 우리에게 은혜 안에서 살아가는 것이 어떤 것인지를 보여 주십니다.

Q 지도자나 통치자가 없는 사회를 상상해 보십시오. 어떨 것 같나요? 어떤 점이 좋고, 어떤 점이 나쁠까요?

Q 규칙이나 기준이 없는 세상에서 살고 싶은가요? 그렇다면 또는 그렇지 않다면, 그 이유는 무엇인가요?

도입 옵션

성경 공부 모임 장소의 한쪽 벽에 찬반 투표판을 붙이고, 다음 질문에 대한 학습자 자신의 답을 투표판에 스티커로 표시하게 하십시오.
"지도자나 통치자가 없는 사회에 대해 어떻게 생각하십니까?"

"우리는 토라를 사랑하기 위해 부름받은 게 아니라 사랑하기 위해 토라로 부름받았습니다."
_스캇 맥나이트

사람들이 자주 언급하는 대로 십계명에는 분명한 경계선이 존재합니다. 처음 네 계명은 하나님의 구원과 은혜에 대한 사랑의 반응을 묘사합니다. 다음 여섯 계명은 다른 사람들과 어떻게 관계를 맺어야 하는지 알려 줍니다. 하나님은 그분의 은혜로 하나님과 화해하고 친밀한 관계를 맺을 뿐 아니라, 다른 사람들과도 생생하고 건강한 관계를 맺을 수 있기를 바라십니다.

Session Summary

이 세션에서 우리는 인간관계를 통해 하나님을 예배하는 데 초점을 맞춘 여섯 가지 계명을 살펴볼 것입니다. 하나님이 우리를 부르신 것은 부모를 공경하고, 이웃을 자기 자신처럼 사랑하고, 자족하는 마음을 가짐으로써 하나님을 예배하도록 하기 위함임을 알게 될 것입니다. 하나님을 향한 우리 사랑을 나타내는 방법 중 하나는 주님의 형상대로 지음 받은 다른 이들을 사랑하는 것입니다.

전개

1. 부모를 공경함으로써 하나님을 높입니다(출 20:12)

하나님은 인간관계의 중심으로 가정을 창조하셨습니다. 다섯째 계명은 이 관계가 왜 그렇게 중요한지 이해하도록 돕습니다.

¹²네 부모를 공경하라 그리하면 네 하나님 여호와가 네게 준 땅에서 네 생명이 길리라

부모와 관계 맺는 방식은 모든 인간관계, 특히 권위자와의 상호 작용에 기초가 됩니다. 권위는 사회에 질서를 가져오는데, "네 부모를 공경하라"는 하나님의 명령은 삶에서 다른 권위들에 반응하는 방식에 본이 됩니다.

하나님은 우리가 받은 구속의 사랑에 대한 감사로 부모를 공경하라고 하십니다. '공경'으로 번역된 히브리어는 원래 '무게가 나가게 만들다'라는 뜻이지만, '넘치도록 존경하다'라는 긍정적인 의미도 가지고 있습니다.

심화주석 훈육을 거절하는 완악하고 패역한 아들은 장로들 앞으로 끌고 가 심판을 받게 할 수 있었습니다(신 21:18~21; 참조, 레 19:3). 엘리 제사장의 아들들은 아버지와 하나님을 멸시한 결과로 죽음을 맞았습니다(삼상 2:12~17, 22~25, 29~30). 룻과 보아스가 나오미에게, 요셉이 야곱에게 보인 공경과 선행은 긍정적인 예시로 제시됩니다(참조, 잠 1:8; 19:26; 20:20; 23:22, 28:24; 30:17).

"네 생명이 길리라"(출 20:12)라는 말씀은 이 땅에 세워진 나라의 영구함을 가리키는 것일 수도 있습니다. 에스겔은 예루살렘 멸망 직전에 예루살렘 거민들의 죄를 명시한 긴 목록 중 하나로 부모에 대한 불경을 언급합니다(겔 22:7; 참조, 미 7:6). 물론 이 말씀은 개개인의 장수를 나타내는 것일 수도 있는데, 신실한 순종에 대한 주님의 복으로 여러 곳에서 언급됩니다(출 23:26).[2]

_도리안 G. 쿠버-콕스

심화주석 다음 구절들은 하나님이 우리를 대하시는 것과 유사한 방식으로 자녀를 대해야 하는 부모의 책임에 관해 말하고 있습니다.

- 자녀에게 주님의 길을 가르치라(신 6:4~9).
- 자녀를 훈육하라(잠 3:12~13; 13:24).
- 자녀에게 공급하라(마 7:9~11).

부모도 원죄가 있기에 공경받을 만한 '자격'이 얼마나 있는가는 저마다 다를 수 있습니다. 하지만 하나님은 부모의 자격을 가늠하고 나서 공경할지 말지를 결정하라고 하지 않으셨습니다. 하나님이 우리에게 부모를 공경하라고 하신 것은, 그것이 하나님을 공경하는 방법이며 우리 삶에서 하나님의 권위를 인정하는 것이기 때문입니다.

Q 부모와의 관계는 하나님을 바라보는 관점에 어떤 영향을 미칩니까?

궁극적으로 공경의 대상이 될 자격이 있는 분은 오직 하나님뿐이지만, 하나님은 우리가 다른 이들도 공경하기를 원하십니다. 하나님은 공경의 완벽한 본으로 독생자 예수 그리스도를 보여 주셨습니다. 성육신하신 예수님은 부모에게 순종하셨으며, 그 권위를 존중하셨습니다.

> 다섯째 계명을 지키기 위해 부모를 공경하고 순종함으로써 우리는 예수님을 닮을 수 있습니다. 예수님도 자기 영광을 억제하고 스스로 권위 앞에 순종하셨습니다. 하물며 우리가 뭐라고 그렇게 하지 않을 수 있겠습니까?
> 부모에게 순종하는 것은 그리스도께서 하신 것과 같이 겸손과 사랑을 나타내는 것입니다.

예수님은 부모 공경의 본이 되셨을 뿐만 아니라 "네 부모를 공경하라"는 계명을 완수하시고 십자가에서 죽으셨습니다. 우리가 수년간 보여 온 불경죄의 대가로 말입니다. 예수님은 이 땅에서 사시는 동안 하나님의 권능을 드러내심으로써 하늘 아버지를 높이셨습니다. 그뿐만 아니라 십자가에서 죽으실 때는 제자 중 한 명에게 육신의 어머니를 부탁하셨습니다(요 19:25~27).

> 크라이스트 펠로우십 교회(Christ Fellowship Church)의 레이 드 아르마스(Rey De Armas) 목사는 이렇게 썼습니다.
> "우리가 완벽한 부모는 못 되지만, 하나님의 온전한 아들에 대한 믿음으로 어쨌든 용납될 것이다. 요한복음 19장에서 예수님이 자기 어머니를 위해 죽기까지 사랑하고 공경하신 것을 볼 수 있다. 예수님의 온전한 순종 덕분에 우리가 부모로서, 자녀로서 겪는 실패가 용서될 것이다. 오점은 깨끗이 씻길 수 있다. 자기 아버지와 어머니를 온전히 공경하신 그리스도 덕분에 성령의 능력을 부여받은 우리도 부모를 공경할 수 있다."[3]

Q 당신이 부모라면, 예수님을 따르는 것이 어떤 것인지 자녀에게 본이 되어 줄

수 있습니까?

Q 자녀로서든 부모로서든 갖게 되는 후회에 복음이 어떻게 적용될 수 있을까요?

2. 이웃을 사랑함으로써 하나님을 높입니다 (출 20:13~16)

하나님을 예배하는 삶은 가정에서 시작되어 다른 인간관계로도 확장되어야 합니다. 실제로 예수님은 가장 큰 계명이 무엇이냐는 질문에 "먼저 마음을 다하고 목숨을 다하고 뜻을 다하여 하나님을 사랑하고, 그러고 나서 이웃을 자기 자신같이 사랑하라"고 요약해 주셨습니다 (마 22:36~40).

> **Leader** — "선생님 율법 중에서 어느 계명이 크니이까 예수께서 이르시되 네 마음을 다하고 목숨을 다하고 뜻을 다하여 주 너의 하나님을 사랑하라 하셨으니 이것이 크고 첫째 되는 계명이요 둘째도 그와 같으니 네 이웃을 네 자신같이 사랑하라 하셨으니 이 두 계명이 온 율법과 선지자의 강령이니라"(마 22:36~40).

훗날 바울은 십계명의 간음, 살인, 도둑질, 탐심의 금지는 이웃을 자신과 같이 사랑하라는 계명 하나로 요약될 수 있다고 말했습니다 (롬 13:9~10).

> **Leader** — "간음하지 말라, 살인하지 말라, 도둑질하지 말라, 탐내지 말라 한 것과 그 외에 다른 계명이 있을지라도 네 이웃을 네 자신과 같이 사랑하라 하신 그 말씀 가운데 다 들었느니라 사랑은 이웃에게 악을 행하지 아니하나니 그러므로 사랑은 율법의 완성이니라"(롬 13:9~10).
>
> 이웃을 사랑한다는 것은 무엇을 의미합니까?
>
> 우리는 주변 사람들과 어떻게 관계를 맺어야 할까요?
>
> 하나님은 율법을 주실 때, 모든 인류에게 투영된 자기 형상을 존중하고 가치를 부여할 수 있는 특별한 방법들을 말씀해 주셨습니다.

¹³살인하지 말라 ¹⁴간음하지 말라 ¹⁵도둑질하지 말라 ¹⁶네 이웃에 대하여 거짓 증거하지 말라

> **Leader** — 계명들을 차례로 살펴보겠습니다.

핵심교리
99
5. 성경의 권위

성경은 인류를 향한 하나님의 특별한 계시를 담고 있는 하나님의 영감 있는 말씀으로 그리스도인에게는 궁극적인 권위를 지닌 기준이 됩니다. 성경의 모든 가르침은 진리입니다. 따라서 성경은 인류를 위한 지혜의 보고로서 하나님의 영광에 합당하게 살아가는 방법을 가르쳐 줍니다. 성경의 권위에 복종한다는 것은 말씀을 믿고 순종하는 것으로 이것은 곧 하나님을 믿고 순종하는 것을 의미합니다.

살인하지 말라

> **Leader**
>
> 이 계명은 분명하고 간결합니다. 살인이 죄로 정죄되는 까닭은 그 너머에 놓인 동기와 방식이 하나님께 지음받은 인간 고유의 가치를 무시하기 때문입니다.
>
> 하나님이 왜 이 계명을 주셨는지 의아할지도 모릅니다. 살인이 잘못이라는 사실을 어떻게 모르겠습니까? 그러나 불행히도 살인이 잘못임을 알았든 몰랐든 인류 역사 속에는 한 사람이 다른 사람을 무너뜨린 비극적인 사건들이 가득합니다.

우리는 하나님을 사랑하고 그분을 창조주로 높여 드려야 합니다. 그리고 그런 만큼 하나님의 영광이 깃든 모든 생명의 가치를 인정해야 합니다. 다른 사람의 가치를 나의 잣대로 판단한다면, 창조주를 닮은 그들의 천부적 존엄성 대신 나에게 쓸모가 있는지 없는지에 따라 판단하는 셈입니다. 이것은 자신의 가치를 하나님의 가치보다 높은 것으로 만드는 일입니다.

우리가 무시했던 사람들에 대한 미움을 내려놓고 화해를 추구한다면, 하나님만이 높임을 받으실 분임을 인정하는 것입니다. 또한 하나님이 하신 것처럼 다른 이들을 사랑하고 존중할 수 있도록 우리 마음과 인간관계를 새롭게 하시는 그리스도의 사역이 필요하다는 것을 인정하는 것입니다.

훗날 예수님은 살인이라 할 수 있는 마음 상태에 대해 언급하셨습니다(마 5:21~22).

> **Leader**
>
> "옛 사람에게 말한 바 살인하지 말라 누구든지 살인하면 심판을 받게 되리라 하였다는 것을 너희가 들었으나 나는 너희에게 이르노니 형제에게 노하는 자마다 심판을 받게 되고 형제를 대하여 라가라 하는 자는 공회에 잡혀가게 되고 미련한 놈이라 하는 자는 지옥 불에 들어가게 되리라"(마 5:21~22).

예수님은 살인 금지 계명을 매우 깊이 다루어 우리가 다른 이들에 대해 어떻게 느끼는지의 문제에까지 연관시키셨습니다. 마음에 미움이 자리하면 다른 사람의 피조물로서의 가치를 부인하고 무가치하게 여기게 됩니다. 그것은 살인과 다를 바가 없습니다.

Q 예수님이 미워하는 마음과 살인을 연결시키신 이유는 무엇입니까?

Q 우리는 미움을 입으로 어떻게 표현합니까?

간음하지 말라

태초부터 하나님은 사람이 독처하는 것이 좋지 않다고 여겨 여자를 창조하셨습니다. 아담과 하와는 함께 진리와 사랑의 관계 안에서 하나님의 형상을 드러냈습니다. 간음이란 성적 문란으로 결혼이라는 연합을 끊는 것입니다. 그것은 가족에게 상처를 주고, 하나님이 신성한 안식처로 디자인하신 가정을 파괴합니다.

예수님은 분노하는 마음과 살인을 연결시키신 것처럼 간음을 음욕을 품는 것과 연결시키셨습니다(마 5:27~30).

> "또 간음하지 말라 하였다는 것을 너희가 들었으나 나는 너희에게 이르노니 음욕을 품고 여자를 보는 자마다 마음에 이미 간음하였느니라"(마 5:27~28).

결혼 서약은 신성한 것이며 예수님과 교회의 관계를 지상에서 구현한 것입니다. 예수님은 신실하게 사랑하는 신랑으로서 자신이 구속하신 백성과 친밀한 관계를 맺으십니다. 우리는 결혼을 통해 그리스도의 사랑과 신실함에 대해 생생하고 객관적인 교훈을 세상에 보여 주게 됩니다. 이처럼 실증적인 관계를 위반하는 것을 하나님은 매우 심각하게 보십니다. 예수님은 간음의 포로가 되기보다 이를 피하고자 자신의 사지를 절단해 버리는 게 낫다고 선언하셨는데, 이는 간음이 얼마나 심각한 문제인지를 잘 보여 줍니다.

"만일 네 오른 눈이 너로 실족하게 하거든 빼어 내버리라 네 백체 중 하나가 없어지고 온몸이 지옥에 던져지지 않는 것이 유익하며 또한 만일 네 오른손이 너로 실족하게 하거든 찍어 내버리라 네 백체 중 하나가 없어지고 온몸이 지옥에 던져지지 않는 것이 유익하니라"(마 5:29~30).

불륜이 미화되는 요즘 사회에서 건강하고 신실한 결혼은 더욱 빛나 보입니다. 그리스도인의 헌신된 결혼은 제자도의 안정된 환경에서 자녀를 양육할 수 있는 시작점이기도 합니다. 하나님은 자녀들에게 필요한 안정감을 줄 수 있도록, 예수님을 사랑하고 서로를 사랑하는 부모가 가정을 세우게 고안하셨습니다.

Q 성적 문란으로 이끌 수 있는 유혹에는 어떤 요소들이 들어 있습니까?

Q 그리스도인은 남부끄러운 일이 일어나지 않도록 어떻게 경계할 수 있습니까?

도둑질하지 말라

여덟 번째 계명은 도둑질, 즉 자기 것이 아닌 물건을 취하려는 것을 금합니다. 이 계명은 모든 선한 것의 원천이신 하나님(약 1:17) 대신 소유욕에 사로잡힌 마음에서 나오는 부정직한 행위들을 가리킵니다. 다른 사람과 부정직한 거래를 한다거나 고용인이나 고용주를 속인다거나 표절하는 것은 모두 도둑질하는 셈입니다.

우리는 왜 자기 것이 아닌 물건을 취하려고 할까요? 하나님의 공급하심을 신뢰하지 못하기 때문입니다. 이러한 점에서 도둑질은 일종의 자기 숭배입니다. 다른 이들을 신뢰하기보다 자립을 선호하기 때문에 그렇습니다.

그러나 예수님은 정말 중요한 것이 무엇인지를 일깨우며 보물이 있어야 할 곳을 알려 주십니다(마 6:19~21).

> "너희를 위하여 보물을 땅에 쌓아 두지 말라 거기는 좀과 동록이 해하며 도둑이 구멍을 뚫고 도둑질하느니라 오직 너희를 위하여 보물을 하늘에 쌓아 두라 거기는 좀이나 동록이 해하지 못하며 도둑이 구멍을 뚫지도 못하고 도둑질도 못하느니라 [21]네 보물 있는 그곳에는 네 마음도 있느니라"(마 6:19~21).

Q 하나님의 은사가 부적절하게 관리되는 것을 '도둑질'로 볼 수 있습니까? 그렇다면 또는 그렇지 않다면, 그 이유는 무엇인가요?

Q 하나님을 제외하고, 당신이 만족을 얻는 것들은 무엇입니까?

네 이웃에 대하여 거짓 증거하지 말라

아홉 번째 계명은 이웃에 대한 위증 금지입니다. 구약성경 내내 하나님은 거짓말하는 입술에 대해 미움을 표현하시고, 자기 백성에게 진실만을 선포하라고 요구하십니다(시 5:6; 잠 6:16~19; 참조, 시 15편). 하나님은 진실을 말씀하시는 분이므로 그분의 백성도 언제나 진실만 말해야 합니다.

> "거짓말하는 자들을 멸망시키시리이다 여호와께서는 피 흘리기를 즐기는 자와 속이는 자를 싫어하시나이다"(시 5:6).
>
> "여호와께서 미워하시는 것 곧 그의 마음에 싫어하시는 것이 예닐곱 가지이니 곧 교만한 눈과 거짓된 혀와 무죄한 자의 피를 흘리는 손과 악한 계교를 꾀하는 마음과 빨리 악으로 달려가는 발과 거짓을 말하는 망령된 증인과 및 형제 사이를 이간하는 자이니라"(잠 6:16~19).
>
> "여호와여 주의 장막에 머무를 자 누구오며 주의 성산에 사는 자 누구오니이까 정직하게 행하며 공의를 실천하며 그의 마음에 진실을 말하며 그의 혀로 남을 허물하지 아니하고 그의 이웃에게 악을 행하지 아니하며 그의 이웃을 비방하지 아니하며"(시 15:1~3).

우리는 어떤 종류의 거짓이라도 뿌리칠 수 있는 사람이 되어야 합니다. 거짓말은 자기에게 그럴 만한 자격이 없는 데도 자신을 높이고, 보호하고, 자신에게 유익을 끼칠 요량으로 하는 조작입니다. 단순한 진실 이상의 것을 말하는 것은 하나님의 특성이 아니라 오히려 사탄의 성격을 닮은 것입니다. 우리 자신을 높이기 위해 거짓말을 한다면, 우리는 하나님과 그분의 거룩한 성품을 닮지 못합니다.

예수님은 거짓말을 다루면서 자기가 한 말을 지키라고 강조하셨습니다(마 5:37). "오직 너희 말은 옳다 옳다, 아니라 아니라 하라 이에서 지나는 것은 악으로부터 나느니라"(마 5:37).

오직 복음의 능력을 통해서만 우리는 자기애보다 진실을 더 사랑하는 사람으로 다시 지어질 수 있습니다. 우리를 위해 부당하게 고소당하신 예수 그리스도 덕분에 우리는 회개하면(자신에 대한 진실을 말하면) 용서받고, 복음(예수님에 대한 진리)을 믿을 수 있습니다. 진리를 전하는 백성으로서 교회는 이제 그리스도를 증거합니다.

Q 가정과 교회에서 진실만을 말하는 훈련을 어떻게 할 수 있을까요?

3. 자족하는 마음을 가짐으로써 하나님을 높입니다(출 20:17)

> 어렸을 때 크리스마스에 정말 받고 싶었던 장난감이 있었습니까?

장난감 회사들은 해마다 어린이들에게 장난감 없이는 살 수 없다는 사실을 주입하기 위해 수백만 달러를 소비합니다. 그들의 목표는 단순합니다. 장난감을 갖기만 하면 그들의 삶이 더 나아지고 더 재미있게 될 것이라고 믿게 만드는 것입니다. 그러나 불행하게도 우리는 모두 그 결말을 알고 있습니다. 장난감은 광고처럼 늘 새롭지 않으며, 곧 망가지거나 싫증을 내게 됩니다. 우리는 장난감이 약속한 만족을 결코 얻지 못합니다.

열 번째 계명은 만족을 추구하는 우리 성향을 다룹니다. 우리는 하나님이 되려고 하기 때문에 가질 수 없는 것들 속에서 만족하려고 애를 씁니다. 에덴동산에서 우리는 가질 수 없는 것을 바라고 궁극적인 만족을 사람과 사물에서 찾는 인간의 성향을 발견합니다. 정직하게 관찰하면, 이러한 성향을 자신의 삶에서도 발견하게 될 것입니다.

[17]네 이웃의 집을 탐내지 말라 네 이웃의 아내나 그의 남종이나 그의 여종이나 그의 소나 그의 나귀나 무릇 네 이웃의 소유를 탐내지 말라

탐심은 단지 무엇을 갖고자 하는 소유욕만이 아닙니다. 하나님이 아닌 다른 사람이나 사물로 기쁨을 얻고 채워질 수 있다고 확신하는 것입니다. 욕망을 달래 주는 것이 만족까지 줄 수 있다고 믿는 자기 숭배입니다.

탐심을 치유할 수 있는 길은 오직 복음뿐입니다. 멋대로 하게 내버려 두면 우리는 우리를 채우시는 하나님을 믿기보다 자기 욕망을 채우려 들 것입니다. 마음에서 불안을 멈추고 평화와 만족을 얻으려면 그리스도를 통해 거듭나야 합니다.

> 바울은 자족함에서 참된 비밀을 배웠습니다.
>
> "내가 궁핍하므로 말하는 것이 아니니라 어떠한 형편에든지 나는 자족하기를 배웠노니 나는 비천에 처할 줄도 알고 풍부에 처할 줄도 알아 모든 일 곧 배부름과 배고픔과 풍부와 궁핍에도 처할 줄 아는 일체의 비결을 배웠노라 내게 능력 주시는 자 안에서 내가 모든 것을 할 수 있느니라"(빌 4:11~13).
>
> 그는 자족함이 우리가 가진 것이나 처한 환경과는 아무 상관이 없음을 배웠습니다. 그는 자족함을 어떻게 발견했을까요?
>
> "내가 이미 얻었다 함도 아니요 온전히 이루었다 함도 아니라 오직 내가 그리스도 예수께 잡힌 바 된 그것을 잡으려고 달려가노라 형제들아 나는 아직 내가 잡은 줄로 여기지 아니하고 오직 한 일 즉 뒤에 있는 것은 잊어버리고 앞에 있는 것을 잡으려고 푯대를 향하여 그리스도 예수 안에서 하나님이 위에서 부르신 부름의 상을 위하여 달려가노라"(빌 3:12~14).

바울은 자족함을 배우라고 말합니다(빌 4:11~13). 자족하는 데도 훈련이 필요합니다. 마음의 흐트러짐을 막고 갈망의 초점을 그리스도께 맞추기 위해 성령의 능력으로 일해야 합니다. 오직 그리스도를 통해서만 이기심을 죽일 수 있습니다. 오직 그리스도만이 안식과 평화를 향한 갈망을 채우십니다. 오직 그리스도만이 우리 삶을 위한 하나님의 계획과 공급하심에 만족하게 하실 수 있습니다.

그리스도의 구속사를 날마다 탐구하는 것은 매우 중요합니다. 복음의 관점에서 삶의 정황을 바라보는 것도 중요합니다. 다음 질문들은 그리스도께 마음을 고정하는 데 도움을 줄 것입니다.

나의 삶을 통해 그리스도께서 영광을 받고 계십니까?

나의 반응은 그리스도의 공급하심에 대한 만족과 신뢰를 어떻게 보여 주고 있습니까?

내게 복음을 알리기 위해 하나님은 내 인생에 누구를 보내 주셨습니까?

그리스도를 더 온전히 알기 위해 어떤 훈련(기도, 성경 공부 등)으로 삶을 채워야 할까요?

믿음의 공동체는 그리스도와 복음을 깨닫는 데 어떻게 기여하고 있습니까?

사람들과 시간을 보내는 것이 그리스도를 더 알아 가는 데 도움이 됩니까?

심화토론

• 탐심은 우리의 사명을 어떻게 방해
합니까?

결론

다른 사람들과 어떻게 어울려 사는지, 그들을 어떻게 존중하는지
가 바로 그리스도의 임재를 삶에 반영하는 것입니다. 십계명은 단지 하
지 말라는 것들의 목록이 아닙니다. 하나님 나라의 시민으로서 살아가
도록 그리스도께서 우리를 변화시키시는 방법의 표현입니다. 모든 인간
관계는 우리가 하나님의 영광을 드러내며 사람들에게 그리스도를 증거
하는 삶을 살 수 있는 기회입니다.

> **그리스도와의 연결**
> 죄 없는 구세주인 예수님은 율법을 완벽히 지키신 단 한 분입니다. 예수님은 자기 생
> 명을 바침으로써 사람들을 향한 사랑을 입증하셨습니다.

하나님의 계획 우리의 사명

선교적 적용 하나님의 위대한 사랑을 경험한 우리는 이웃을 사랑하고 그들에게 유익
을 끼치도록 부름받았습니다.

1. 하나님을 예배하기 위해 부모를 어떻게 섬기겠습니까?

2. 다른 사람을 사랑하는 것, 곧 적극적인 율법 순종의 구체적인 방법에는 어떤 것들이
   있습니까?

3. 자족함과 관대함은 사명을 감당하는 데 어떤 도움을 줍니까?

Summary and Goal

이 세션에서는 하나님이 고안하신 거룩한 설계를 따라 이스라엘 백성이 지은 성막을 살펴보면서 본을 따른다는 것이 무엇인지 배우게 될 것입니다. 또한 성막은 미래에 있을 무엇인가를 가리키는 본이기도 함을 알게 될 것입니다. 신약성경의 저자들에 따르면, 하나님이 자기 아들을 지상에 보내셨는데, 그는 곧 육체로 오신 하나님이 우리 가운데 거하시는 '성막'이십니다. 믿음을 가진 우리는 오늘날 하나님의 임재가 머무는 백성으로서 세상에 하나님의 임재를 선포하는 작은 성막으로 살아가야 합니다.

율법의 하나님과 성막

- **성경 본문**
  출애굽기 25:1~9
  출애굽기 39:32~43
  출애굽기 40:34~38

- **세션 포인트**
  1. 하나님이 자기 백성을 위해 성막을 준비하셨습니다(출 25:1~9)
  2. 하나님이 자기 백성을 통해 성막을 지으셨습니다(출 39:32~43)
  3. 하나님의 임재가 성막에 충만했습니다(출 40:34~38)

- **신학적 주제**
  성막은 거룩하신 하나님이 죄 많은 백성 가운데 거하실 수 있도록 세워졌습니다.

- **그리스도와의 연결**
  하나님은 이스라엘 백성과 함께 거하시기 위해 성막을 지으라고 지시하셨습니다. 하나님은 자기 백성과 함께하기를 원하십니다. 그 때문에 훗날 하나님은 우리와 함께하시는(임마누엘) '성막'으로서 자기 아들을 보내십니다.

- **선교적 적용**
  하나님이 내주하시는 백성으로서 우리는 이 세상에 하나님의 영광스러운 임재를 선포하기 위해 부름받았습니다.

Session Plan

도입

옷본에 관한 저자의 어린 시절 이야기에서부터 시작하십시오. 아니면 '본'(本, pattern)과 관련된 자신의 이야기를 나눠도 좋습니다.

자랄 때 집안에 도안을 따라 만드는 수공예 기술에 능한 어른이 있었습니까? 어떤 기술이었습니까? 그분에게서 그 기술을 배웠습니까?

현재 직업이나 취미 생활에서 따르고 있는 본이 있습니까? 본을 따르는 것은 왜 중요합니까?

이 세션을 요약합니다.

전개

1
하나님이 자기 백성을 위해 성막을 준비하셨습니다
(출 25:1~9)

인구수, 통치법, 영토 등을 사용해 성경 이야기의 개요를 들려주십시오. 하나님은 시내 산에서 거룩한 장막을 세울 것을 명하셨습니다. 출애굽기 25장 1~7절을 읽으십시오. 하나님은 자원하는 예물을 원하신다는 점에 주목하십시오.

하나님이 예물을 자원하는 마음으로 가져오라고 하신 이유는 무엇일까요?

출애굽 당시 전리품이었을 법한 예물을 바치는 데 백성이 기꺼이 순종했음에 주목하십시오. 출애굽기 25장 8~9절을 읽습니다. 성막을 건설하기 위해 본(개역성경: "모양")을 따랐는데, 성막의 목적은 주님의 임재를 선포하는 데 있습니다.

2
하나님이 자기 백성을 통해 성막을 지으셨습니다
(출 39:32~43)

일꾼들이 지침대로 정확히 수행할 수 있도록 하나님이 그들에게 지혜와 기술을 주신 것에 주목하십시오. 그러고 나서 출애굽기 39장 32~33상절을 읽고 본문에서 몇 가지 요점을 강조하십시오.

하나님의 뜻을 이루는 "거룩한 도구"로서 수행하도록 부름받은 우리의 임무는 무엇입니까?

출애굽기 39장 33하~43절을 읽고, 필요할 때 본문 구절을 언급하십시오. 이 세션을 마무리하면서 성막에서 하나님의 임재를 마주하는 것과 관련된 즐거움과 함께 그곳에서 드려지는 속죄의 희생 제물을 통해 백성의 죄가 지속해서 상기됨을 언급하십시오. 부록 3: '성막'을 활용해 완성된 성막을 눈으로 확인하도록 도와주십시오.

종종 자기 죄를 회개할 필요가 있는 사람으로서 당신은 어떤 방식으로 하나님께 나아갑니까?

하나님의 구속으로 거룩하게 된 사람으로서 당신은 어떤 방식으로 하나님께 나아갑니까?

모든 것이 준비되고 나서 모세가 성막의 각 기물을 거룩하게 하고, 진영 한가운데에 성막을 세웠다는 점을 언급하십시오. 이에 앞서 하나님의 구름이 진영 밖 회막 위에 머물러 있었습니다. 하나님은 진영 한가운데서 임재를 선포하셨습니다. 자원자가 출애굽기 40장 34~35절을 읽게 하십시오. 그때 성막에 충만했던 하나님 영광을 강조하십시오.

성막을 가득 채운 하나님의 임재가 하나님의 성품이나 그 위대하심을 이해하는 데 어떤 영향을 줍니까?

또 다른 자원자에게 출애굽기 40장 36~38절을 읽게 하십시오. 하나님이 자기 백성과 함께하기를 열망하셨음에 주목하십시오. 이는 예수 그리스도의 성육신을 통해 가장 분명히 드러나는 진리입니다.

이스라엘 백성 가운데 임하신 하나님의 임재는 당신과 동료 그리스도인 가운데 거하시려는 하나님의 열망에 관해 무엇을 말해 줍니까?

성경 이야기에서 광야의 성막이 그 뒤에 짓게 될 이스라엘의 영원한 성전과 훗날 그리스도 안에 있음으로써 성령께서 내주하시는 성소가 될 하나님의 백성까지 미리 알려 주고 있음을 지적해 주십시오.

자신을 작은 성막이라고 생각해 보십시오. 당신 삶에서 하나님의 영광이 어떤 식으로 드러납니까?

당신에게 혹은 당신을 통해서 하나님의 임재가 보이거나 감지될 만한 증거가 있습니까? 있다면 또는 있지 않다면, 그 이유는 무엇입니까?

3
하나님의 임재가 성막에 충만했습니다
(출 40:34~38)

결론

결론적으로 성막의 개념이 하나님이 자기 백성 가운데 임재하심을 파악하는 데 도움이 된다는 점을 지적해 주십시오. 이 세션에서 배운 진리를 '하나님의 계획, 우리의 사명'에서 적용해 보십시오.

Session Content

9. 율법의 하나님과 성막

도입

저희 어머니는 전형적인 가정주부이셨습니다. 재봉질을 잘하셔서 어릴 때는 대부분의 옷을 직접 만들어 주셨습니다. 기본기 이상의 기술이 필요한 경우는 백화점 직물 코너에 가서 원하는 도안을 찾을 때까지 견본 책을 훑어보셨습니다. 천을 사다가 그 위에 옷본을 꽂고 본을 따라 꼼꼼하게 그리고 잘라서 꿰매면 되었습니다. 그러면 언제나 옷들이 예쁘게 만들어졌습니다.

시대가 변했습니다. 저나 아내나 바느질을 하는 대신 상점에서 옷을 사 입습니다. 하지만 그때 어머니에게서 값진 교훈을 한 가지 배웠는데, 그것은 바로 제대로 만들고 싶으면 본을 따라 하라는 것입니다.

Q 자랄 때 집안에 도안을 따라 만드는 수공예 기술에 능한 어른이 있었습니까? 어떤 기술이었습니까? 그분에게서 그 기술을 배웠습니까?

Q 현재 직업이나 취미 생활에서 따르고 있는 본이 있습니까? 본을 따르는 것은 왜 중요합니까?

Session Summary

이 세션에서는 하나님이 고안하신 거룩한 설계를 따라 이스라엘 백성이 지은 성막을 살펴보면서 본을 따른다는 것이 무엇인지 배우게 될 것입니다. 또한 성막은 미래에 있을 무엇인가를 가리키는 본이기도 함을 알게 될 것입니다. 신약성경의 저자들에 따르면, 하나님이 자기 아들을 지상에 보내셨는데, 그분은 곧 육체로 오신 하나님이 우리 가운데 거하시는 '성막'이십니다. 믿음을 가진 우리는 오늘날 하나님의 임재가 머무는 백성으로서 세상에 하나님의 임재를 선포하는 작은 성막으로 살아가야 합니다.

전개

1. 하나님이 자기 백성을 위해 성막을 준비하셨습니다(출 25:1~9)

하나님이 침묵하시는 듯 보이던 수 세기가 흐르고 난 뒤, 이스라엘 백성은 주님이 아브라함의 후손에게 약속하셨던 거룩한 나라가 되기 위한 길에 나섰습니다.

- 첫째, 백성을 이룰 만큼의 사람 수(준비 완료).

> Leader ……

이스라엘 백성은 애굽에서 인구수가 맹렬한 기세로 크게 증가했습니다. 하나님은 모세를 통해 그들을 노예 상태에서 건지셨습니다(10가지 재앙, 유월절 등 참조). 그들은 홍해를 건너 시내 산에 이르렀습니다(출 1~19장).

- 둘째, 백성을 다스릴 법(준비 완료).

> Leader ……

율법의 하나님이 자기 백성에게 십계명을 주셨습니다. 이 율법은 하나님이 기대하시는 삶의 방식을 이스라엘에게 가르치는 것이었습니다(출 20~24장). 출애굽기 20장에 관한 세션 7, 8은 율법의 '두 판'에 초점을 맞췄습니다.

첫째 판에서 하나님은 이스라엘이 하나님을 사랑한다는 표현을, 그분을 가장 우선하고 그분의 성품을 반영함으로써 나타내기를 원하셨습니다.

둘째 판에서는 그들에게 이웃을 어떻게 사랑하고 그들의 유익을 추구할 것인지에 관해 말씀하셨습니다.

- 셋째, 백성이 살아가며 번성할 영토(이것은 한 세대가 지나 여호수아의 지도 아래 이스라엘 백성이 가나안에 들어가기 전까지는 이루어지지 않았습니다).

모세가 시내 산에서 하나님과 독대할 때, 하나님은 그에게 자신의 다음 관심사가 무엇인지 보여 주셨습니다. 하나님의 임재를 선포할 성막, 즉 거룩한 장막을 세우라고 명령하신 것입니다. 거룩하신 하나님이 자기 백성 가운데 거하실 수 있도록 말입니다.

> Leader ……

이곳에서 백성의 죄가 선포되고(동물의 희생 제사를 통해), 하나님의 거룩하고 구별된 백성이라는 지위가 확립될 것입니다. 하지만 여기서도 주님은 예배 장소를 언급하지 않으십니다. 하나님의 말씀을 들은 모세는 당혹스러웠을 것입니다. 출애굽기 25장은 이렇게 시작됩니다.

심화 주석 출애굽기 25~30장은 성막에 대한 세부적인 지침을 담고 있고, 36~40장은 실제 건축 과정을 묘사합니다. 성막의 모든 기구와 기물은 이동 중에 있는 이스라엘에 적합하게 휴대 가능하도록 설계되었습니다. 성막 자체는 지붕이 덮인 천막으로 약 13.7m 높이에 약 4.6m 폭이었으며 내부는 어둡게 되어 있었습니다.

동쪽 입구에서 바깥쪽 방("성소", 출 26:33)에는 등잔대, 진설병 상, 분향단이 놓였는데 모두 금으로 덮였습니다. 안쪽 방(지성소)은 두꺼운 휘장 너머에 있었으며 정육면체 모양이었습니다(넓이, 길이, 높이가 모두 약 4.6m). 여기에 속죄소로 덮인 언약궤가 놓였는데, 일 년에 단 한 번 대속죄일에만 접근할 수 있었습니다.

성막을 보호하기 위한 바깥뜰은 약 45.7m 길이에 약 22.9m 폭이었으며, 공들여 만든 포장으로 주변과 구획을 나누었습니다. 희생 제물을 위한 놋 번제단과 놋 물두멍은 뜰에 놓였습니다.

예수님의 "나는 ~이다" 선포 가운데 몇 가지는 그분과 성막 사이의 연관성을 나타냅니다. "나는 생명의 떡이니"와 "나는 세상의 빛이니"가 쉽게 떠오를 것입니다(요 6:35; 8:12).[2]

¹여호와께서 모세에게 말씀하여 이르시되 ²이스라엘 자손에게 명령하여 내게 예물을 가져오라 하고 기쁜 마음으로 내는 자가 내게 바치는 모든 것을 너희는 받을지니라 ³너희가 그들에게서 받을 예물은 이러하니 금과 은과 놋과 ⁴청색 자색 홍색 실과 가는 베 실과 염소 털과 ⁵붉은 물 들인 숫양의 가죽과 해달의 가죽과 조각목과 ⁶등유와 관유에 드는 향료와 분향할 향을 만들 향품과 ⁷호마노며 에봇과 흉패에 물릴 보석이니라 ⁸내가 그들 중에 거할 성소를 그들이 나를 위하여 짓되 ⁹무릇 내가 네게 보이는 모양대로 장막을 짓고 기구들도 그 모양을 따라 지을지니라

이 지시 사항들은 성막 건설에 사용할 원자재를 모으기 위한 것입니다. 주님은 이들 예물을 자원해서 가져와야 한다고 강조하십니다. 출애굽기 성막 이야기의 도입부에서 알 수 있는 것은, 하나님은 우리 예배를 받으실 자격이 있으시기 때문에, 우리가 마지못해서가 아니라 기쁜 마음으로 나아오기를 바라신다는 것입니다.

Q 하나님이 예물을 자원하는 마음으로 가져오라고 하신 이유는 무엇일까요?

> Leader

여기서 언급된 값비싼 금속들은 성막과 그 기구들의 특별한 용도를 위해 지정되었을 것입니다. 당시 금은 현재와 마찬가지로 금, 은, 놋 세 가지 중에 가장 비싼 금속으로 성막 내부에 놓일 기구에 사용될 것입니다. 은은 성막을 지탱하는 받침을 비롯해 기타 용도에 사용될 것입니다. 놋은 바깥뜰에 놓을 기구(번제단과 물두멍)를 비롯해 기타 용도에 사용될 것입니다.

염색된 실과 가는 베, 염소 털 등은 다양한 휘장을 제작하는 데 쓰일 예정이고, 가죽들은 성막의 지붕으로 사용될 것입니다. 조각목(아카시아 나무)은 시나이 반도가 원산지로 성막 휘장을 지탱하는 받침과 널판을 위해 사용될 것입니다.³ 관유는 등잔대에 필요하고, 향품은 금향단에서 태울 향과 섞을 것입니다. 보석들은 제사장의 의복에 달리게 됩니다.

전직 노예들이 어떻게 이런 값비싼 물건들을 갖게 되었을까요? 이것은 이스라엘 백성이 애굽에서 탈출할 때 취했던 전리품의 일부입니다(출 12:35~36). 출애굽기 35장은 백성이 물건들을 바쳐야 하는 상황에 어떻게 대처하는지를 묘사하는데, 29절에서 절정에 달합니다. "마음에 자원하는 남녀는 누구나 여호와께서 모세의 손을 빌려 명령하신 모든 것을 만들기 위하여 물품을 드렸으니 이것이 이스라엘 자손이 여호와께 자원

하여 드린 예물이니라"(출 35:29).

산 위에서 하나님은 모세에게 이 재료들을 모두 어떻게 사용해야 하는지 설명하기 시작하십니다. 이야기는 이렇게 이어집니다.

⁸내가 그들 중에 거할 성소를 그들이 나를 위하여 짓되 ⁹무릇 내가 네게 보이는 모양대로 장막을 짓고 기구들도 그 모양을 따라 지을지니라

> **Leader** "성소"로 번역된 히브리어 '미크다쉬'는 '거룩한 장소'를 뜻하는데, '구별된'이나 '거룩한'을 뜻하는 '카다쉬'에서 파생되었습니다. 불타는 떨기나무 장면에서 언급된 "거룩한 땅"처럼 성막과 기구들이 거룩한 것은 그것에 어떤 가치가 내재되어 있어서가 아니라, 하나님의 임재가 거기 있기 때문입니다(출 3:5 참조).⁴

"내가 그들 중에 거할"이라는 구절에 주목하십시오. 이스라엘 백성도 우리처럼 하나님의 임재가 어디에나 가능함을 알았습니다. 신학 용어로 말하자면, 편재하시는 하나님에 대해 알았다는 뜻입니다. 하지만 하나님은 특정한 시대와 공간 속에 감지 가능한 방식으로 인간 가운데 자신의 임재를 드러내기로 결정하셨습니다. 성막은 광야에서 바로 그런 공간이 될 것입니다. 어떻게 보면 성막은 안팎에 비싼 가구들을 갖다 놓은 화려한 장막에 지나지 않았습니다. 이곳을 거룩한 '성소'로 바꾼 것은 그 안에 충만한 "여호와의 영광"이었습니다(출 40:34).

> **Leader** "모양"은 히브리어로 '타브니트'로 '견본'이나 '도안'을 의미하는데, 뜨개질 견본이나 건축 설계도 등에서 사용되는 것과 같습니다. 히브리서 저자는 하늘 자체를 하나님의 보좌가 있는 거대한 성소로 보고, 이스라엘이 그 본을 따라 성막을 지었다고 넌지시 말합니다(히 8:5). 성막은 이스라엘이 하나님의 임재를 인식하게 되는 지상의 작은 하늘나라라고 할 수 있습니다.

2. 하나님이 자기 백성을 통해 성막을 지으셨습니다(출 39:32~43)

> **Leader** 계획이란 때로 예측을 벗어나기도 합니다. 그러나 성막 짓기는 그렇지 않습니다. 모든 것이 완벽히 맞아떨어집니다.

원자재들이 모이자 브살렐과 오홀리압, 두 명의 장인이 일꾼들과 함께 장막을 세우고 모든 가구를 정교히 만들기 시작했습니다. 성경 저자는 하나님이 이들에게 기술을 주셨다고 기록했습니다(출 36:1). 성

성막은 작은 에덴동산이자 왕의 궁전입니다. 많은 성경 학자가 성막이 어떤 식으로든 인간이 하나님의 임재를 누릴 수 있었던 에덴동산의 재창조라는 데 주목했습니다. 둘 다 동쪽을 향하고 있었고, 그룹들이 망을 보고 있었습니다. 성막은 지상에 하늘나라를 회복하기 위한 중간 단계였습니다.
요한계시록 21~22장에 묘사된 새 예루살렘이 궁극적인 회복인데, 거기서 하나님의 구속된 백성이 하나님과 영원히 직접 대면하기 때문입니다. 성막의 지성소가 완벽한 정육면체였던 것처럼 새 예루살렘도 마찬가지입니다(계 21:16). 성막은 이스라엘의 참왕을 위한 이동 가능한 궁전으로 봐도 좋습니다. 왕의 색인 청색과 자색이 사용되었습니다. 그의 보좌가 놓인 방 근처에 있는 품목들은 모두 금으로 덮여 있었습니다. 멀리 떨어진 품목들은 덜 값비싼 금속인 은이나 동으로 덮여 있었습니다.[6]

경에는 각 공정에 따른 세부 사항들이 정확하게 기록되어 있습니다(출 36:8~39:31).

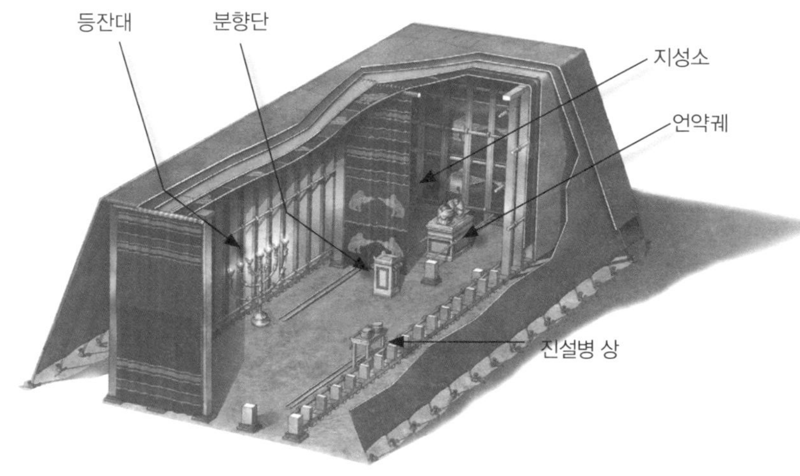

> Leader

- 성막(출 36:8~38)
- 언약궤(출 37:1~9)
- 진설병 상, 등잔대, 분향단, 제단을 위한 관유(출 37:10~29)
- 희생 제물을 위한 번제단과 물두멍(출 38:1~8)
- 뜰의 포장(출 38:9~20)
- 대제사장 아론과 그의 아들들을 위한 옷(출 39:1~31)

성경은 성막을 짓는 데 필요한 "재료의 물목"을 정확히 기술합니다(출 38:21~31). 값비싼 금속의 무게가 경이적인데, 황금이 1톤 이상, 은이 3톤 이상, 놋이 2톤 이상 필요했습니다(참조, 출 38:24, 25, 29). 수많은 재료의 물목에 이어 출애굽기 39장에 이런 구절이 나옵니다.

32이스라엘 자손이 이와 같이 성막 곧 회막의 모든 역사를 마치되 여호와께서 모세에게 명령하신 대로 다 행하고 33상그들이 성막을 모세에게로 가져왔으니

이 구절에서 주목해야 할 점은 다음과 같습니다.
- 하나님은 자기 백성을 통해 그분의 역사가 완성되기를 바라십니다("이스라엘 자손이 … 명령하신 대로 다 행하고").
- 실제로 하나님이 맡기신 임무는 완성될 수 있고, 잘 완성됩니다("회막의 모든 역사를 마치되…").

- 인간은 자원해 온전히 주님께 순종할 수 있습니다. 그런데 때로는 하나님의 도우심이 필요합니다("이스라엘 자손이 … 여호와께서 … 명하신 대로 다 행하고").
- 하나님은 지도자를 거룩한 도구로 사용하십니다. 브살렐과 다른 일꾼들은 임무를 마치고 나서 하나님이 세우신 사람에게 검토를 받았습니다("그들이 성막을 모세에게 가져왔으니").

Q 하나님의 뜻을 이루는 '거룩한 도구'로서 수행하도록 부름받은 우리의 임무는 무엇입니까?

출애굽기 39장은 장막 자체와 지성소와 성소에 들어갈 가구들을 비롯해 모세가 맡은 프로젝트의 다양한 부분을 나열합니다.

> 출애굽기 39장에서 이 프로젝트의 다양한 부분이 완수되는 것을 보게 됩니다. 목록은 장막에서 시작해 지성소와 성소의 가구들, 즉 장막 안에 있는 기물들로 이어지는데, 평범한 이스라엘 백성이 이제껏 한 번도 본 적이 없는 것들입니다.

Leader :……

^{33하} 곧 막과 그 모든 기구와 그 갈고리들과 그 널판들과 그 띠들과 그 기둥들과 그 받침들과 ³⁴붉은 물을 들인 숫양의 가죽 덮개와 해달의 가죽 덮개와 가리는 휘장과 ³⁵증거궤와 그 채들과 속죄소와 ³⁶상과 그 모든 기구와 진설병과 ³⁷순금 등잔대와 그 잔 곧 벌여 놓는 등잔대와 그 모든 기구와 등유와 ³⁸금제단과 관유와 향기로운 향과 장막 휘장 문과

그다음 뜰에 놓일 도구들과 제사장의 의복에 대한 내용이 이어집니다.

> 다음으로 뜰에 놓을 기구들이 등장하는데, 성막 바깥에 놓일 물건들의 품목입니다. 또한 제사장과 그 아들들이 입게 될 의복에도 특별한 주의를 기울입니다. 다시 말하지만, 이 가운데 우연히 만들어진 것은 아무것도 없습니다.

Leader :……

³⁹ 놋 제단과 그 놋 그물과 그 채들과 그 모든 기구와 물두멍과 그 받침과 ⁴⁰뜰의 포장들과 그 기둥들과 그 받침들과 뜰 문의 휘장과 그 줄들과 그 말뚝들과 성막 곧 회막에서 사용할 모든 기구와 ⁴¹성소에서 섬기기 위한 정교한 옷 곧 제사 직분을 행할 때에 입는 제사장 아론의 거룩한 옷과 그의 아들들의 옷이라

핵심교리
99

51. 제사장이신 그리스도

우리의 위대한 대제사장 예수님은 우리를 하나님과 화해시키는 사역을 완수하셨습니다. 예수님은 우리를 의롭게 하시려고 아버지께 완전한 의를 드리신 분입니다. 또한 우리를 위해 아버지 앞에 중보하시는 분이며(히 7:25; 9:24), 우리를 위해 여전히 신실하게 기도하시는 분입니다(눅 22:31~32; 요 17장).

심화주석 성막의 중요성은 다섯 가지로 볼 수 있습니다.

첫째, 출애굽기에서 성막 건축을 묘사한 내용이 다른 주제보다 많은 분량을 차지하며(출 25~31, 35~40장), 모세오경 전체에서도 성막에 할애된 분량이 50장가량이나 됩니다.

둘째, 성막은 거의 500년간 이어져 온 이스라엘의 거룩한 예배 장소였습니다.

셋째, 성막은 주님이 백성 가운데 계심을 나타내는 중요한 현시였습니다.

넷째, 성막의 설계와 기구는 하나님의 거룩하심이나 속죄의 필요성 같은 신학이나 예배와 관련된 주요 주제를 묘사하고 있습니다.

다섯째, 성막은 하나님의 백성이 드리는 예배와 삶의 중심이었습니다. 이스라엘의 열두 지파는 진영의 한가운데 성막을 세웠습니다(민 2~3장). 이는 영적 실재의 물리적 현존으로서 하나님의 백성의 전면에 계신 주님을 적절히 나타내고 있습니다.⁷

_앨런 모즐리
Biblical Illustrator_

심화 주석

예수님은 하나님의 성막과 같습니다. 우리 주 예수님은 우리와 함께하시는 하나님, 즉 임마누엘이십니다. 요한복음은 예수님을 이렇게 묘사합니다. "말씀이 육신이 되어 우리 가운데 거하시매"(요 1:14상). HCSB의 번역자는 여기에 "거주지를 택하시다"라는 각주를 달았습니다. "즉 장막에 거하셨다. 문자 그대로 성막이 되신 것이다. 요한복음에서 여기만 사용된 단어이다." 나아가 광야의 성막이 하나님의 영광을 드러내는 도구였던 것처럼, 성육신하신 그리스도께서도 마찬가지이셨습니다. 요한복음은 계속해서 이렇게 쓰고 있습니다. "우리가 그의 영광을 보니 아버지의 독생자의 영광이요 은혜와 진리가 충만하더라"(요 1:14하). 이처럼 이스라엘의 성막은 하나님이 인간과 영원히 동거하심을 예수 그리스도의 위격 속에서 예표합니다.

그리고 출애굽기 39장 32~33절 내용을 다시 한번 강조하면서 끝을 맺습니다.

42여호와께서 모세에게 명령하신 대로 이스라엘 자손이 모든 역사를 마치매 43모세가 그 마친 모든 것을 본즉 여호와께서 명령하신 대로 되었으므로 모세가 그들에게 축복하였더라

> **Leader**
>
> "모세가 그들에게 축복하였더라"라는 마지막 구절에 주목하십시오. 여기서 그는 확실히 여호와의 대리인으로서 행동합니다. 하나님의 명령에 신실하게 순종하면 언제나 복을 받습니다. 본문은 바로 이 원리를 나타내는 본입니다.
>
> 성막은 하나님이 구속해 주신 장소로서 거룩한 백성이 자신감과 즐거움으로 하나님의 임재를 맞이할 수 있는 곳입니다. 그러나 다른 한편으로 백성에게 그들의 죄를 상기시키는 곳이기도 합니다. 거기서 드려지는 속죄 제물은 죄를 씻기 위해서는 하나님의 공급하심이 지속적으로 필요함을 상기시킵니다(세션 10, 11은 희생 제사에 대해 다룰 것입니다).

Q 종종 자기 죄를 회개할 필요가 있는 사람으로서 당신은 어떤 방식으로 하나님께 나아갑니까?

Q 하나님의 구속으로 거룩하게 구별된 사람으로서 당신은 어떤 방식으로 하나님께 나아갑니까?

3. 하나님의 임재가 성막에 충만했습니다(출 40:34~38)

> **Leader**
>
> 이스라엘 백성은 첫째 달 15일에 애굽을 떠났습니다. 몇 주 만에 시내 산에 도착했고, 그 후 즉시 십계명을 받았습니다(출 19:1; 민 33:3). 그 후에 성막을 세우는 임무와 관련된 세부적인 법규와 조항들을 받았습니다. 이렇게 해서 출애굽한 지 거의 1년이 지났습니다.
>
> 모든 것이 준비되자 모세는 "둘째 해 첫째 달 초하루에" 성막을 세웁니다(출 40:17). 이 성막은 이스라엘 진영의 한가운데 자리했는데, 광야 여정 내내 이 형태를 따랐습니다(민 2:2). 모세가 성막의 각 기구에 관유를 부음으로써 거룩한 용도로 따로 구분 지었습니다(출 40:9~11). 아론과 그의 아들들도 이와 비슷한 방식으로 제사장으로 따로 구분되었습니다(출 40:12~15). 출애굽기 40장은 성막 봉

헌과 관련해 모세가 하나님이 명령하신 대로 모든 것을 했다는 진술을 수없이 반
복합니다(출 40:16, 19, 21, 23, 25, 27, 29, 32).

34구름이 회막에 덮이고 여호와의 영광이 성막에 충만하매 35모세가 회막에 들어갈 수 없었으니 이는 구름이 회막 위에 덮이고 여호와의 영광이 성막에 충만함이었으며 36구름이 성막 위에서 떠오를 때에는 이스라엘 자손이 그 모든 행진하는 길에 앞으로 나아갔고 37구름이 떠오르지 않을 때에는 떠오르는 날까지 나아가지 아니하였으며 38낮에는 여호와의 구름이 성막 위에 있고 밤에는 불이 그 구름 가운데에 있음을 이스라엘의 온 족속이 그 모든 행진하는 길에서 그들의 눈으로 보았더라

하나님은 이전에 구름기둥을 통해 이스라엘 백성에게 자신의 임재를 드러내셨습니다. 이스라엘 진영 밖에 있는 임시 회막, 즉 모세가 주님과 말씀을 나누는 곳 위로 구름이 보였습니다(출 13:21; 33:7~11). 그런데 이제 더욱 놀라운 일이 일어납니다. 하나님이 진영 한가운데, 즉 새로 지은 성막 위에 누구나 볼 수 있게 나타나신 것입니다. 출애굽기 40장에 이 장면이 기록되어 있습니다.

"구름이 회막에 덮이고 여호와의 영광이 성막에 충만하매 모세가 회막에 들어갈 수 없었으니 이는 구름이 회막 위에 덮이고 여호와의 영광이 성막에 충만함이었으며"(34~35절).

위 구절에서는 "여호와의 영광"이 두 번이나 강조됩니다. "영광"으로 번역된 히브리어는 '무게'와 '밝음'이라는 두 가지 의미를 지니고 있습니다. 이스라엘의 하나님과 관련해서 영광이란 임재의 압도적인 현현을 나타냅니다.

모세는 하나님의 영광을 보고 싶은 열망을 참을 수 없었습니다(출 33:18). 진영 밖의 장막에서 "사람이 자기의 친구와 이야기함같이" 하나님과 "대면하여" 대화를 나눈 뒤에도 여전했습니다(출 33:11). 그의 요청에

하나님은 자기 영광을 부분적으로나마 그에게 드러내셨습니다. "네가 내 등을 볼 것이요 얼굴은 보지 못하리라"(출 33:23; 참조, 33:19~34:8). 하지만 출애굽기 40장에서 여호와의 영광이 성막에 충만하자 모세조차 그곳에 들어갈 수 없었습니다.

Q 성막을 가득 채운 하나님의 임재가 하나님의 성품이나 그 위대하심을 이해하는 데 어떤 영향을 줍니까?

구름은 하나님이 이스라엘 진영에 머무시는 영원한 증거로서 성막 위에 머무릅니다. 출애굽기는 다음과 같이 요약되어 마무리됩니다.

"구름이 성막 위에서 떠오를 때에는 이스라엘 자손이 그 모든 행진하는 길에 앞으로 나아갔고 구름이 떠오르지 않을 때에는 떠오르는 날까지 나아가지 아니하였으며 낮에는 여호와의 구름이 성막 위에 있고 밤에는 불이 그 구름 가운데에 있음을 이스라엘의 온 족속이 그 모든 행진하는 길에서 그들의 눈으로 보았더라"(36~38절).

> 이 구절은 가나안, 즉 약속의 땅을 향해 길을 나서는 이스라엘의 여정에 관해 예고하고 있습니다. 레위기와 민수기 1~9장은 더 많은 율법 조항과 시내 산에서 있었던 활동의 면면을 묘사합니다. 민수기 10장 11절은 "둘째 해 둘째 달 스무날에" 성막 위에 머물렀던 구름이 마침내 떠오르며 이스라엘이 시내 산을 출발하는 장면에 관해 묘사합니다.

출애굽기의 성막에 대한 모든 내용, 그리고 특히 이 결론 구절은 하나님이 자기 백성과 함께하길 원하시며, 그들과 함께 계심을 그들이 알기를 원하신다는 사실을 결정적으로 증명합니다. 이 진리는 오늘날에도 동일합니다. 이 진리에 관한 가장 위대한 증거는 성육신, 즉 하나님 자신이 인간의 형태를 입으신 데 있습니다.

Q 이스라엘 백성 가운데 임하신 하나님의 임재는 당신과 동료 그리스도인 가운데 거하시려는 하나님의 열망에 관해 무엇을 말해 줍니까?

이스라엘 역사에서 이동식 성막이 결국 영구적인 성전으로 이어졌는데, 두 곳 모두 주님의 지상 처소로 이해됩니다. 사실 고대 세계에서 '성전'이란 곧 신의 집이었습니다. 하지만 이스라엘 성전은 이교도 성전처럼 하나님의 형상을 조각해 모시지 않았습니다. 그럼에도 불구하고 주님의 거룩한 임재가 현시되는 곳, 지성소로서 기능했습니다.

바울은 초기 그리스도인과 우리에게 하나님의 성령께서 우리 안에 거하신다는 사실을 이렇게 상기시킵니다. "너희는 너희가 하나님의 성전인 것과 하나님의 성령이 너희 안에 계시는 것을 알지 못하느냐"(고전 3:16). 세상에서 우리는 하나님의 성전으로서 다른 사람들에게 주님의 임재를 드러냅니다.

> 이때 '너희'는 복수 형태로 믿는 자들을 총괄하여 지칭한 것입니다(참조, 고전 6:19; 엡 2:21~22).

Leader

Q 자신을 작은 성막이라고 생각해 보십시오. 당신 삶에서 하나님의 영광이 어떤 식으로 드러납니까?

Q 당신에게 혹은 당신을 통해서 하나님의 임재가 보이거나 감지될 만한 증거가 있습니까? 있다면 또는 있지 않다면, 그 이유는 무엇입니까?

결론

성막을 하나님이 자기 백성 가운데 거하시는 처소로 생각할 수 있도록 돕는 성경의 장치들은 다음과 같습니다.

- '에덴동산'은 하나님이 아담과 하와에게 자신을 나타내신 성막입니다.
- '광야의 장막'은 하나님이 이스라엘에 자신을 현시하신 성막입니다.
- '예수님'은 과거에도 현재에도 하나님이 인류에게 자신을 충분히 드러내신 탁월한 성막이십니다.
- '믿는 자'들은 하나님의 임재를 동시대에 선포하는 성막입니다.
- '새 예루살렘'은 하나님이 자기 백성과 영원히 함께하실 성막입니다.

하나님의 계획 우리의 사명

`선교적 적용`   하나님이 내주하시는 백성으로서 우리는 이 세상에 하나님의 영광스러운
임재를 선포하기 위해 부름받았습니다.

1. 믿는 자의 삶에 나타난 하나님의 임재는 어떤 도전과 위로를 줍니까?

2. 하나님이 자기 영광을 세상에 드러낼 수 있도록 당신에게 부어 주신 은사와 재능을 나
   열해 보십시오.

3. 가정, 교회, 직장, 학교 등 당신 삶의 영역을 돌아보십시오. 각 영역에서 어떻게 하면 작
   은 성막으로서 하나님의 임재를 선포할 수 있을까요?

Summary and Goal

이 세션에서는 레위기에 묘사된 처음 세 종류의 희생 제사를 구체적으로 살펴볼 것입니다. '번제'는 하나님 앞에서 백성의 죄를 제거하기 위한 것입니다. '소제'는 하나님과 이웃을 섬기도록 이스라엘을 회복시키기 위한 것입니다. '화목제'는 하나님과 백성의 화해를 위한 것입니다. 우리는 그리스도의 최종적인 희생 제사에 힘입어 하나님 앞에서 우리 죄가 사해진 것과 하나님이 주신 사명대로 그분을 섬길 자유와 하나님과의 관계 회복을 기념할 수 있습니다.

속죄 제물 (1부)

10

- **성경 본문**
  레위기 1:3~9; 히 9:12
  레위기 2:1~3; 요 12:24
  레위기 3:1~5; 엡 2:13

- **세션 포인트**
  1. 죄를 없애려면 속죄해야 합니다(레 1:3~9; 히 9:12)
  2. 예배를 회복하려면 속죄해야 합니다(레 2:1~3; 요 12:24)
  3. 하나님과 화해하려면 속죄해야 합니다(레 3:1~5; 엡 2:13)

- **신학적 주제**
  '번제'는 하나님 앞에서 백성의 죄를 제거하려는 것입니다. '소제'는 하나님과 이웃을 섬기도록 이스라엘을 회복시키는 것입니다. '화목제'는 하나님과 백성의 화해를 위한 것입니다.

- **그리스도와의 연결**
  우리는 그리스도의 최종적인 희생 제사에 힘입어, 하나님 앞에서 우리 죄가 사해진 것과 하나님이 주신 사명대로 그분을 섬길 자유와 하나님과의 관계 회복을 기념할 수 있습니다.

- **선교적 적용**
  하나님은 죄에서 자유롭게 되었으니 다른 이들을 섬김으로써 하나님을 섬기라고 우리를 부르셨습니다.

Session Plan

도입

밸런타인데이의 기원에 관해 설명하면서 시작하십시오. 그리고 '십자가'를 본디 의미가 아닌 다른 의미의 상징으로 여기는 경우들에 관해 이야기를 나누십시오.

오늘날 교회와 사회에서 십자가는 어떻게 소비되고 있습니까?

십자가 모양을 보고 고문, 피, 죽음 등을 떠올린 적이 있습니까?

예수님의 죽음이 성막에서 있었던 동물 희생 제사와 어떻게 연결되는지 설명해 주십시오. 그리고 나서 이 세션을 요약합니다.

전개

1

**죄를 없애려면
속죄해야 합니다**
(레 1:3~9; 히 9:12)

번제에 관한 레위기 1장 3~9절을 읽으십시오. 오늘날 도축을 직접 목격하는 경험은 너무나 낯선 일입니다. 이러한 경험이 흔했던 이스라엘 백성에게도 희생 제사의 규정은 독특한 것이었음을 강조하십시오. 이 제사를 이해하도록 돕는 본문을 자세히 살펴봅니다. 부록 4: '속죄 제물'은 제사 규정과 목적을 이해하는 데 도움이 될 것입니다.

예물 드리는 사람은 왜 제물의 머리에 안수함으로써 자신을 제물과 동일시했습니까?

이 사실은 속죄의 속성에 관해 무엇을 말해 줍니까?

번제를 드리는 대속죄일의 의미를 설명하십시오. 히브리서 9장 12절을 읽고, 그리스도께서 이 두 가지 상징을 어떻게 완수하셨는지 알려 주십시오('핵심교리 99: '59. 희생 제물이신 그리스도' 참조). 이 세션의 마무리 단계에서 질문들에 답할 수 있도록 몇 분간 개인 묵상 시간을 주십시오.

2

**예배를 회복하려면
속죄해야 합니다**
(레 2:1~3; 요 12:24)

자원자에게 소제에 관한 레위기 2장 1~3절을 읽게 하십시오. 이들 제사가 값비싼 것임을 언급하십시오.

왜 제물들은 값비싼 것이어야 합니까?

제물에 드는 비용과 죄의 심각성은 어떤 관계가 있을까요?

제사에서 추론할 수 있는 목적에 주목하십시오. 소제의 목적은 하나님이 일용할 필요를 공급해 주시는 분, 즉 자기 백성이 그들의 삶으로 하나님을 섬기는 데 필요한 힘을 공급해 주시는 분임을 아는 것임을 강조하십시오.

의무감으로 하는 것과 기쁜 마음으로 하는 것은 어떤 차이가 있습니까?

요한복음 12장 24절을 읽으십시오. 여기서 예수님은 임박한 자신의 죽음이 다른 이들에게 생명을 가져올 것이라고 가르치시면서 소제의 이미지를 차용하고 계십니다. 이 세션의 마무리 단계에서 질문들에 답할 수 있도록 몇 분간 개인 묵상 시간을 주십시오.

화목제는 제물을 바치는 자가 먹을 수 있는 유일한 제사였음을 언급한 후 화목제에 관한 본문인 레위기 3장 1~5절을 읽으십시오. 그리고 나서 이 제사와 관련된 세부 사항이 레위기 7장 11~21절에 있음을 언급합니다. 제물의 고기를 '나누는 것'은 제물을 바치는 자와 하나님 사이의 관계가 화해에 이르렀음을 상징합니다.

속죄 제사를 우리 죄를 사하기 위한 것을 넘어 하나님과의 올바른 관계를 회복하는 것으로 이해하는 것이 왜 중요할까요?

오늘날 우리는 다른 이들과 관계가 회복되었음을 어떤 식으로 표현합니까?

에베소서 2장 13절을 읽으십시오. 하나님과 우리의 화해는 예수님의 희생을 통해 이루어졌습니다. 이 세션의 마무리 단계에서 질문들에 답할 수 있도록 몇 분간 개인 묵상 시간을 주십시오.

········· **3**

하나님과 화해하려면 속죄해야 합니다

(레 3:1~5; 엡 2:13)

결론

이들 제사의 목적과 함께 이들이 예수님의 대속적인 희생을 어떻게 예표하고 있는지 다시 요약합니다. 우리 죄를 대속하기 위한 예수님의 죽음이 우리를 자유롭게 해 다른 이들을 섬김으로써 하나님을 예배하게 합니다. 이 세션에서 배운 진리를 '하나님의 계획, 우리의 사명'에서 적용해 보십시오.

10. 속죄 제물(1부)

> "임마누엘의 혈관에서 채혈한 피로
> 가득한 분수가 있습니다. 죄인들은
> 그 피에 흠뻑 젖은 채 모든 죄의
> 무게를 벗어 버립니다."[2]
> _윌리엄 쿠퍼

도입

밸런타인데이를 기념하는 나라에 살고 있다면, 매년 그 무렵이 되면 가게나 온라인상에 전시되는 빨간 하트를 보게 될 것입니다. 그런데 밸런타인데이의 시작은 낭만적인 사랑 이야기가 아니었습니다.

전해 오는 바에 따르면, 오래전 발렌티누스라는 이름의 초기 그리스도인이 270년경 2월 14일에 순교했다고 합니다. 그를 따르던 제자들에게 빨간 하트는 폭력을 의미하는 것이었습니다. 피의 순교가 사랑과 이성의 축제로 바뀐 것은 성 니콜라우스가 오늘날 산타클로스로 바뀐 것만큼이나 이상합니다.[1]

'십자가'를 본디 의미가 아닌 다른 의미의 상징으로 여기는 경우들을 생각해 보십시오.

Q 오늘날 교회와 사회에서 십자가는 어떻게 소비되고 있습니까?

Q 십자가 모양을 보고 고문, 피, 죽음 등을 떠올린 적이 있습니까?

1세기 사람들은 십자가로 대변되는 냉혹한 현실에서 절대 달아날 수 없었습니다. 그러나 그리스도인은 십자가를 예수님의 죽음이 성취한 모든 것을 나타내는 상징물로 사용하기 시작했습니다. 또한 예수님의 죽음은 피가 낭자했던 이전 제물들, 즉 수 세기에 걸쳐 이스라엘 성막과 훗날 예루살렘 성전 앞의 큰 번제단에서 드려졌던 셀 수 없이 많은 희생 제물을 암시합니다.

> 세션 9에서 공부했듯이 광야의 성막은 하나님의 임재가 그분의 백성 가운데 현시되는 장소였습니다. 다소 호화롭기는 하지만 진지한 사역이 행해지는 장소입니다. 성전 입구 앞에 놓인 큰 놋 번제단은 도축한 짐승을 불에 태우는 곳입니다. 성경은 성막의 건설과 하나님의 영광이 장막을 가득 채운 내용을 서술한 후(출

40장) 거기서 드려질 동물 희생 제사의 세세한 지침을 나열합니다(레 1~7장). 주님은 희생 제사의 복잡한 체계에도 지침을 정하셨습니다. 다섯 가지 제사는 각각 조금씩 다른 목적을 가지고 있지만, 속죄에 관해 확신에 찬 성경적 묘사를 제공한다는 점에서 모두 같습니다.

Session Summary

이 세션에서는 레위기에 묘사된 처음 세 종류의 희생 제사를 구체적으로 살펴볼 것입니다. '번제'는 하나님 앞에서 백성의 죄를 제거하기 위한 것입니다. '소제'는 하나님과 이웃을 섬기도록 이스라엘을 회복시키기 위한 것입니다. '화목제'는 하나님과 백성의 화해를 위한 것입니다. 우리는 그리스도의 최종적인 희생 제사에 힘입어 하나님 앞에서 우리 죄가 사해진 것과 하나님이 주신 사명대로 그분을 섬길 자유와 하나님과의 관계 회복을 기념할 수 있습니다.

전개

1. 죄를 없애려면 속죄해야 합니다(레 1:3~9; 히 9:12)

> Leader

하나님께 드리도록 특별히 규정된 첫 번째 동물 제사는 '번제'입니다. 아마도 이 이름은 아무것도 남기지 않고 전부를 온전히 태우는 유일한 제사라는 점에서 비롯된 듯합니다.[3] 레위기 1장에서 주님이 이 제사에 관해 모세에게 지시하신 내용은 다음과 같습니다.

[3]그 예물이 소의 번제이면 흠 없는 수컷으로 회막 문에서 여호와 앞에 기쁘게 받으시도록 드릴지니라 [4]그는 번제물의 머리에 안수할지니 그를 위하여 기쁘게 받으심이 되어 그를 위하여 속죄가 될 것이라 [5]그는 여호와 앞에서 그 수송아지를 잡을 것이요 아론의 자손 제사장들은 그 피를 가져다가 회막 문 앞 제단 사방에 뿌릴 것이며 [6]그는 또 그 번제물의 가죽을 벗기고 각을 뜰 것이요 [7]제사장 아론의 자손들은 제단 위에 불을 붙이고 불 위에 나무를 벌여 놓고 [8]아론의 자손 제사장들은 그 뜬 각과 머리와 기름을 제단 위의 불 위에 있는 나무에 벌여 놓을 것이며 [9]그 내장과 정강이를 물로 씻을 것이요 제사장은 그 전부를 제단 위에서 불살라 번제를 드릴지니 이는 화제라 여호와께 향기로운 냄새니라

심화 주석 **이스라엘의 동물 희생 제사에서 '속죄하다'의 의미**

'속죄하다'라는 뜻의 히브리어 '키페르'는 몇 가지 예전 요소들이 합쳐진 결과로 이해할 수 있습니다(안수, 피 흘린 죽음, 고기 태우기 등). 여기서 의미 있는 두 가지 요소가 발견됩니다. 첫째는 '죗값', 즉 값을 지불함으로써 죄를 없애는 것입니다. 둘째는 '달램', 즉 죄로 인한 마땅한 분노를 누그러뜨리는 것입니다. 죄는 더럽기 때문에 반드시 제거되어야 합니다. 하나님은 죄에 대해 분노하시므로 그분의 분노를 누그러뜨려 드리기 위한 방편이 필요합니다(그래서 동물이 죄인을 대신해 죽는 것입니다). 특별히 속죄하기 위해 치러지는 희생 제사는 번제, 속죄제, 속건제입니다(소제나 화목제는 이에 해당하지 않습니다). '키페르'는 '대속죄일'을 가리키는 히브리어 '욤 키푸르'와 밀접한 관계가 있습니다.[4]

평신도가 그의 손을 제물의 머리에 얹음으로써 그의 죄가 상징적으로 전가되거나 희생 제물의 운명과 동일시되었습니다(레 16:21).[6]

_케네스 A. 매슈스

"레위기의 다양한 예전들과 함께 모든 제사장직은 그야말로 그리스도의 오심을 예표합니다. 그는 모든 예언자적 예식과 예전을 자신의 성육신과 십자가 죽음을 통해 성취하실 분입니다."[7]

_페이지 패터슨

이 제사법은 오늘날 우리 눈에 이상해 보입니다. 일반 사람들은 도축 현장에 갈 일이 거의 없습니다. 우리는 슈퍼마켓에 진열된 포장 고기에 익숙한 사람들입니다. 그런데 이스라엘 사람들은 대부분 양치기였습니다. 인간의 필요를 위해 양이나 소를 도축하는 과정을 지켜보는 데 익숙한 사람들이었습니다. 하지만 번제를 위한 세부 사항은 이스라엘 백성조차 조금 특이하게 여길 만한 것들이었습니다.

지금까지의 내용을 토대로 우리는 다음과 같은 사실들을 유추해 낼 수 있습니다.

- **동물은 어디에서 조달하는가?** 예물을 드리는 사람이 집에서 기르던 "가축 중에서"(레 1:2~3) 고른 것으로 사유물이어야 합니다. 수송아지, 숫양, 숫염소, 비둘기 등이 번제를 위한 희생 제물이었습니다(레 1:5, 10, 14).
- **어떤 동물이어야 하는가?** 각 동물은 신체적으로 완전해야 합니다. 즉 '흠 없는' 것이어야 했습니다. 따라서 같은 조건의 다른 동물들보다 값이 더 나갔을 것입니다(레 1:3).
- **제물을 어디에서 바치는가?** 지정된 장소, 곧 "회막 문에서" 드려야 했습니다(레 1:3).
- **예물을 드리는 사람은 어떻게 해서 동물과 동일시되었는가?** 예물을 드리는 사람은 "번제물의 머리에 안수"해야 합니다(레 1:4). 그리고 제사 과정에 계속 참여합니다. 제사장이 특정 기능을 수행할 때도 마찬가지입니다(레 1:9).
- **주님은 제물에 어떻게 반응하시는가?** 제물은 "여호와께 향기로운 냄새"가 됩니다(레 1:9). 하나님이 그 희생 제물을 받으셨다는 뜻입니다. 훗날 바울은 여기에 빗대어 예수님의 십자가를 하나님께 드린 "향기로운 제물과 희생 제물"(엡 5:2)로 묘사합니다.[5]

Q 예물 드리는 사람은 왜 제물의 머리에 안수함으로써 자신을 제물과 동일시했습니까?

Q 이 사실은 속죄의 속성에 관해 무엇을 말해 줍니까?

> Leader ……

번제는 제물을 바치는 자의 속죄를 가져옵니다. 자발적으로 드리는 제사로서 일반적으로 의도치 않은 죄에 대한 속죄를 위한 것입니다. 즉 동물 한 마리가 온전히 태워지는 것과 같이 주님께 대한 헌신과 완전한 복종을 표현하는 것이 목적입

니다. 시편 66편 13~15절은 이 번제를 드리는 것은 주님의 구원 때문이라고 말합
니다.

"내가 번제물을 가지고 주의 집에 들어가서 나의 서원을 주께 갚으리니 이는
내 입술이 낸 것이요 내 환난 때에 내 입이 말한 것이니이다 내가 숫양의 향기
와 함께 살진 것으로 주께 번제를 드리며 수소와 염소를 드리리이다(셀라)"(시
66:13~15).

이스라엘 백성은 이 제사를 언제든 드릴 수 있지만, 일 년에 하루
는 오직 속죄에만 집중했습니다. 바로 대속죄일, 히브리어로 '욤 키푸르'
입니다. 이날은 일 년 중 단 한 번 이스라엘의 대제사장이 성막(훗날의 성
전)의 지성소, 즉 언약궤가 보관된 장소에 들어가는 것이 허락된 날입니
다. 대제사장은 특별히 잡은 수송아지의 피를 들고 지성소로 들어가 속
죄 제사를 행했습니다(레 16:14, 34).

> "그는 또 수송아지의 피를 가져다가 손가락으로 속죄소 동쪽에 뿌리고 또 손가락
으로 그 피를 속죄소 앞에 일곱 번 뿌릴 것이며"(레 16:14).

"이는 너희가 영원히 지킬 규례라 이스라엘 자손의 모든 죄를 위하여 일 년에 한
번 속죄할 것이니라 아론이 여호와께서 모세에게 명령하신 대로 행하니라"(레
16:34).

이 제의를 잘 알고 있던 히브리서 저자는 이스라엘 백성이 드리는
모든 희생 제사가 그리스도의 십자가 대속의 그림자이자 예표라는 사실
을 이렇게 설명합니다.

*¹²염소와 송아지의 피로 하지 아니하고 오직 자기의 피로 영원한 속죄를 이루사
단번에 성소에 들어가셨느니라*

> 히브리서 9장에서 저자는 그리스도의 죽음이 이스라엘 예전의 상징성을 어떻게
성취했는지를 설명하기 위해 혼신의 노력을 다합니다.

예수님은 죄가 없으시므로 다른 이의 피가 필요 없지만, 다른 이들
을 위해 자기 피를 바치셨습니다. 예수님은 지상의 모형 대신 하늘의 "지
성소"로 들어가셨습니다(세션 9 참조). 예수님은 일시적인 속죄가 아닌 "영
원한 구속"을 끝내 이루셨습니다. 하나님께 자기 자신을 피의 희생 제물
로 바치심으로써 우리 죄를 영원히 사하셨습니다(히 10:14, 18).

> "그가 거룩하게 된 자들을 한 번의 제사로 영원히 온전하게 하셨느니라"(히
10:14).

핵심교리 99

**59. 희생 제물이신
그리스도**

구약성경에는 세상 죄를 지고 희생하
신 하나님의 어린양 그리스도를 예
고하는 몇 가지 예표와 상징과 구절
들이 있습니다. 제물로 죄를 없애지
못하는 구약의 희생 제사와 달리(히
10:4), 십자가에 달리신 그리스도의
희생은 죄를 영원히 '단번에' 없애십
니다.

심화주석 소제를 통해 예배자는 하나
님을 공급하심과 번성하게
하심의 원천으로 인정했습니다. 히브
리어 '민하'는 보통 '선물'을 의미하는
데, 소제나 동물 제사나 희생 제사 모
두에 일반적으로 적용할 수 있습니다
(사 19:21). 제의와 관련된 본문에서
는 기술적으로 '곡식' 제사를 의미합
니다. 주로 밀에서 파생한 곡식으로
'고운' 하얀 '가루'를 만들었습니다(출
29:2). 이 제사는 생으로, 익혀서, 가
루로 갈거나 구운 형태로 드릴 수 있
었습니다. 전형적으로는 동물 제사
에 곁들여졌습니다. … 하지만 독립
적으로 드릴 수도 있었습니다. … 가
난한 사람들은 비둘기 번제물을 대
신해 드리기도 했습니다(레 5:11). 제
사장들은 생계 대부분을 소제에 의
지했습니다.⁸

_케네스 A. 매슈스

"이것들을 사하셨은즉 다시 죄를 위하여 제사 드릴 것이 없느니라"(히 10:18).

예수님의 죽음이 당신의 죄를 없애 주셨다는 사실을 이해하는 데 번제는 어떤 도움을 줍니까?	이스라엘의 번제에서 얻은 통찰력을 당신의 전도 활동에 어떻게 연결할 수 있습니까?

2. 예배를 회복하려면 속죄해야 합니다(레 2:1~3; 요 12:24)

> Leader

레위기에서 하나님이 모세에게 지시하신 두 번째 제사는 곡식(혹은 떡이나 밀가루)과 관련된 것입니다. 때로는 동물 희생 제사에 곁들여지기도 하지만, 독립적인 것이기도 합니다.

'소제'라는 이름은 동물의 죽음이 끼어들지 않고 지상의 곡식을 손으로 갈아서 요리나 밀가루로 만드는 유일한 제사라는 사실에서 기인합니다.

레위기 2장에서 주님이 이 제사에 관해 모세에게 지시하신 내용은 다음과 같습니다.

¹누구든지 소제의 예물을 여호와께 드리려거든 고운 가루로 예물을 삼아 그 위에 기름을 붓고 또 그 위에 유향을 놓아 ²아론의 자손 제사장들에게로 가져갈 것이요 제사장은 그 고운 가루 한 움큼과 기름과 그 모든 유향을 가져다가 기념물로 제단 위에서 불사를지니 이는 화제라 여호와께 향기로운 냄새니라 ³그 소제물의 남은 것은 아론과 그의 자손에게 돌릴지니 이는 여호와의 화제물 중에 지극히 거룩한 것이니라

번제와 마찬가지로 소제도 제물을 바치는 자에게는 재료 면에서나 준비 면에서나 치러야 할 대가가 컸습니다. '고운 가루'에는 사실 감람유나 유향, 즉 값비싼 향료도 들어가야 합니다. 주님은 자기 백성에게 최선을 기대(또한 요구)하셨습니다. [9]

> Leader

이 구절에 이어지는 내용은 제물을 화덕에 굽거나 철판에 부치거나 냄비에 요리할 수 있다는 것입니다.

"네가 화덕에 구운 것으로 소제의 예물을 드리려거든 고운 가루에 기름을 섞어

만든 무교병이나 기름을 바른 무교전병을 드릴 것이요 철판에 부친 것으로 소제의 예물을 드리려거든 고운 가루에 누룩을 넣지 말고 기름을 섞어 조각으로 나누고 그 위에 기름을 부을지니 이는 소제니라 네가 냄비의 것으로 소제를 드리려거든 고운 가루와 기름을 섞어 만들지니라"(레 2:4~7).

번제와 달리 이 제사는 일부만 불태웁니다. 번제와 마찬가지로 불태운 부분은 "여호와께 향기로운 냄새"가 됩니다. 태우지 않은 부분은 제사장에게 주어지는데, 오직 성소에서만 먹을 수 있었습니다. 이 제물은 "화제물의 거룩한 부분"으로 인식되었고, 따라서 이를 먹을 수 있는 자격에 제한이 따랐습니다.

"그 나머지는 아론과 그의 자손이 먹되 누룩을 넣지 말고 거룩한 곳 회막 뜰에서 먹을지니라 그것에 누룩을 넣어 굽지 말라 이는 나의 화제물 중에서 내가 그들에게 주어 그들의 소득이 되게 하는 것이라 속죄제와 속건제같이 지극히 거룩한즉 아론 자손의 남자는 모두 이를 먹을지니 이는 여호와의 화제물 중에서 대대로 그들의 영원한 소득이 됨이라 이를 만지는 자마다 거룩하리라"(레 6:16~18).

 **Q** 왜 제물들은 값비싼 것이어야 합니까?

 **Q** 제물에 드는 비용과 죄의 심각성은 어떤 관계가 있을까요?

소제에 담긴 목적은 다음과 같이 추론해 볼 수 있습니다.

- 소제물은 주님의 "기념물"로 제단 위에서 불살라졌습니다. 이는 바치는 자가 하나님께 자신을 은혜로 기억해 달라고 청하는 것이 이 제사의 목적 중 하나임을 의미합니다(레 2:2).
- 보리나 밀 같은 다양한 곡물이 수확되기 시작하면 "처음 익은 것"으로 특별 소제를 드려야 했습니다(레 2:14~16). 이는 땅의 수확을 허락하신 하나님께 감사하는 것이 제사의 목적 중 하나임을 의미합니다(민 15:18~20 참조).
- 소제는 평소에 자발적으로 드려졌습니다. 곡물은 이스라엘 백성의 일용할 양식이었습니다. 이는 매일의 삶이 하나님께 받은 선물임을 기억나게 하는 것이 제사의 목적 중 하나임을 의미합니다.[10]

백성은 날마다 곡물을 먹었기 때문에(가루를 빻아 떡으로 굽는 식으로) 소제는 생명을 위한 일용할 양식이 하나님의 공급하심에 달려 있다는 사실을 예배자에게 일깨우는 역할을 합니다. 이 제사는 하나님을 예배

"땅에서 처음 난 곡식 한 다발처럼 그분은 우리를 위해 자신을 하나님 아버지께 드리셨습니다."[11]
_알렉산드리아의 키릴로스

심화주석 '화해'란 사이가 틀어졌거나 다툼 중에 있는 양자를 모이게 하는 것으로 규정할 수 있습니다. 예수 그리스도께서는 하나님과 인간을 한자리에 모이게 하셔서 연합의 결과로 구원을 가져오신 분입니다. 화해는 기본적으로 '변화'나 '전환'을 의미합니다. 관계를 변화시키고, 적대감을 선의로, 증오를 우정으로 전환시키는 것입니다. 태도가 바뀌고 적개심이 멈추는 것입니다.[12]
_스탠 노먼

할 수 있게 되었다는 것, 예를 들어 죄나 질병 때문에 드리지 못했던 예배를 회복했다는 것을 나타내 주었습니다.

Q 의무감으로 하는 것과 기쁜 마음으로 하는 것은 어떤 차이가 있습니까?

요한복음 12장에서 예수님은 다가올 대속의 죽음에 대해 말씀하시면서 곡물 농사와 관련된 것을 의미심장한 뜻으로 가르치셨습니다.

[24]내가 진실로 진실로 너희에게 이르노니 한 알의 밀이 땅에 떨어져 죽지 아니하면 한 알 그대로 있고 죽으면 많은 열매를 맺느니라

어떤 성경 본문에서는 예수님의 죽음이 희생 제물로 바쳐진 어린 양에 비유됩니다. 여기서는 예수님이 자신의 죽음을 씨앗을 심는 것에 직접 비유하십니다. 셀 수 없이 많은 백성에게 유익을 끼칠 희생 제물이자 생명을 가져오는 죽음의 희생 제물이신 것입니다.

예수님의 죽음으로 당신의 예배가 회복되었다는 사실을 이해하는 데 소제가 어떤 도움을 줍니까?	이스라엘의 소제에서 얻은 통찰력을 당신의 전도 활동에 어떻게 연결할 수 있습니까?

3. 하나님과 화해하려면 속죄해야 합니다(레 3:1~5; 엡 2:13)

> 율법의 하나님이 레위기에서 지정하신 모든 제사 가운데 유일하게 화목제만 제물을 바치는 자도 먹을 수 있었습니다. 이는 이 희생 제사가 무엇을 상징하느냐와 관련해 중요한 의미를 담고 있습니다. 즉 이 제사의 목적은 하나님과의 화해로 인간이 하나님과 친교를 누릴 수 있게 하려는 것입니다.
>
> 화목제(또는 '친교제')로 번역된 히브리어는 '평화'나 '온전함'을 의미하는 히브리어 '샬롬'과 밀접한 관계가 있습니다. 제물을 바치는 자는 제사장 앞에 흠 없는 소나 양이나 염소를 데려옵니다. 수컷이든 암컷이든 상관없습니다. 레위기 3장에서 주님이 이 제사에 관해 모세에게 지시하신 내용은 다음과 같습니다.

Leader

¹사람이 만일 화목제의 제물을 예물로 드리되 소로 드리려면 수컷이나 암컷이나 흠 없는 것으로 여호와 앞에 드릴지니 ²그 예물의 머리에 안수하고 회막 문에서 잡을 것이요 아론의 자손 제사장들은 그 피를 제단 사방에 뿌릴 것이며 ³그는 또 그 화목제의 제물 중에서 여호와께 화제를 드릴지니 곧 내장에 덮인 기름과 내장에 붙은 모든 기름과 ⁴두 콩팥과 그 위의 기름 곧 허리 쪽에 있는 것과 간에 덮인 꺼풀을 콩팥과 함께 떼어 낼 것이요 ⁵아론의 자손은 그것을 제단 위의 불 위에 있는 나무 위의 번제물 위에서 사를지니 이는 화제라 여호와께 향기로운 냄새니라

> **Leader**
>
> 화목제의 규정도 앞선 다른 제사들만큼이나 상세합니다. 번제와 같이 제물을 바치는 자가 기르던 가축이 도축됩니다. 제물은 신체적으로 완전해야 하며 정한 곳에서 드려져야 합니다. 제물을 바치는 자는 그 머리에 안수함으로써 희생 제물과 동일시되었습니다.

화목제는 번제와 달리 기름과 내장 일부만 불에 태웠습니다. 제물을 바친 자는 제물의 고기를 요리해 제물을 드린 날과 그다음 날까지 먹을 수 있었습니다(레 7:16~18). 다시 말해 이것은 '하나님'과 '제사장'과 '제물을 바친 자' 사이에 친교를 나누는 일종의 공동 식사입니다.

레위기 7장 11~21절은 화목제에 관한 규례를 더 자세히 전해 줍니다. 이 단락에 이스라엘 백성이 이 제사를 자원해 드리는 특별한 목적이 기술되어 있습니다.

- 기도가 응답되었거나 기대하지 않은 은총을 받았을 때, 하나님께 감사하는 뜻으로 화목제를 드립니다(레 7:12~15; 참조, 렘 33:11).
- 엄중한 서원을 완수하고 나서 하나님께 감사하는 의미로 서원제를 드립니다(레 7:16). 바울은 3차 전도 여행을 마치고 예루살렘을 마지막으로 방문했을 때 이 제사를 드렸습니다(행 21:26; 참조, 잠 7:14).
- 자원하는 사람이 단지 그렇게 하고 싶어서 자원제를 드립니다(레 7:16; 참조, 시 54:6).

희생 제물로 바쳤다가 나중에 같이 먹는 고기는 이제 하나님과 올바른 관계를 맺게 되었음을 상징합니다. 대부분의 문화권에서는 어느 정도 우정 관계가 있어야 함께 식사를 합니다. 마찬가지로 이 경우에는 하나님이 친교의 식사를 함께 나누자고 예배자들을 초대하시는 것입니다.

Q 속죄 제사를 우리 죄를 사하기 위한 것을 넘어 하나님과의 올바른 관계를 회복하는 것으로 이해하는 것이 왜 중요할까요?

Q 오늘날 우리는 다른 이들과 관계가 회복되었음을 어떤 식으로 표현합니까?

화목제는 하나님과 죄인 사이에 존재하던 적대감을 없앤다는 점에서 예수님의 죽음을 예표합니다. 우리는 하나님과의 교제 바깥에 있었습니다. 하지만 이제 예수 그리스도를 믿는 자로서 하나님과 화해하게 되었습니다. 이에 대해 바울은 에베소서 2장에서 이렇게 말했습니다.

¹³이제는 전에 멀리 있던 너희가 그리스도 예수 안에서 그리스도의 피로 가까워졌느니라

앞 구절인 "너희는 그때에 육체로는 이방인이요"(엡 2:11)는 '너희는 그때 육체로는 바깥에 있었으니'라는 뜻입니다. 출신 배경이 어떻든지 인간은 다 "다 죄 아래에 있다고 선언하였으니 기록된바 의인은 없나니 하나도" 없습니다(롬 3:9~10). 모든 인간은 본래 그렇든 원해서든 하나님과 소원해져 있습니다. 이에 대한 유일한 처방은 '그리스도의 보혈'뿐입니다.

> "그러면 어떠하냐 우리는 나으냐 결코 아니라 유대인이나 헬라인이나 다 죄 아래에 있다고 우리가 이미 선언하였느니라 기록된바 의인은 없나니 하나도 없으며"(롬 3:9~10).

Leader :....

예수님의 죽음으로 당신이 하나님과 화해되었다는 사실을 이해하는 데 화목제가 어떤 도움을 줍니까?	이스라엘의 화목제에서 얻은 통찰력을 당신의 전도 활동에 어떻게 연결할 수 있습니까?

결론

> Leader

이 세션에서 공부한 세 가지 제사는 속죄 제사가 성취한 것이 무엇인지 온전히 이해하게 해 줍니다. 번제는 하나님 앞에서 죄를 제거하는 것을 상징합니다. 소제는 이스라엘을 회복시켜 하나님과 이웃을 섬기게 해 줍니다. 화목제는 하나님과 백성 사이에 화해가 일어났음을 보여 줍니다.

이 세션에서 공부한 세 가지 제사는 모두 죄의 심각성과 구원의 높은 가치를 보여 주었습니다. 그러나 이것은 단지 예표일 뿐입니다. 이스라엘 백성은 참된 속죄 제사, 즉 예수님의 피 흘리신 죽음을 고대하고 있습니다.

도입부에서 언급했던 밸런타인데이의 원래 주인공인 발렌티누스가 속죄 제물로서 예수님의 죽음의 의미를 얼마나 반영했는지 우리는 모릅니다. 다만 한 가지 알 수 있는 것은 세상을 위한 예수님의 빨간 하트는 예수님 자신의 죽음이었다는 점입니다. 주님은 사랑으로 자신을 바치셨습니다. 이는 우리 자신도 작은 발렌티누스로서 자신을 바칠 수 있음을 뜻합니다. 우리는 우리 죄에서 자유롭게 되었고 예배를 회복했기에 다른 이들을 섬김으로써 하나님을 자유롭게 섬길 수 있습니다.

하나님의 계획 우리의 사명

선교적 적용   하나님은 우리가 죄에서 자유롭게 되었으니 다른 이들을 섬김으로써 하
나님을 섬기라고 우리를 부르셨습니다.

1. 그리스도를 믿는 믿음으로 죄에서 자유롭게 된 것이 당신으로 하여금 어떻게 다른 이
   들을 섬길 수 있게 했습니까? 앞으로 다른 이들을 어떻게 섬길 계획입니까?

2. 오늘날 하나님께 감사하는 마음을 어떻게 표현할 수 있을까요?

3. 화목제는 예수님을 믿는 사람들인 우리 인생에 어떤 교훈을 줍니까?

속죄 제물 (2부)

Summary and Goal

이 세션에서는 속죄제와 속건제를 살펴보며 레위기 공부를 이어 갈 것입니다. 이 두 제사는 하나님의 자녀들이 하나님은 물론 이웃과 함께 조화를 이루며 살도록 하기 위해 만들어졌습니다. '속죄제'는 하나님 앞에서 백성이 정결하게 되었음을 나타냅니다. '속건제'는 죄로 야기된 피해를 '보상'하고 범죄자의 양심을 정결하게 하는 역할을 합니다. 이들 제사가 가리키는 대상은 예수 그리스도로, 그분의 사역은 우리 마음을 순전하게 하고, 우리 양심을 정결하게 하며, 우리를 자유롭게 해서 하나님의 영광을 위해 선한 행동을 하게 합니다.

- **성경 본문**
  레위기 5:1~19
  히브리서 9:13~14; 13:11~12

- **세션 포인트**
  1. 마음을 정결하게 하려면 속죄해야 합니다(레 5:1~13; 히 13:11~12)
  2. 양심을 정결하게 하려면 속죄해야 합니다(레 5:14~19; 히 9:13~14)

- **신학적 주제**
  '속죄제'는 하나님 앞에서 백성이 정결하게 되었음을 나타냅니다.
  '속건제'는 다른 사람의 정당한 소유물을 상하게 한 사람의 죄를 사하고 그의 양심을 정결하게 하려고 드려집니다.

- **그리스도와의 연결**
  속죄제와 속건제가 가리키고 있는 대상은 그리스도이십니다. 그분의 사역은 우리 마음을 순전하게 하고, 우리 양심을 정결하게 하며, 우리를 자유롭게 해서 하나님의 영광을 위해 선한 행동을 하게 합니다.

- **선교적 적용**
  하나님은 오직 예수 그리스도를 믿는 믿음을 통해 얻을 수 있는 정결과 깨끗함에 대한 소망을 다른 이들에게 전하라고 우리를 부르셨습니다.

도입

셰익스피어의 〈맥베스〉(*Macbeth*)를 간략하게 소개하면서 시작합니다. 왕이 살해되고 나서 맥베스 부인이 죄책감에 시달렸던 것을 강조하십시오. 죄책감은 어떻게 없앨 수 있을까요? 이스라엘 백성은 그 답을 알았습니다. 바로 '속죄 제물'입니다.

죄책감과 후회가 깊을 때 사람들은 이 감정을 어떻게 처리하려고 합니까?

이 세션을 요약하십시오.

전개

1

마음을 정결하게 하려면 속죄해야 합니다
(레 5:1~13; 히 13:11~12)

부록 4: '속죄 제물'을 사용해 세션 10에서 다뤘던 희생 제사들을 다시 검토하고, 필요하다면 이 세션에서 희생 제사의 정의와 목적을 이해하는 데 활용하십시오.

율법에 따라 엄격하게 처벌받는 고의적인 죄만큼, 부지중에 지은 죄도 심각한 죄이며 속죄제를 통해 정화가 필요하다는 점을 지적해 주십시오.

고의적인 죄와 부지중에 지은 죄는 어떤 차이가 있습니까?

자원자에게 레위기 5장 1~4절을 읽게 하십시오. 죄의 범주를 부작위, 우발, 충동 등 세 가지로 규정하십시오.

부작위의 죄나 충동적인 죄를 악한 행위를 저지른 것과 똑같은 죄로 볼 수 있습니까? 그렇다면 또는 그렇지 않다면, 그 이유는 무엇인가요?

우연히 벌어진 일이 죄를 지은 결과로 이어진 예를 오늘날 상황에서 찾아보십시오.

계속해서 레위기 5장 5~13절을 읽습니다. 다시 한번 대속죄일에 번제뿐 아니라 속죄제도 드렸다는 점에 주목하십시오. 히브리서 13장 11~12절을 읽고, 대속죄일의 희생 제물이 어떻게 그리스도를 예표하는지, 예수님의 죽음이 어떻게 속죄제와 같고 다른지(혹은 우월한지를) 설명해 주십시오. 이 세션의 마무리 단계에서 질문들에 답할 수 있도록 몇 분간 개인 묵상 시간을 주십시오.

속건제는 자기 양심을 정결하게 하려고 자기가 망친 일들을 보상하려는 인간의 성향에서 비롯되었다는 점을 지적해 주십시오. 그리고 나서 레위기 5장 14~19절을 읽고, 보상을 요구하는 구체적인 예들을 설명하십시오.

오늘날 상황에서 보상을 청구할 만한 잘못된 행위의 예를 들어 봅시다.

제물을 바치는 자가 20%의 벌금을 포함해 치러야 하는 대가를 강조하십시오. 이 제사는 양심을 정결하게 하고, 범죄를 통해 잃어버린 것을 회복하도록 돕습니다. 제사의 의미를 나타내는 보기로 누가복음 19장의 삭개오를 언급하십시오.

숫양을 제물로 드리는 것 외에 피해액의 20%를 벌금으로 더 보상해야 하는 속건제가 공정하다고 생각합니까? 그렇다면 또는 그렇지 않다면, 그 이유는 무엇입니까?

예전에 누군가에게 손해를 끼쳐 보상한 적이 있습니까?

2

**양심을 정결하게 하려면
속죄해야 합니다**
(레 5:14~19; 히 9:13~14)

한 이스라엘 사람이 우연히 이웃이 잃어버린 양을 맡게 된 상황을 설명함으로써 속건제의 필요성을 파악하도록 도우십시오. 그리고 나서 히브리서 9장 13~14절을 읽고, 예수님의 피가 어떻게 단독으로 우리 양심을 진실로 깨끗하게 하실 수 있었는지에 관해 언급하십시오. 이 세션의 마무리 단계에서 질문들에 답할 수 있도록 몇 분간 개인 묵상 시간을 주십시오.

결론

율법이 정한 이 두 제사는 그리스도 안에서 우리 죄가 정결하게 되는 것을 상징적으로 가리키고, 그리스도는 우리를 자유롭게 하셔서 하나님의 영광을 위해 선한 행동을 하게 하심을 다시 요약해 주십시오. 이 세션에서 배운 진리를 '하나님의 계획, 우리의 사명'에서 적용해 보십시오.

**Session
Content**

11. 속죄 제물(2부)

도입

셰익스피어(Shakespeare)의 〈맥베스〉(*Macbeth*)는 전 시대를 통틀어 가장 비극적인 희곡 중 하나입니다. 맥베스의 아내는 덩컨 왕을 살해하는 것을 도운 후 양심의 가책으로 고통스러워하는 자신의 남편을 비웃었습니다. 그러나 결국 죄책감으로 인해 미쳐 버린 건 아내였습니다. 몽유병으로 배회하던 그녀가 덩컨 왕의 피가 어떻게 자기 손에 묻었는지를 횡설수설하듯 독백으로 내뱉으며 두 손을 비비는 장면은 가장 유명한 장면 중 하나입니다.

> Leader
>
> "사라져. … 이 자국들! 사라져, 제발! … 하나, 둘, 아니 그걸 해치울 시간이야.… 지옥은 캄캄해. … 저런, 나리, 저런! 군인이 뭐가 두려우세요? 누가 알든 두려울 게 뭐가 있어요? 우리 권력 앞에 감히 누구도 따질 수 없을 거예요. … 그런데 그 늙은이 몸에 그렇게 피가 많을 줄 누가 생각이나 했겠어요?"[1]
>
> 맥베스 부인의 이 반어적인 질문은 왕이 흘린 피가 그녀의 양심을 짓누르고 있음을 암시합니다.

양심의 고통을 치유할 수 없었던 그녀는 이야기의 끝에서 결국 죽고 맙니다.

Q 죄책감과 후회가 깊을 때 사람들은 이 감정을 어떻게 처리하려고 합니까?

Session Summary

이 세션에서는 속죄제와 속건제를 살펴보며 레위기 공부를 이어 갈 것입니다. 이 두 제사는 하나님의 자녀들이 하나님은 물론 이웃과 함께 조화를 이루며 살도록 하기 위해 만들어졌습니다. '속죄제'는 하나님 앞에서 백성이 정결하게 되었음을 나타냅니다. '속건제'는 죄로 야기된 피해를 '보상'하고 범죄자의 양심을 정결하게 하는 역할을 합니다. 이들 제사가 가리키는 대상은 예수 그리스도로, 그분의 사역은 우리 마음을 순전하게 하고, 우리 양심을 정결하게 하며, 우리를 자유롭게 해서 하나님의 영광을 위해 선한 행동을 하게 합니다.

전개

1. 마음을 정결하게 하려면 속죄해야 합니다 (레 5:1~13; 히 13:11~12)

> **Leader**
> 어렸을 때 암기한 정답을 반복해서 답해야 했던 질문들이 있습니다. 그것은 바로 소위 '교리문답'으로 알려진 질문들입니다. 예를 들어 "죄는 무엇인가?"라는 질문에 "죄란 하나님의 법을 순종함에 부족한 것이나 혹은 어기는 것"이라고 대답해야 했습니다.

이스라엘 백성은 죄로 불리는 것들의 세세한 목록을 받았습니다. 고의로 저지른 죄는 처벌이 엄격합니다. 하지만 이런 경우도 있습니다. 죄를 지었지만 시간이 지나서야 하나님의 율법을 어겼음을 깨닫는 경우 말입니다. 이렇게 뒤늦게 양심이 깨어나면 어떻게 해야 합니까? 죄는 심각한 것이기 때문에 부지중에 지은 죄라도 사람을 더럽힐 수 있습니다. 그러니 확실하게 다루어서 죄인을 정결하게 해야 합니다.

> **Leader**
> 여기서 부지중에 지은 죄가 심각한 것은, 우리도 알다시피 법을 모른다는 것이 변명이 될 수 없기 때문입니다. 사법계에 있는 사람들은 관련된 법을 잘 알고 있을 것입니다. 그렇지 않으면 무지는 손쉬운 변명이 될 것입니다.

Q 고의적인 죄와 부지중에 지은 죄는 어떤 차이가 있습니까?

이스라엘 백성에게 속죄제는 고의 없이 저지른 죄들을 해결하기 위한 수단이었습니다. 레위기 5장에서 사람이 부지중에 지은 네 가지 죄를 하나님이 어떻게 다루시는지 보십시오.

¹만일 누구든지 저주하는 소리를 듣고서도 증인이 되어 그가 본 것이나 알고 있는 것을 알리지 아니하면 그는 자기의 죄를 져야 할 것이요 그 허물이 그에게로

심화 주석 **속죄제로 얻는 두 가지는 '속죄'와 '용서'입니다.**

속죄라는 단어는 히브리어 '키페르'에서 나온 것으로 죄의 허물을 덮는 것을 의미합니다. 이에 하나님의 진노에 대한 대가를 치름으로써 예배와 용서가 가능해집니다. 정결 제사는 속건제와 함께 주요한 '속죄하는' 제사로 규정됩니다.

속죄제의 또 다른 중요한 효과는 용서의 획득입니다. 레위기 4장 35절에 나오는 "사함을 받으리라"에서 '사함', 즉 '용서'에 해당하는 히브리어는 '살라흐'입니다. 이것은 신적 행위를 강조하는데, 오로지 하나님만이 주어가 되시는 단어이기 때문입니다. 일단 속죄제가 드려지면 하나님이 죄인을 용서해 주십니다.

속죄제 자체가 정결하게 함을 강조하기 때문에, 죄 사함을 하나님이 죄인을 깨끗하게 하심은 물론 죄나 부정함으로 더럽혀진 예배 장소의 허물까지도 없애시는 것으로 이해할 수 있습니다.³

_웨인 밴혼

**핵심교리
99** **55. 속죄-도덕적 감화설**

도덕적 감화설에 따르면, 그리스도의 희생 제사는 하나님과 화목하기 위해 우리가 따라야 할 도덕적 모범을 미리 보이신 것입니다. 이 이론은 죄인을 향한 하나님의 공의로운 진노에 대한 올바른 이해를 주지 못합니다. 하나님의 공의로운 심판을 사람의 도덕적 개선으로는 갚을 수 없습니다. 아울러 단순한 도덕적 개선을 위해 감화를 준다는 것은 그리스도께서 십자가 고난 가운데 죽으신 이유를 설명하지 못하는 한계를 지니고 있습니다.

돌아갈 것이며 [2]만일 누구든지 부정한 것들 곧 부정한 들짐승의 사체나 부정한 가축의 사체나 부정한 곤충의 사체를 만졌으면 부지중이라고 할지라도 그 몸이 더러워져서 허물이 있을 것이요 [3]만일 부지중에 어떤 사람의 부정에 닿았는데 그 사람의 부정이 어떠한 부정이든지 그것을 깨달았을 때에는 허물이 있을 것이요 [4]만일 누구든지 입술로 맹세하여 악한 일이든지 선한 일이든지 하리라고 함부로 말하면 그 사람이 함부로 말하여 맹세한 것이 무엇이든지 그가 깨닫지 못하다가 그것을 깨닫게 되었을 때에는 그중 하나에 그에게 허물이 있을 것이니

이 네 가지 죄는 일반적으로 다음 범주에 속하는 것으로 볼 수 있습니다.

- 부작위의 죄—예를 들면, 법정에서 일부러 증거하지 않은 경우
- 우발적인 죄—예를 들면, 동물이든 인간이든 제의상 부정한 대상을 만진 경우(시체, 동물 사체, 배설물 등)
- 충동적인 죄—예를 들면, 함부로 맹세했다가 훗날 잘못된 것을 알게 된 경우[4]

Q 부작위의 죄나 충동적인 죄를 악한 행위를 저지른 것과 똑같은 죄로 볼 수 있습니까? 그렇다면 또는 그렇지 않다면, 그 이유는 무엇인가요?

Q 우연히 벌어진 일이 죄를 지은 결과로 이어진 예를 오늘날 상황에서 찾아보십시오.

속죄제에 관한 세부적인 규례들이 바로 이어집니다. 제물을 바치는 자의 경제적 상태가 고려되고 있음에 주목하십시오.

[5]이중 하나에 허물이 있을 때에는 아무 일에 잘못하였노라 자복하고 [6]그 잘못으로 말미암아 여호와께 속죄제를 드리되 양 떼의 암컷 어린양이나 염소를 끌어다가 속죄제를 드릴 것이요 제사장은 그의 허물을 위하여 속죄할지니라 [7]만일 그의 힘이 어린양을 바치는 데에 미치지 못하면 그가 지은 죄를 속죄하기 위하여 산비둘기 두 마리나 집비둘기 새끼 두 마리를 여호와께로 가져가되 하나는 속죄 제물을 삼고 하나는 번제물을 삼아 [8]제사장에게로 가져갈 것이요 제사장은 그 속죄 제물을 먼저 드리되 그 머리를 목에서 비틀어 끊고 몸은 아주 쪼개지 말며 [9]그 속죄 제물의 피를 제단 곁에 뿌리고 그 남은 피는 제단 밑에 흘릴

지니 이는 속죄제요 [10]그다음 것은 규례대로 번제를 드릴지니 제사장이 그의 잘못을 위하여 속죄한즉 그가 사함을 받으리라 [11]만일 그의 손이 산비둘기 두 마리나 집비둘기 두 마리에도 미치지 못하면 그의 범죄로 말미암아 고운 가루 십분의 일 에바를 예물로 가져다가 속죄 제물로 드리되 이는 속죄제인즉 그 위에 기름을 붓지 말며 유향을 놓지 말고 [12]그것을 제사장에게로 가져갈 것이요 제사장은 그것을 기념물로 한 움큼을 가져다가 제단 위 여호와의 화제물 위에서 불사를지니 이는 속죄제라 [13]제사장이 그가 이중에서 하나를 범하여 얻은 허물을 위하여 속죄한즉 그가 사함을 받으리라 그 나머지는 소제물같이 제사장에게 돌릴지니라

> 보통 사람은 암양이나 암염소 한 마리를 드렸습니다. 가난한 사람은 산비둘기나 집비둘기 두 마리로 드릴 수 있었습니다. 아주 가난한 사람은 기름이나 유향을 섞지 않은 고운 가루로 '가루 제사'를 드릴 수 있었습니다.

Leader

화목제와 마찬가지로 속죄제도 희생 제물의 일부를 불에 태웠는데, 제사장만 일부를 먹을 수 있었습니다(레 6:27, 29). 죄를 지은 사람은 희생 동물 위에 안수하는 의식을 치러야 했습니다(레 4:4, 15, 24, 29). 속죄 제물로 도축된 동물의 피를 어떻게 다뤄야 하는지 제의 절차가 상세히 기록되었습니다(참조, 레 4:6~7, 16~18, 25, 30; 5:9). 이 제사는 반복적으로 명확하게 "속죄"로 불렸습니다(레 4:21, 26, 31; 5:6, 10, 13; 6:30).

또한 정결 제의 시 동물의 피는 문자 그대로 깨끗하게 하려고 뿌려졌습니다. 부정했던 사람들은 속죄제의 결과로 제의상 깨끗해졌다는 선포를 받았습니다.

이스라엘 예전에서 또 하나의 중요 연례 제사는 레위기 16장에 기록된 대속죄일 의례입니다. 대제사장이 "성소에 들어오려면 수송아지를 속죄 제물로" 삼아야 한다는 규정이 있었습니다(레 16:3).

> 이어지는 내용의 후미에는 다음과 같은 규정도 있습니다.

Leader

"속죄제 수송아지와 속죄제 염소의 피를 성소로 들여다가 속죄하였은즉 그 가죽과 고기와 똥을 밖으로 내다가 불사를 것이요"(레 16:27).

히브리서 저자는 대속죄일에 드리는 속죄제에 관해 잘 알고 있었습니다. 성령의 영감으로 이것이 예루살렘 성 밖에서 일어난 예수님의 피 흘리신 죽음을 예표한다고 믿었습니다(히 13:11~12; 참조, 레 16:27).

[11]이는 죄를 위한 짐승의 피는 대제사장이 가지고 성소에 들어가고 그 육체는 영문 밖에서 불사름이라 [12]그러므로 예수도 자기 피로써 백성을 거룩하게 하려고

심화
주석

새 언약은 예수님이 십자가에서 뿌리신 피로 성취되었습니다. 마지막 만찬을 다루는 복음서 본문에서 예수님은 다가올 죽음과 새 언약의 성취를 언급하십니다. 예수님은 죽음으로 인해 새 언약의 중보자가 되십니다(히 9:15; 12:24). 예수님의 십자가 희생은 새 언약의 시작을 알리는 것으로 온전하며 반복될 수 없는 것입니다. 우리는 그리스도를 믿는 믿음으로 언약 관계로 들어갈 수 있게 되었습니다.[5]

_데이비드 앨런

핵심교리
99

56. 속죄-통치설

통치설에 따르면 그리스도의 십자가는 죄에 대한 하나님의 미움이 궁극적으로 드러난 곳입니다. 하나님이 죄의 문제를 얼마나 심각하게 여기시는지를 안다면, 인간은 죄짓는 것을 멈출 수 있을 것입니다. 이 이론은 그리스도를 우리를 위해 고통당하신 분으로 묘사하지만, 그리스도를 우리 죄를 대속하신 희생 제물로 높여 드리지는 않는 오류가 있습니다.

> "속죄 제물은 진영 밖으로 가져가 완전히 불태웠습니다. 완전한 대속 제물이신 예수 그리스도께서는 예루살렘 "영문 밖에서" 고통당하고 죽임을 당하셨습니다. 진실한 그리스도인은 모두 그분을 따라 밖으로 나가야 합니다. 영적으로 말하자면, 치욕과 거절의 장소로 가야 한다는 뜻입니다."[7]
> _워렌 W. 위어스비

한편 예수님의 죽음은 다음과 같은 점에서 대속죄일의 희생 제물과 같습니다.

- 피가 정결하게 합니다.
- 희생 제물은 "영문 밖에" 있습니다.

그러나 예수님의 죽음은 다음과 같은 점에서 대속죄일의 희생 제물과 다릅니다.

- "우리에게 제단이 있는데"(히 13:10). 우리는 제단에서 먹을 수 있지만, 대속죄일의 희생 제물은 아무도 심지어 제사장도 제단에서 먹을 수 없었습니다. 이는 우리가 믿음으로 그리스도의 희생에 참여한다는 것을 의미합니다. 우리는 이스라엘의 제사장들보다 더 대단한 특권을 가졌습니다. 즉 모든 믿는 자들이 참여하는 주님의 만찬은 "우리에게 제단이 있다"는 말씀을 생생하게 보여 줍니다.[6]
- 예수님의 피는 백성을 순전하고 거룩하게 구분하는 신성함을 가져옵니다. 하지만 속죄제에서 뿌려진 피는 단지 상징적으로 죄와 제의상 부정함에서 정결하게 할 뿐입니다(이 내용을 다루는 다음 단락의 히 9:13~14의 토론 참조).

심화 주석 레위기 16장은 대속죄일의 제의를 묘사하는데, 이것은 죄와 부정의 영향을 제거하기 위한 수단이었습니다.

먼저 제사장은 자신을 위해 속죄 제물을 드려서 공동체를 위한 속죄를 이행할 준비를 갖추었습니다. 그다음 숫염소 두 마리를 가져가서 한 마리를 속죄제로 드렸습니다. 이것은 정결 제의로 드려졌는데, 그 피는 어떤 죄나 부정이라도 제거해 성소를 성결하게 하는 데 사용되었습니다.

이어서 제사장은 다른 염소, 곧 희생 제물을 가져다가 그 머리에 두 손을 얹고 백성의 죄를 고백했습니다. 백성의 죄를 상징적으로 염소에게 옮기는 것입니다. 이후 이 염소는 광야로 보내지는데, 백성의 죄가 사해지는 의미심장한 상징이었습니다.

이 중요한 제의는 고대 이스라엘 백성이 수시로 죄와 부정을 저질렀음을 여실히 보여 줍니다. 하나님은 완전히 거룩하시므로 죄 가운데 계시거나 부정한 것과 함께 거하실 수 없습니다. 그러나 죄와 부정함을 제거하는 수단으로 이 제의를 제공하심으로써 백성 가운데 계속 거하시며 그들에게 생명을 주시는 성소에 임재하십니다.[8]

예수님의 죽음으로 당신의 양심이 정결하게 되었다는 사실을 이해하는 데 속죄제가 어떤 도움을 줍니까?	이스라엘의 속죄제에서 얻은 통찰력을 당신의 전도 활동에 어떻게 연결할 수 있습니까?

2. 양심을 정결하게 하려면 속죄해야 합니다(레 5:14~19; 히 9:13~14)

> **Leader**
>
> "내 잘못을 만회하게 해 주세요."
>
> 인간의 양심은 다른 이에게 손해를 끼쳤을 때 상처를 입습니다. 스스로 잘못했다는 것을 알게 되면, 어떻게든 바로잡으려는 것이 인간의 본성입니다. 이스라엘 백성도 마찬가지였습니다. 이에 대한 하나님의 답은 속건제였습니다. 이 제사는 속

건제, 보상제, 배상제 등으로 다양하게 번역되어 왔습니다.

속죄제와 마찬가지로 속건제도 고의가 아닌 죄의 예방에 관심을 기울입니다. 특히 중점을 둔 부분은 타인이 정당하게 소유한 물건을 빼앗음으로써 그에게 입힌 피해를 보상하는 것입니다. 레위기 5장은 속건제를 이렇게 묘사합니다.

[14]여호와께서 모세에게 말씀하여 이르시되 [15]누구든지 여호와의 성물에 대하여 부지중에 범죄하였으면 여호와께 속건제를 드리되 네가 지정한 가치를 따라 성소의 세겔로 몇 세겔 은에 상당한 흠 없는 숫양을 양 떼 중에서 끌어다가 속건제로 드려서 [16]성물에 대한 잘못을 보상하되 그것에 오분의 일을 더하여 제사장에게 줄 것이요 제사장은 그 속건제의 숫양으로 그를 위하여 속죄한즉 그가 사함을 받으리라 [17]만일 누구든지 여호와의 계명 중 하나를 부지중에 범하여도 허물이라 벌을 당할 것이니 [18]그는 네가 지정한 가치대로 양 떼 중 흠 없는 숫양을 속건제물로 제사장에게로 가져갈 것이요 제사장은 그가 부지중에 범죄한 허물을 위하여 속죄한즉 그가 사함을 받으리라 [19]이는 속건제니 그가 여호와 앞에 참으로 잘못을 저질렀음이니라

하나님은 보상이 필요한 구체적인 예를 다음과 같이 제시하셨습니다.

> Leader

- "여호와의 성물"을 잘못 사용했을 때(레 5:15).

  마땅히 하나님께 속한 것이나 제대로 드려지지 않은 금전적인 가치가 있는 것들은 물론, 하나님께 바쳐진 음식을 먹는 것까지도 이에 해당합니다. 또한 하나님께 드리기로 약속했던 자산이나 마땅한 십일조를 철회하는 것도 포함됩니다(레 22:14; 27:28).

  "만일 누가 부지중에 성물을 먹으면 그 성물에 그것의 오분의 일을 더하여 제사장에게 줄지니라"(레 22:14).

  "어떤 사람이 자기 소유 중에서 오직 여호와께 온전히 바친 모든 것은 사람이든지 가축이든지 기업의 밭이든지 팔지도 못하고 무르지도 못하나니 바친 것은 다 여호와께 지극히 거룩함이며"(레 27:28).

> Leader

- 범해서는 안 되는 여호와의 계명 중 하나를 범했을 때(레 5:17).

  이것은 양심의 가책과 관련된 것으로 죄인이 율법을 알지 못해서 죄를 범했다가 그 후에 율법의 요구를 알게 된 경우를 포함합니다.

핵심교리
99

57. 속죄-속전설

속전설에 따르면, 그리스도의 대속은 죄, 사탄, 죽음에 대한 우주적인 승리였습니다. 그리스도는 사탄의 왕국에 매인 인류를 구하기 위해 지불해야 했던 속전이셨습니다. 성경의 몇몇 구절은 그리스도를 인류를 위한 대속물로 지칭하며(막 10:45) 죄, 죽음, 사탄에 대한 그리스도의 승리에 관해 말합니다(골 2:15). 그러나 가장 올바른 속전설은 그리스도를 사탄에게 지불된 속전이 아닌 하나님께 드려진 속전으로 이해하는 것입니다.

심화
주석

이 속건 제사는 속죄제와 다소 겹치는 듯 보입니다(레 4~5장). 레위기 5장 6~7절에서 속건제(보상제)는 속죄제로 불립니다. 속건제는 보상 문제에 가장 관심을 기울였습니다. 불법적으로 남의 것을 취한 사람은 여기에 20%의 가치를 덧붙여 갚아야 했고, 그다음에 속건제를 위해 숫양을 바쳐야 했습니다.[9]

- 도둑질이나 속임이나 착취로 이웃을 침범했을 때(레 6:1~4).

  여기에 해당하는 것은 거짓 맹세를 하거나 보안이나 보증을 위해 주어진 물건을 되돌려주지 않거나 이웃이 잃어버린 소유물을 줍고도 거짓말하는 경우입니다.[10]

  "여호와께서 모세에게 말씀하여 이르시되 누구든지 여호와께 신실하지 못하여 범죄하되 곧 이웃이 맡긴 물건이나 전당물을 속이거나 도둑질하거나 착취하고도 사실을 부인하거나 남의 잃은 물건을 줍고도 사실을 부인하여 거짓 맹세하는 등 사람이 이 모든 일 중의 하나라도 행하여 범죄하면 이는 죄를 범하였고 죄가 있는 자니 그 훔친 것이나 착취한 것이나 맡은 것이나 잃은 물건을 주운 것이나"(레 6:1~4).

Q 오늘날 상황에서 보상을 청구할 만한 잘못된 행위의 예를 들어 봅시다.

속건제의 조건은 속죄제보다 훨씬 까다롭습니다. 첫째, 희생 제물로 유일하게 허용되는 동물은 흠 없는 숫양입니다(레 5:15, 18). 둘째, 죄인이 하나님의 소유물이든 이웃의 것이든(보상의 예 중 첫째와 셋째를 참조) 재정적인 손실을 가져왔을 때 피해액의 20%를 벌금으로 더 물어야 합니다.

하나님이 모세에게 주신 규정에는 죄인이 제사장에게 데려온 숫양에 안수하라는 내용은 없지만, 아마도 이는 희생 제물이 속죄를 가져오기 때문일 것입니다(레 5:16, 18; 6:7). 화목제나 속죄제에서처럼 제사장은 태우지 않은 고기를 먹을 수 있었습니다. 그러나 화목제와 달리 제물을 가져온 사람은 이에 참여할 수 없었습니다.

"제사장인 남자는 모두 그것을 먹되 거룩한 곳에서 먹을지니라 그것은 지극히 거룩하니라"(레 7:6).

속건제는 양심이 더럽혀졌을 때 이를 바로잡으려는 하나님의 방법입니다. 특히 금전 보상일 때 그렇습니다. 이를 촉구하는 내용이 예수님과 세리 삭개오의 대화에 녹아 있습니다. 삭개오가 "만일 누구의 것을 속여 빼앗은 일이 있으면 네 갑절이나 갚겠나이다"라고 선언하자 예수님이 그를 칭찬하고 그의 선언이 그 집에 구원이 이른 증거라고 선포하셨습니다(눅 19:8~9).

Q 숫양을 제물로 드리는 것 외에 피해액의 20%를 벌금으로 더 보상해야 하는 속건제가 공정하다고 생각합니까? 그렇다면 또는 그렇지 않다면, 그 이유는

무엇입니까?

Q 예전에 누군가에게 손해를 끼쳐 보상한 적이 있습니까?

> 다음의 상황을 상상해 보십시오.
>
> 당신은 하나님을 경외하는 이스라엘 사람입니다. 그런데 이웃이 잃어버린 양을 발견했습니다. 그날 밤 양을 돌려줄 생각이었는데 너무 바빠서 잊었습니다. 그래서 그 양을 당신 우리에 그냥 두었습니다. 몇 달 후 양털 깎는 때가 되었을 때야 당신은 실수한 것을 기억해 내고, 이를 바로잡기로 결심합니다.
>
> 여기 묘사된 속건제를 행하려는 것입니다. 그런데 문득 궁금증이 생깁니다.
>
> '이웃의 양을 돌려주는 것뿐인데, 왜 벌금까지 물어야 하지? 숫양 한 마리를 바치는 것만 해도 그 경비가 어마어마한데?'
>
> 이에 대한 답은 다른 사람에게 저지른 죄의 속성을 어떻게 이해하느냐에 달려 있습니다. 즉 이웃에게 도덕적으로 죄를 범한 것은 거룩하신 하나님께 죄를 짓는 것입니다. 여기에는 세 당사자가 연관되어 있습니다.
>
> 첫째, 이웃과 관련된 일을 바로잡아야 합니다.
>
> 둘째, 하나님께 속죄해야 합니다.
>
> 셋째, 자기 자신의 양심을 깨끗하게 해야 합니다.

히브리서 9장의 다음 단락은 저자가 예수님의 피 흘리신 죽음이 그리스도를 믿는 죄인들의 양심과 어떻게 관련되는지에 대해 다루고 있습니다.

13 염소와 황소의 피와 및 암송아지의 재를 부정한 자에게 뿌려 그 육체를 정결하게 하여 거룩하게 하거든 14 하물며 영원하신 성령으로 말미암아 흠 없는 자기를 하나님께 드린 그리스도의 피가 어찌 너희 양심을 죽은 행실에서 깨끗하게 하고 살아 계신 하나님을 섬기게 하지 못하겠느냐

13절에서 저자는 이스라엘 제사장들이 행하는 두 가지 상이한 제의를 언급합니다.

첫째, 연중 하루 대속죄일 예식의 일부로 "염소와 황소의 피"가 지난 한 해 동안 발생했을 수도 있는 모든 부정함을 씻고 정결하게 하는 의미로 성소에서 뿌려졌습니다(레 16:14~15).

둘째, 시체를 만졌거나 시체 가까이 있었던 사람의 부정함을 제거하기 위해 "암송아지의 재"가 쓰였습니다(민 19:1~22; 특히 19:9, 17~19). 이 제

핵심교리 99

58. 속죄-만족설

만족설에 따르면, 그리스도의 대속은 하나님이 실패한 인간을 용서하시는 데 필요한 모든 전제조건을 만족시키는 사건이었습니다. 하나님은 합당한 영예를 받지 못하셨습니다. 예수님은 하나님이자 사람으로서 인류의 죗값을 치르기 위해 기꺼이 십자가를 지심으로써 죽음으로 하나님께 영예를 돌려드렸습니다.

의에는 진영 밖에서 암송아지를 불태우고, 재를 모으고, 물에 섞고, 이것을 사람들에게 뿌려 부정함을 제거하는 과정이 모두 포함됩니다.

하지만 이 두 가지 제의에서 다뤄지는 것은 외적인 상황이지 내적인 양심은 아닙니다.[13] 그러므로 히브리서 9장 14절에서 저자는 "하물며 … 그리스도의 피가 어찌 너희 양심을 죽은 행실에서 깨끗하게 하고 살아계신 하나님을 섬기게 하지 못하겠느냐"라고 선포합니다.

- 성경에는 따로 기록되지 않았지만, 성령이 그리스도께 십자가에서 자신을 희생할 수 있는 권능을 주셨습니다. 이스라엘의 제사보다 얼마나 대단합니까!
- 이스라엘 백성은 육체적으로 흠이 없는 동물을 바쳤습니다. 그리스도는 '흠 없는' 유일한 인간이셨습니다. 따라서 우리의 속죄를 위한 대속물이 되기에 적합하셨습니다. 이스라엘의 제사보다 얼마나 더 대단합니까!
- 그리스도는 죽임당한 희생 제물이자 대제사장이십니다("자기를 하나님께 드린" 분이기에). 이스라엘의 제사보다 얼마나 더 대단합니까!
- 그분의 제사는 단번의 속죄 제사로 영원히 온전하게 용납되었습니다(히 10:14). 이스라엘의 희생 제사보다 얼마나 더 대단합니까!
- 예수님의 죽음을 통해 믿는 자들의 양심은 온전히 영원히 깨끗하게 되었습니다. 범죄자의 양심이 더럽혀질 때마다 드려야 했던 이스라엘의 속죄제와는 다릅니다. 이스라엘의 희생 제사보다 얼마나 더 대단합니까!
- 이 깨끗하게 함 덕분에 믿는 자들은 "살아 계신 하나님을 섬기는" 데 자유롭게 되었습니다. 이스라엘의 희생 제사보다 얼마나 더 대단합니까![16]

선행으로는 구원을 받을 수 없습니다. 그리스도의 구원이 사람들로 하여금 즐겁게 하나님을 섬기게 만듭니다. 히브리서 9장 13~14절에서 저자는 삼위(성부, 성자, 성령; 하나님, 메시아, 영원하신 영)가 함께 우리의 온전한 구원을 완성하셨음을 보여 줍니다. 그렇다면 이스라엘의 희생 제사보다 얼마나 더 대단합니까!

예수님의 죽음으로 당신의 양심이 정결하게 되었다는 사실을 이해하는 데 속건제가 어떤 도움을 줍니까?	이스라엘의 속건제에서 얻은 통찰력을 당신의 전도 활동에 어떻게 연결할 수 있습니까?

결론

　이 세션에서 공부한 두 가지 제사는 죄로부터 정결하게 함을 상징하는 '피의 속죄'가 무엇을 성취했는지 이해하게 해 줍니다. 속죄제는 하나님 앞에서 백성이 정결하게 됨을 대변합니다. 속건제는 다른 사람의 정당한 소유물을 상하게 한 죄를 고백하고, 그 죄를 범한 자의 양심을 정결하게 하려고 드려집니다.

　셰익스피어의 희곡 속에서 맥베스 부인은 정결해지는 법에 관해 아는 바가 없었습니다. 그러나 우리는 복음을 통해 이 놀라운 지식을 갖게 되었습니다. 예수님의 정결하게 하심을 받아들이면, 우리는 자유롭게 되어 하나님의 영광을 위해 선한 일을 할 수 있습니다.

"예수 십자가의 흘린 피로써
그대는 씻기어 있는가?
더러운 죄를 희게 하는 능력을
그대는 참 의지하는가?
예수의 보혈로
그대는 씻기어 있는가?
영혼을 씻기시는 어린 양의 피로
씻기어 있는가?
그대의 예복은 더럽지 않은가?
눈보다 더 흰가?
예수의 보혈로
그대는 씻기어 있는가?"[17]
_엘리샤 호프만

심화토론

- 정결한 양심은 우리가 하나님을 섬기는 데 어떤 도움을 줍니까?
- 정결치 못한 양심은 우리의 사명을 어떻게 방해합니까?

그리스도와의 연결

속죄제와 속건제가 가리키고 있는 대상은 그리스도이십니다. 그분의 사역은 우리 마음을 순전하게 하고, 우리 양심을 정결하게 하며, 우리를 자유롭게 해서 하나님의 영광을 위해 선한 행동을 하게 합니다.

하나님의 계획 우리의 사명

선교적 적용 하나님은 오직 예수 그리스도를 믿는 믿음을 통해 얻을 수 있는 정결과 깨끗함에 대한 소망을 다른 이들에게 전하라고 우리를 부르셨습니다.

1. 그리스도의 희생 제사를 통해 정화된 죄인으로서 사회의 '정결하지 못한' 죄인들을 어떻게 바라봐야 할까요?

2. 예수님을 제쳐 놓은 채, 사람들은 죄의식에서 벗어나기 위해 어떻게 합니까?

3. 예수님을 믿고 경험했던 순전함과 정결함을 주변 사람들과 나눌 수 있도록 하나님께 요청하는 기도문을 써 보십시오.

Summary and Goal

모세는 이스라엘 자손들에게 주는 마지막 교훈, 즉 고별 설교에서 하나님이 그들에게 주신 율법이 어떻게 그들의 행복을 위한 것인지 설명하고, 율법이 요구하는 것은 철저하게 완벽하다고 주장합니다. 하나님의 율법에 순종하면 복을 받고, 불순종하면 저주를 받는다는 것입니다. 믿는 자로서 우리는 율법을 하나님이 주신 좋은 선물로 여기며, 불순종으로 인한 징벌에서 우리를 구원하신 예수 그리스도의 희생에 의지해야 합니다.

율법의
복과
저주

12

- **성경 본문**
  신명기 10:12~22
  신명기 11:1
  신명기 11:26~28

- **세션 포인트**
  1. 율법은 우리의 행복을 위한 것입니다(신 10:12~22)
  2. 율법은 완전함을 요구합니다(신 11:1)
  3. 율법은 복 아니면 저주를 가져옵니다(신 11:26~28)

- **신학적 주제**
  율법은 하나님이 주신 좋은 선물입니다. 하지만 불순종의 처벌에서 우리를 구해 줄 수는 없습니다.

- **그리스도와의 연결**
  하나님의 율법에 순종하면 복이, 불순종하면 저주가 임합니다. 예수님은 율법을 범해 내려진 우리의 저주를 취하시고, 율법을 완성하신 주님의 복을 우리로 하여금 경험하게 하십니다.

- **선교적 적용**
  하나님이 우리를 위해 하신 놀라운 사역에 대한 응답으로 다른 사람을 대하는 태도에서 하나님의 형상을 드러내도록 우리를 부르셨습니다.

**Session
Plan**

도입

범법자들을 대상으로 정의를 구현하는 내용의 TV 드라마나 영화에 관해 이야기하며 시작합니다. 예를 들어, 해리슨 포드가 주연한 영화 〈도망자〉(*The Fugitive*, 1993)에 대해 이야기를 나눌 수 있습니다.

'착한 사람'이 '나쁜 사람'에게 법의 심판을 받게 한 영화나, 법을 좋은 것으로 보기보다 어렵고 나쁜 것으로 여기게 만드는 상황의 예를 들어 봅시다.

약속의 땅 경계에 이른 이스라엘의 새 세대가 하나님의 율법의 목적을 공부하는 배경을 설명합니다. 아마도 그들은 하나님의 율법이 왜 그토록 중요한지 의아했을 것입니다. 그리고 나서 이 세션을 요약하십시오.

전개

1
율법은 우리의 행복을 위한 것입니다
(신 10:12~22)

신명기 10장 12~22절을 읽고, 이 구절이 하나님의 율법에 관해 알려 주는 진리를 설명하십시오.

첫째, 율법은 하나님의 위대하심과 선하심을 드러낸다는 진리를 전하십시오. 자원자 5명에게 인도자용 교재 172쪽에 나오는 다섯 가지 요약을 하나씩 준 후, 모세가 하나님에 관해 어떻게 말했는지를 나누게 하십시오.

하나님의 선하심과 무관하게 율법만 강조한다면 어떤 위험이 있을까요?

둘째, 율법이 사회악을 억제하고, 사람들을 보호하는 객관적인 기준으로서 어떤 의미가 있는지 보여 주십시오.

우리 문화에서 그리스도인의 도덕성 가운데 어떤 점이 즐거움을 북돋우기보다 억누른다고 생각합니까?

셋째, 하나님을 어떻게 사랑해야 하는지 이해하는 데 율법이 어떻게 도움을 줄 수 있을지 살펴보게 하십시오. 학습자용 교재 139쪽에 있는 '이스라엘이 하나님을 사랑한다는 것의 의미를 이해할 수 있도록 돕는 율법의 지침' 7가지에 대한 자기 생각을 간단히 기록하게 해도 좋습니다.

하나님이 우리의 행복을 위해 율법을 주셨다는 사실을 의심하는 사람이 있다면 어떻게 해야 할까요?

하나님은 우리를 구속하기 위해 율법을 주시는 것이 아님을 분명히 해 주십시오. 오히려 이미 구속받은 백성에게 율법을 주신 것입니다. 다만 율법은 완전한 순종을 요구합니다. 이어서 신명기 11장 1절을 읽으십시오. 그리고 '항상'이라는 단어를 강조하십시오. 부족해지는 것을 용납하지 않는 표현이기 때문입니다.

2
율법은 완전함을 요구합니다
(신 11:1)

신명기 11장 1절의 명령을 어떻게 받아들입니까? 이로 인해 제자 훈련에 더욱 힘쓰게 되었나요, 아니면 더 절망에 빠지고 말았나요? 그 이유는 무엇인가요?

율법의 요구를 연결 고리 하나가 느슨해진 샹들리에에 빗대어 설명해 주십시오. 율법 아래에서 살아가는 사람들에게 완전한 순종을 기대하는 것이 어떠한 것인지를 보여 주는 야고보서 2장 10절을 참고하십시오.

율법의 요구를 이해할수록 은혜에 대한 우리의 열망과 감사가 커지는 이유는 무엇입니까?

3
율법은 복 아니면 저주를 가져옵니다
(신 11:26~28)

행위가 결과를 가져오는 것처럼 하나님의 율법도 순종은 복을, 불순종은 저주를 야기합니다. 이에 관한 모세의 해설을 설명해 주십시오. 그런 다음 신명기 11장 26~28절을 읽으십시오. 복이나 저주를 베풀기 위해 하나님이 개입하심을 강조하고, 불순종의 근본적인 행위가 우상 숭배임을 강조하십시오.

하나님께 충성하는 것과 거짓 신들을 거부하는 것은 우리 사랑에 관해 무엇을 말해 줍니까?

우리는 불순종하는 경향이 있으므로 하나님의 저주 아래 있지만, 예수님이 우리를 위해 저주를 받으심으로써 율법의 정죄에서 우리를 자유롭게 해 주셨음을 설명해 주십시오(부록 1: '출애굽기에서 만나는 예수님'을 다시 참고하십시오). 감사하게도 이제 우리는 그분을 기쁘시게 하는 것을 목표로 삼고 있습니다.

그리스도인은 거룩함을 추구하기 위해 율법을 어떻게 사용해야 합니까?

그리스도인은 복음 전도를 위해 율법을 어떻게 사용해야 합니까?

결론

정죄는 오직 율법을 통해서 이루어지지만, 그 율법은 다른 수단, 즉 예수님을 믿는 믿음으로 구원받아야 할 필요성을 깨닫게 도와주는 역할도 합니다. 또한 율법은 우리가 다른 사람들을 대하는 방식에서 하나님의 성품을 드러내도록 할 수 있습니다. 이 세션에서 배운 진리를 '하나님의 계획, 우리의 사명'에서 적용해 보십시오.

**Session
Content**

12. 율법의 복과 저주

**핵심교리
99**

15. 거룩하신 하나님

하나님의 거룩하심이란 창조된 모든 피조물과 구분되는 하나님의 고유성을 가리킵니다. 히브리어로 '거룩하다'는 '분리하다' 혹은 '구별하다'라는 뜻입니다. 하나님의 거룩하심은 그분의 절대적인 순수성을 가리키기도 합니다. 하나님은 세상 악에 의해 더럽혀지지 않으시며, 그분의 선하심은 완전합니다. 우리가 성경에서 발견하는 도덕적 규범은 그분의 거룩하신 성품을 반영하고 있습니다. 인간은 하나님의 형상대로 거룩하게 살도록 부름받았습니다.

도입

범법자들을 상대로 정의를 구현하는 이야기를 다룬 영화들은 꾸준한 사랑을 받아 왔습니다. 당신도 좋아하는 작품이 있을 것입니다. 서부극에서부터 오늘날 공상 과학 영화에 이르기까지 우리는 착한 사람이 이기고 나쁜 사람은 마땅한 대가를 치르기를 바랍니다. 이런 말이 있지요. "법의 힘은 멀리까지 미친다"(The arm of the law is long).

> **Leader**
>
> 저는 1960년대에 흑백영화로 제작된 TV 시리즈물 <도망자>(*The Fugitive*)를 참 좋아했습니다. 아내를 살해했다는 누명을 쓴 리처드 킴블 박사 역을 데이비드 얀센이라는 배우가 맡았습니다. 그 후 1993년에 해리슨 포드 주연의 아주 멋진 스릴러 영화로 재탄생했지요. 킴블 박사가 누명을 벗을 수 있도록 한쪽 팔이 없는 진범이 잡힐 것인가? 킴블의 무죄를 입증할 만한 수많은 정황에도 불구하고, 연방 경찰 새뮤얼 제라드가 법대로 하겠다며 킴블을 무자비하게 뒤쫓는 것은 과연 옳은 일인가? <도망자>는 우리 법 제도가 가진 강점과 약점을 잘 조명해 주었습니다. 법 제도는 한편으로는 악행을 막고, 범법자들을 대상으로 정의를 구현하고자 애씁니다. 그러나 다른 한편으로는 잔인한 사명 완수자로 비칠 수도 있습니다. 때로는 증거가 잘못 해석되기도 합니다. 어느 정도 관대함의 여지가 있기는 하지만, 형법의 주요 관점은 자비를 확대하는 것이 아니라 악을 억제하고 범법자들을 적절히 처벌하는 것이기 때문입니다. 제라드는 끝까지 킴블을 추격했습니다.

Q '착한 사람'이 '나쁜 사람'에게 법의 심판을 받게 한 영화나, 법을 좋은 것으로 보기보다 어렵고 나쁜 것으로 여기게 만드는 상황의 예를 들어 봅시다.

이 세션은 하나님이 모세를 통해 이스라엘 백성에게 드러내신 율법의 목적에 관심을 기울입니다. 율법은 완벽한 율법의 하나님이 주신 것입니다. 따라서 오늘날의 법체계와 달리 하나님의 율법은 완벽합니다. 그러나 오늘날의 법체계와 마찬가지로 구약성경의 율법도 복과 저주를 모두 담고 있습니다.

> 모세오경에는 이스라엘의 광야 여정에 관한 광범위한 이야기가 들어 있습니다. 마침내 새 세대가 들어섰습니다. 그들은 여호수아의 지도 아래 약속의 땅으로 들어갈 것입니다. 많은 이가 율법의 중요성이 무엇인지, 하나님이 왜 이토록 많은 규칙을 따르라고 요구하시는지 궁금했을 것입니다.

Leader

Session Summary

모세는 이스라엘 자손들에게 주는 마지막 교훈, 즉 고별 설교에서 하나님이 그들에게 주신 율법이 어떻게 그들의 행복을 위한 것인지 설명하고, 율법이 요구하는 것은 철저하게 완벽하다고 주장합니다. 하나님의 율법에 순종하면 복을 받고, 불순종하면 저주를 받는다는 것입니다. 믿는 자로서 우리는 율법을 하나님이 주신 좋은 선물로 여기며, 불순종으로 인한 징벌에서 우리를 구원하신 예수 그리스도의 희생에 의지해야 합니다.

심화 주석 그리스도인은 예수님이 우리를 대신해 모든 율법을 성취하셨다고 믿지만, 구약에는 여전히 차원이 다른 율법이 있음을 알 수 있습니다. 수 세기 동안 그리스도인은 율법을 세 가지 영역, 즉 민법(신정 통치의 맥락에서 이스라엘 백성을 다스리기 위한), 제의법(성전 의식과 제사 제도를 위한 규율과 규례), 도덕법(십계명에 설명된 법들과 문화를 초월하는 원칙들)으로 나누었습니다. 성경에는 이 영역들이 설명되어 있지 않지만 많은 학자가 이들의 구분이 다소 임의적이라고 말합니다. 그럼에도 이것은 다른 종류의 율법들을 인식하고, 일부 원칙들이 다른 정황에서 어떻게 다르게 적용되는지 인식하도록 돕습니다.[1]

_트레빈 왁스

도입

1. 율법은 우리의 행복을 위한 것입니다(신 10:12~22)

> "신명기"는 '두 번째 율법'이란 말로 이해할 수 있습니다. 이 "신명기"를 헬라어 역본인 70인역(LXX)은 '두 번째 율법'이란 뜻의 "듀테로노미온"으로 명명하기도 했습니다. 이 책은 원래 40년간 이스라엘을 인도해 온 모세가 죽음을 앞두고 마지막으로 전한 고별 설교입니다. 이것이 '두 번째 율법'으로 불리는 이유를 들어 보면, 신명기 5장이 출애굽기 20장의 십계명 원문을 반복하고 있다는 것입니다. 아래는 모세의 긴 설교 중 일부로 신명기 10장의 구절입니다.

Leader

12이스라엘아 네 하나님 여호와께서 네게 요구하시는 것이 무엇이냐 곧 네 하나님 여호와를 경외하여 그의 모든 도를 행하고 그를 사랑하며 마음을 다하고 뜻을 다하여 네 하나님 여호와를 섬기고 13내가 오늘 네 행복을 위하여 네게 명하는 여호와의 명령과 규례를 지킬 것이 아니냐 14하늘과 모든 하늘의 하늘과 땅

은혜에 합당한 반응을 처음 요약한 신명기 10장 12절 이하에서, 하나님은 이스라엘의 삶의 중심에 주님을 모시라고 요구하십니다. 이스라엘은 하나님을 경외하고, 그분의 도를 행하며 … 그분을 사랑하고, 전심으로 섬기고, 그분의 계명을 지켜야 합니다. 다시 말해서, 하나님은 이스라엘에 진심을 요구하시는 것입니다. 이스라엘은 그들의 삶에서 여호와께 은혜를 입었기 때문에 하나님의 요구는 반론의 여지가 없는 듯합니다. 더구나 그분이 주신 계명은 그들의 유익을 위한 것이기 때문입니다.[2]

_더그 매킨토시

과 그 위의 만물은 본래 네 하나님 여호와께 속한 것이로되 [15]여호와께서 오직 네 조상들을 기뻐하시고 그들을 사랑하사 그들의 후손인 너희를 만민 중에서 택하셨음이 오늘과 같으니라 [16]그러므로 너희는 마음에 할례를 행하고 다시는 목을 곧게 하지 말라 [17]너희의 하나님 여호와는 신 가운데 신이시며 주 가운데 주시요 크고 능하시며 두려우신 하나님이시라 사람을 외모로 보지 아니하시며 뇌물을 받지 아니하시고 [18]고아와 과부를 위하여 정의를 행하시며 나그네를 사랑하여 그에게 떡과 옷을 주시나니 [19]너희는 나그네를 사랑하라 전에 너희도 애굽 땅에서 나그네 되었음이니라 [20]네 하나님 여호와를 경외하여 그를 섬기며 그에게 의지하고 그의 이름으로 맹세하라 [21]그는 네 찬송이시요 네 하나님이시라 네 눈으로 본 이같이 크고 두려운 일을 너를 위하여 행하셨느니라 [22]애굽에 내려간 네 조상들이 겨우 칠십 인이었으나 이제는 네 하나님 여호와께서 너를 하늘의 별같이 많게 하셨느니라

바울은 "율법은 거룩하고 계명도 거룩하고 의로우며 선하도다"라고 말했습니다 (롬 7:12). 신명기 10장을 염두에 두고 한 말일 것입니다. 이 단락에서 모세는 율법에 관해 수많은 진리를 설명하고 있습니다. 율법이 이스라엘 백성의 행복을 위한 것이라는 관점은 우리에게도 유효합니다.

첫째, 율법은 하나님의 위대하심과 선하심을 드러냅니다. 14, 15, 17, 18, 22절에서 모세가 하나님에 대해 어떻게 말하는지 주목해서 보십시오.

Leader >

- 하나님은 하늘과 땅의 하나님이자 만물의 창조주이십니다 (신 10:14). 따라서 자기 피조물에 대한 소유권이 있습니다.
- 하나님은 큰 사랑으로 한 백성을 선택하신 분입니다 (신 10:15). 하나님의 구원이 그분의 사랑에서 비롯되었다는 것은 성경의 위대한 주제 중 하나입니다.
- 하나님은 "신 가운데 신이시며 주 가운데 주"이십니다 (신 10:17). 따라서 다른 능력 있는 초월적인 존재가 있든 말든, 인간의 통치자(권세자)가 있든 말든, 하나님이 그들 전부보다 더 위대하십니다.
- 하나님은 정의의 하나님으로, 특히 고아와 과부와 나그네처럼 자주 불의의 희생이 될 수 있는 사람들을 위하십니다 (신 10:18).
- 하나님은 구속하신 분입니다 (신 10:22). 출애굽을 통해 이스라엘을 속박에서 건지신 구원은 하나님이 주도하신 것입니다. 이스라엘의 구원은 율법 수여보다 앞선 것이었습니다.

Q 하나님의 선하심과 무관하게 율법만 강조한다면 어떤 위험이 있을까요?

둘째, 하나님은 악행하는 자를 제지하기 위한 객관적인 기준을 세우고자 율법을 만드셨습니다. 문명사회일수록 사람들은 전체의 안녕을 위해 고안된 법질서를 따르기 마련입니다. 이런 점에서 율법의 처벌 조항은 안전한 질서 유지를 돕고, 악한 자들로부터 무고한 이들을 보호합니다(바울은 이 점을 확실히 알고 있었습니다. 롬 13:3~4 참조).

모세의 설교에서 다음 생각들을 찾아보십시오.

- 율법은 이스라엘의 "행복을 위하여"(신 10:13) 주어졌습니다. 하나님은 우주를 지배하시면서 사람들이 삶을 즐기지 못하도록 흥을 깨시는 분이 아닙니다. 하나님은 오히려 이스라엘 백성이 이웃 나라들과 더불어 자기 삶을 평화롭게 살 수 있도록 최선의 지침을 주셨습니다.
- 율법은 그냥 내버려 두면 이스라엘 백성이 스스로 생각하지 못했을 사회 정의를 위한 원칙을 제공합니다. 과부나 고아나 나그네는 쉽게 '눈에 띄지 않기' 때문에 하나님의 율법은 모두를 위한 정의를 제공하는 것입니다.

Q 우리 문화에서 그리스도인의 도덕성 가운데 어떤 점이 즐거움을 북돋우기보다 억누른다고 생각합니까?

셋째, 율법에는 하나님이 구속받은 백성에게 "너는 마음을 다하고 뜻을 다하고 힘을 다하여"(신 6:5) 주님을 사랑하라고 요구하신 것의 의미가 무엇인지 알려 주는 구체적인 지침들이 들어 있습니다. 그 지침들은 다음과 같습니다.

- 주님을 경외하라(신 10:12, 20).

> 하나님은 그분의 백성이 자신을 경외하고 존중하기를 바라십니다. '경외'에는 하나님을 기쁘시게 하는 헌신과 어떤 식으로든 하나님을 실망시키지 않으려는 염려가 포함됩니다.

- 주님을 섬기라(신 10:12, 20).

> 십계명의 첫째 계명은 "나 외에는 다른 신들을 네게 두지 말지니라"(신 5:7)입니다. 하나님에게는 자기 백성의 예배를 독점하실 권리가 있습니다.

- 주님의 모든 도를 행하라(신 10:12~13).

심화토론

• 율법은 어떤 방식으로 하나님의 성품을 드러냅니까?

> Leader ·········

하나님의 백성은 어떤 율법을 따를 것인지 택하거나 뽑지 않습니다. 모든 율법은 그를 위해서만이 아니라 우리의 행복을 위해서도 지켜야 합니다.

• 마음에 할례를 행하라(신 10:16).

바울도 로마서 2장 25~29절에서 이 구절을 강조했던 것처럼, 육체의 할례는 제한이 있는 가치임을 나타냅니다. 변화된 마음이 요구될 때, 하나님을 올바로 사랑하지 못하도록 마음을 가로막는 완고함을 제거하는 것이 마음의 할례입니다(하나님을 마음에 할례를 베푸시는 분으로 묘사하는 신 30:6 참조).

• 옳은 길을 걷고, 나그네를 사랑하라(신 10:19).

> Leader :····

하나님을 올바로 사랑한다는 중요한 증거가 바로 이웃을 올바로 사랑하는 것입니다. 하나님은 이스라엘 백성에게 그들도 한때 소외된 자들이었음을 상기시키십니다.

• 하나님의 이름으로 맹세한 것을 지켜 그분의 이름을 찬양하라 (신 10:20).

> Leader

하나님의 백성이 스스로 한 맹세와 헌신들을 완수하느냐의 여부는 하나님의 명성에 영향을 끼칩니다.

• 하나님을 찬송하라(신 10:21).

> Leader :····

사랑하는 사람이 거듭 연인을 칭찬하는 데 아무 문제가 없는 것처럼, 하나님의 백성도 계속해서 하나님을 영화롭게 해야 합니다. 무슨 말과 어떤 행동을 하든지, 하나님은 우리의 찬송이시기 때문입니다.

하나님의 율법은 그때나 지금이나 그분의 위대하심과 선하심을 드러냅니다. 또한 사회의 악을 억제하고 우리의 행복을 위합니다. 하나님은 율법을 통해 자기 백성에게 자신에 대한 사랑을 어떻게 표현해야 하는지 세부 사항을 알려 주셨습니다. 율법은 참으로 대단한 복입니다. 율법을 주신 하나님께 감사합시다.

Q 하나님이 우리의 행복을 위해 율법을 주셨다는 사실을 의심하는 사람이 있다면 어떻게 해야 할까요?

2. 율법은 완전함을 요구합니다(신 11:1)

> Leader

앞에서 언급했던 것처럼 하나님은 구속하신 백성에게 율법을 주셨습니다. 하나님은 구원을 얻기 위한 수단으로 그분의 계명을 주시지 않았습니다. 사실 희생 제물 법은 이스라엘 백성이 율법을 깨뜨렸을 때 해야 할 지침을 주기 위한 것이었습니다. 율법은 하나님의 백성에게 유익을 주기 위한 복으로서 만들어진 것입니다.

그런데 이스라엘 백성이 이것을 오해해 하나님과의 관계를 위해 율법을 지켜야 한다고 생각했다면 어떻게 되었을까요? 더 심각하게는 하나님의 신임을 얻기 위해서, 또는 구원의 유익을 얻기 위해서 율법을 지켜야 한다고 생각했다면 그 결과는 어떻게 되었을까요? 많은 백성이 이런 실수를 했다는 것은 놀랄 일이 아닙니다. 말할 것도 없이, 자신의 행위로 신의 사랑을 입을 수 있다고 생각하는 것이 인간이 가진 죄의 성향입니다(믿음을 통해 은혜로 구원을 얻는 복음만이 이를 뒤집을 수 있습니다). 세상에서 흔히 볼 수 있는 종교 활동들은 인간이 하나님을 향해 스스로 길을 내는 시도로 볼 수 있습니다.

바울은 자칭 "의롭다" 하는 수많은 유대인이 스스로 율법에 얽매여 있던 시대에 이 문제를 깨닫고 이렇게 강론했습니다. "무릇 율법 행위에 속한 자들은 저주 아래에 있나니 기록된바 누구든지 율법책에 기록된 대로 모든 일을 항상 행하지 아니하는 자는 저주 아래에 있는 자라 하였음이라"(갈 3:10). 바울이 인용한 율법은 신명기 27장 26절입니다. 혹은 신명기 11장 1절을 인용했을 수도 있습니다.

¹그런즉 네 하나님 여호와를 사랑하여 그가 주신 책무와 법도와 규례와 명령을 항상 지키라

여기서 모세는 율법의 엄격함을 지적합니다. 즉 다양한 각도에서 율법을 고려할 수 있도록 책무와 법도와 규례와 명령 같은 폭넓은 용어를 반복합니다. 하지만 이 구절에서 가장 중요한 용어는 '항상'입니다. 율법의 요구는 엄격합니다. 선한 행동에는 쉬는 시간이 없습니다.

율법은 완전함을 요구하기 때문에 사실상 누구도 온전히 순종할 수 없습니다. 결국 모두가 율법을 범하고 말았습니다. 엄격한 율법의 요구 앞에서 인간은 자신이 얼마나 완전함과 거리가 먼 존재인지를 알아 갑니다.

심화 주석 필수적이지만 일시적인 보호자로서의 율법

바울은 1세기 관습을 끌어와 율법이 하나님과 관계를 맺기 위한 방법론적 접근법으로서 임시로 만들어졌음을 묘사합니다. 바울은 갈라디아서 3장 24~26절에서 우리말로 "초등교사"로 번역된 '보호자'(guardian)라는 단어를 사용했습니다(헬라어로 '파이다고고스')

"이같이 율법이 우리를 그리스도께로 인도하는 초등교사가 되어 우리로 하여금 믿음으로 말미암아 의롭다 함을 얻게 하려 함이라 믿음이 온 후로는 우리가 초등교사 아래에 있지 아니하도다 너희가 다 믿음으로 말미암아 그리스도 예수 안에서 하나님의 아들이 되었으니"(갈 3:24~26).

바울이 비유한 것은 부유한 가정의 첫째 아들을 수행하는 종으로, 일종의 육아 도우미입니다. 그러나 권위를 가지고 어린아이를 훈육합니다. 아이가 성인이 되면 이 보호자의 역할은 끝납니다.⁴

율법은 모세의 시대에서 그리스도의 시대까지만 허용되었던 체계입니다. 마찬가지로 히브리서 저자는 낡은 언약의 율법이 이제 성취되었다고 말합니다(히 8:7~13). 율법은 그리스도의 도래를 예고할 뿐만 아니라, 범죄를 두드러지게 하는 그 자체의 목적을 성취한 것입니다.

"뾰족한 바늘이 실을 위한 길을 내는 것처럼, 날카로운 율법이 '신의 은혜'라는 빛나는 은색 실의 길을 만듭니다."[5]
-찰스 스펄전

Q 신명기 11장 1절의 명령을 어떻게 받아들입니까? 이로 인해 제자 훈련에 더욱 힘쓰게 되었나요, 아니면 더 절망에 빠지고 말았나요? 그 이유는 무엇인가요?

> **Leader**
>
> 이런 맥락에서 바울은 로마의 그리스도인들에게 다음과 같이 썼습니다. "율법이 들어온 것은 범죄를 더하게 하려 함이라"(롬 5:20). 그 뒤에 이렇게 언급합니다. "전에 율법을 깨닫지 못했을 때에는 내가 살았더니 계명이 이르매 죄는 살아나고 나는 죽었도다 생명에 이르게 할 그 계명이 내게 대하여 도리어 사망에 이르게 하는 것이 되었도다"(롬 7:9~10).

율법이 요구하는 완전함을 이해하는 데 자연법의 예가 실마리를 줄 수 있습니다. 알다시피 중력은 늘 작동합니다. 황금 사슬로 높은 천장에 매달은 아름다운 샹들리에를 상상해 보십시오(실제로 초가 꽂혀 있습니다). 금 사슬은 10개의 맞물린 고리로 이루어져 있습니다. 10개 고리가 모두 튼튼하면 샹들리에는 중력의 힘을 이기고 천정에 그대로 매달려 있을 것입니다. 하지만 고리가 하나라도 부러진다면 바닥에 떨어져 박살이 날 것입니다.

이것이 인간과 율법에도 적용됩니다. 10개의 연결 고리는 십계명을, 샹들리에는 율법을 지킴으로써 하나님의 은혜를 입으려고 애쓰는 인간과 같습니다. 야고보서 2장 10절에 기록된 대로, 율법을 잘 지키다가도 한 번만 삐끗하면 율법을 범한 자가 됩니다. 율법은 이러한 불순종의 처벌에서 우리를 구해 줄 수 없습니다.

Q 율법의 요구를 이해할수록 은혜에 대한 우리의 열망과 감사가 커지는 이유는 무엇입니까?

3. 율법은 복 아니면 저주를 가져옵니다(신 11:26~28)

> **Leader**
>
> 행동은 결과를 낳습니다. 물리적 현실에서는 맞는 말입니다. 진지하고 정기적인 운동과 주의 깊은 섭식은 근사한 몸을 만들어 냅니다. 수년간 담배를 피웠다면 폐암에 걸릴 수도 있습니다. 이것은 도덕적 현실에서도 마찬가지입니다. 분노 장애를 조절하는 능력을 배우면 더 행복한 가정생활을 영위할 수 있습니다. 도둑의 인생은 감옥 생활로 귀결될 수 있습니다. 여기서 '그럴 수도 있다'는 데 주목하십시오. 가끔은 그렇지 않을 수도 있기 때문입니다. <도망자>에서 킴블 박사의 아내를 살해한 한쪽 팔이 없는 사나이도 처벌을 면했습니다.

이스라엘 백성을 위해 하나님의 율법을 되새겨 준 모세는 그들에게 불순종뿐 아니라, 순종에도 결과가 뒤따른다는 점을 확실히 이해시키고자 합니다. 이것은 도덕적 경험 세계에서 통용되는 일상적인 인과 논리를 뛰어넘는 것입니다. 율법을 제정하신 율법의 하나님으로부터 기인한 결과입니다. 즉 하나님은 너무나 정의로우시므로 이생에서든 마지막 심판에서든 순종으로 복을 받은 이들과 불순종으로 저주를 받은 자들 사이에 극명한 대조가 있을 것입니다.

이 원리를 이해시키기 위해 모세는 단 한 번의 제의를 위한 특이한 지시 사항을 이스라엘 백성에게 내립니다(신 27장). 지정된 시간에 열두 지파가 약속의 땅 중간에 있는 세겜 근처로 모여야 합니다. 여섯 지파는 세겜의 북쪽 에발 산에 모여 율법에 불순종한 자들에 대한 하나님의 저주를 선포할 것입니다(신 28:15~68). 여섯 지파는 세겜의 남쪽 그리심 산에 모여 순종에 따르는 복을 선포할 것입니다(신 28:1~14).

> 신명기 28장의 내용은 순종에서 기인한 여호와의 복(신 28:1~14)에 이어 불순종
Leader
> 에서 기인한 여호와의 저주(신 28:15~68)로 이어집니다.

여호수아서 8장 30~35절은 이 제의가 여호수아의 지도 아래 이루어졌음을 보여줍니다.[6] 신명기 11장에서 모세는 이 복과 저주의 의식에 대해 이렇게 예고했습니다.

[26]*내가 오늘 복과 저주를 너희 앞에 두나니* [27]*너희가 만일 내가 오늘 너희에게 명하는 너희의 하나님 여호와의 명령을 들으면 복이 될 것이요* [28]*너희가 만일 내가 오늘 너희에게 명령하는 도에서 돌이켜 떠나 너희의 하나님 여호와의 명령을 듣지 아니하고 본래 알지 못하던 다른 신들을 따르면 저주를 받으리라*

두 가지 관점이 강조됩니다. 첫째, 하나님은 순종하면 복을 받겠지만 불순종하면 벌을 받게 될 것이라고 단호한 어조로 말씀하셨습니다. 예를 들어, 이스라엘 백성이 하나님의 율법을 지키면, 하나님은 "너를 대적하기 위해 일어난 적군들을 네 앞에서 패하게 하시리라 … 땅에서 네게 복을 주사 네 몸의 소생과 가축의 새끼와 토지의 소산을 많게" 하겠다고 말씀하셨습니다(신 28:7, 11). 하지만 율법을 지키지 않으면, 하나님은 "네 재앙과 네 자손의 재앙을 극렬하게 하시리니 … 네 마음을 떨게 하고 눈을 쇠하게 하고 정신을 산란하게" 하겠다고 말씀하셨습니다(신 28:59, 65).

심화주석 이스라엘 백성의 인생관을 특징짓는 일반적인 원칙들이 신명기 5~11장에 주의 깊게 묘사되어 있습니다. 모세는 이스라엘 백성에게 결단을 촉구합니다(신 30:15~20 참조). 그들 앞에 두 가지 길이 있습니다. 순종의 길은 복으로 인도할 것이고, 불순종의 길은 저주로 인도할 것입니다. 이 사안에 대해 중립적인 입장은 허용되지 않습니다. 이스라엘은 헌신하도록 부름받았습니다. …

여호와의 언약 규정에서 이스라엘의 태도는 결정적이었습니다. 신명기 11장은 이스라엘이 여호와에게든 '본래 알지 못하던 다른 신들'에게든 충성을 바칠 수 있다는 사실을 언급하고 있습니다.

'알다'로 번역된 히브리어 동사 '야다'를 조금 더 자세히 살펴볼 필요가 있는데, 이는 단순히 아는 것보다는 좀 더 친밀한 관계를 암시합니다(신 9:24; 창 4:17, 25; 19:5, 8; 시 36:10; 144:3; 호 8:2; 13:4; 암 3:2; 나 1:7 등). 이스라엘을 창조하고 기르신 분은 여호와이십니다. 이런 일을 행할 능력도 없는 다른 신들이 아닙니다. 가장 깊은 삶의 차원에서 이스라엘을 알고, 이스라엘에 알려졌던 분은 여호와이십니다.[7]

_존 톰슨

"사도 바울은 율법의 완성이 사랑에서 발견됨을 보여 줍니다. … 이처럼 율법을 성취하러 오신 이가 성령을 통해 사랑을 주셨기 때문에, 두려움이 할 수 없었던 일을 자비가 성취할 수 있었습니다."[8]
_어거스틴

둘째, 불순종의 핵심은 "본래 알지 못하던 다른 신들을 따르"(신 11:28)는 것입니다. 하나님은 무엇보다 자기 백성이 그분께 충성하기를 원하십니다. 하지만 슬프게도 이스라엘 백성은 수 세기에 걸쳐 불순종을 일삼았고, 그 결과 약속된 저주를 받아 이방 땅에 포로로 잡혀가게 됩니다(신 28:64).

Q 하나님께 충성하는 것과 거짓 신들을 거부하는 것은 하나님에 대한 우리 사랑에 관해 무엇을 말해 줍니까?

인간은 불순종하는 성향을 가지고 있습니다. 우리는 하나님께 반역했고, 그래서 당연하게도 그분의 저주 아래 있게 되었습니다. 때가 이르자 예수님이 오셔서 우리를 위해 그 저주를 받으셨습니다. 바울이 설명한 대로 "그리스도께서 우리를 위하여 저주를 받은바 되사 율법의 저주에서 우리를 속량"하셨습니다(갈 3:13).

그리스도 안에 있는 모든 사람은 율법이 결정한 영원한 정죄로부터 해방되었습니다. 우리를 위해 저주를 받으신 그리스도를 믿는 믿음으로 자유롭게 된 것입니다. 우리는 저주를 두려워할 필요가 없습니다. "그러므로 이제 그리스도 예수 안에 있는 자에게는 결코 정죄함이 없나니 이는 그리스도 예수 안에 있는 생명의 성령의 법이 죄와 사망의 법에서 너를 해방하였음이라"(롬 8:1~2).

그러나 우리에게는 해야 할 일이 있습니다. "우리는 몸으로 있든지 떠나든지 주를 기쁘시게 하는 자가 되기를 힘쓰노라 이는 우리가 다 반드시 그리스도의 심판대 앞에 나타나게 되어 각각 선악간에 그 몸으로 행한 것을 따라 받으려 함이라"(고후 5:9~10). 혹은 야고보가 말한 대로 "자유의 율법대로 심판받을 자처럼 말도 하고 행하기도"(약 2:12) 해야 합니다.

Q 그리스도인은 거룩함을 추구하기 위해 율법을 어떻게 사용해야 합니까?

Q 그리스도인은 복음 전도를 위해 율법을 어떻게 사용해야 합니까?

결론

> 앞에서 본 바와 같이 율법은 하나님이 이스라엘 백성에게 주신 좋은 선물입니다.
하지만 율법이 그들을 불순종의 처벌에서 건져 줄 수 있기 때문에 주신 것은 아
닙니다. 율법은 하나님께 나아갈 수 있는 수단으로, 구원이 아닌 정죄를 가져옵
니다.

Leader

하나님의 율법을 어기면 저주를 받기 때문에 태초부터 인간에게
는 율법이 아닌 다른 무엇인가에 기초한 구원이 필요했습니다. 그것은 바
로 믿음에 의한 구원입니다(창 15:6; 참조, 롬 4:3, 9, 22; 갈 3:6; 약 2:23). 우리는
예수 그리스도를 믿습니다.

> 예수님은 이 땅에 오셔서 율법을 깨뜨린 우리를 위해 저주를 받으심으로써 율법
을 완성하신 주님의 복을 경험할 수 있게 해 주신 분입니다.

Leader

더 나아가 앞에서 살펴본 대로 율법은 하나님께 나아갈 수 있는 임시적인 수단이
자 복합 장치로서 하나님에 의해 희생적이며 도덕적이며 근대적으로 디자인된
것입니다.

율법은 단기간의 보호자로 이 보호는 그리스도의 구원 사역의 완
성과 함께 마무리됩니다. 이것이 의미하는 바는 믿는 자들이 율법의 도
덕적 교훈을 따른다면(예를 들어, 신약에서 그리스도인에게 주어진 도덕적 준거),
하나님의 성품을 닮는 데서 오는 복에 집중할 수 있다는 것입니다. 그리
스도께서 우리를 위해 성취하신 구원의 놀라운 역사에 반응할 때, 하나
님은 우리로 하여금 다른 사람을 대하는 태도에서 하나님의 성품을 드
러내게 하십니다.

심화토론

• 하나님의 법을 이해하는 것은 그분
의 성품을 이해하는 데 어떻게 도
움이 됩니까?

• 이렇게 하나님의 성품을 이해하면
다른 사람들에 대한 태도는 어떻게
달라질까요?

그리스도와의 연결
하나님의 율법에 순종하면 복이, 불순종하면 저주가 임합니다. 예수님은 율법을 범해 내려진 우리의 저주를 취하시고, 율법을 완성하신 주님의 복을 우리로 하여금 경험하게 하십니다.

하나님의 계획 우리의 사명

선교적 적용   하나님이 우리를 위해 하신 놀라운 사역에 대한 응답으로 다른 사람을 대하는 태도에서 하나님의 형상을 드러내도록 우리를 부르셨습니다.

1. 율법에 따라 하나님과 이웃을 사랑하는 구체적인 실천 방안을 적어 보십시오.

2. 완전함에 대한 율법의 요구는 예수님을 은혜롭고 영광스러운 분으로 보도록 어떻게 돕습니까?

3. 율법의 준수가 율법의 저주로부터 우리를 구원해 줄 수 없다는 사실을 사람들에게 어떻게 설명할 수 있을까요?

금주의 성경 읽기
**민 6~13장;
시 90편**

appendix

출애굽에서 예수님 바라보기

여호와, 주님	>	"나는 스스로 있는 자" (출 3:14~15)	예수님	>	"나는 ~이다" (요 8:58)
모세	>	중재자 (출 32:11~14)	예수님	>	한 분 중보자 (딤전 2:5~6)
모세	>	선지자 (신 18:18~19)	예수님	>	선지자 (행 3:22~26)
이스라엘, 하나님의 장자	>	애굽에서 불러내심 (출 4:22~23)	그리스도, 하나님의 아들	>	성취 (마 2:15)
유월절 어린양	>	재앙으로부터 보호해 줌 (출 12장)	그리스도, 우리의 유월절	>	죄로부터 순전해짐 (고전 5:7~8)
만나	>	하늘에서 내린 양식 (출 16장)	예수님	>	생명의 양식 (요 6장)
광야의 반석	>	백성의 목마름을 해결하기 위해 내리쳐짐 (출 17장)	예수님	>	우리 구원을 위한 반석 (고전 10:4)
율법	>	모세를 통해 주어짐 (출 20~24장)	은혜와 진리	>	예수 그리스도를 통해 옴 (요 1:17)
성막	>	이스라엘과 함께 거하시는 하나님의 임시 거처 (출 40장)	예수님	>	말씀이 육신이 되어 우리 가운데 거하심 (요 1:14)
발람의 축복	>	야곱의 별, 이스라엘의 홀 (민 24:17)	예수님의 탄생	>	유대인의 왕이 탄생, 별이 예고함 (마 2:2)
율법의 저주	>	나무에 달린 자는 하나님의 저주를 받음 (신 21:22~23)	복음의 축복	>	그리스도께서 우리를 위한 저주가 되어 우리를 속량하심 (갈 3:13~14)

애굽의 재앙

재앙 (혹은 사건)	애굽의 거짓 신들*	사탄의 모방	바로의 마음	"나는 여호와라"	이스라엘 보호
아론의 지팡이가 뱀이 됨 (출 7:8~13)	와제트 (코브라 여신)	요술사들의 지팡이도 뱀이 되었지만, 아론의 지팡이가 그것을 삼킴	완악함		
나일 강이 피로 변함 (출 7:14~25)	하피 (나일 강 범람의 신)	요술사들도 물을 피로 바꿈	완악함	"네가 나를 여호와인 줄 알리라" (출 7:17)	애굽 사람들이 땅을 파서 물을 구함
개구리 (출 8:1~15)	헤케트 (개구리 여신)	요술사들도 개구리를 모음	바로가 자기 마음을 완강하게 함	"우리 하나님 여호와와 같은 이가 없다" (출 8:10)	개구리들이 애굽 가정에만 올라옴
이 (출 8:16~19)	게브 (땅의 신)	요술사들이 재앙을 흉내 내지 못함	완악함	요술사가 말하되 "이는 하나님의 권능이니이다" (출 8:19)	
파리 떼 (출 8:20~32)	케프리 (풍뎅이로 묘사되는 부활의 신)		바로가 자기 마음을 완강하게 함	"이 땅에서 내가 여호와인 줄을 네가 알게 될 것이라" (출 8:22)	이스라엘 자손이 사는 고센 땅에는 파리가 없음
가축의 죽음 (출 9:1~7)	아피스 (대표 황소 신)		완악함		이스라엘 백성의 가축은 죽지 않음
종기 (출 9:8~12)	세크메트 (의사들의 수호신)	요술사들도 종기 때문에 서 있지 못함	여호와께서 바로의 마음을 완악하게 하심		종기가 애굽인에게만 남
우박 (출 9:13~35)	누트 (하늘의 여신)		바로가 자기 마음을 완강하게 함	"세상이 여호와께 속했다" (출 9:29)	이스라엘 자손들이 있는 고센 땅에는 우박이 없음
메뚜기 (출 10:1~20)	민 (농작물의 수호신)		여호와께서 바로의 마음을 완악하게 하심	"너희는 내가 여호와인 줄을 알리라" (출 10:2)	메뚜기가 애굽 가정에만 올라옴
흑암 (출 10:21~29)	아몬 레(태양 신)와 바로(레의 아들)		여호와께서 바로의 마음을 완악하게 하심		이스라엘 자손이 거주하는 곳에는 빛이 있음
장자의 죽음 (출 11:4 ~12:42)	바로의 아들을 포함한 애굽의 모든 신 (출 12:12)		여호와께서 바로의 마음을 완악하게 하심	"나는 여호와라" (출 12:12)	하나님이 피를 바른 이스라엘 자손의 집은 넘어가심
홍해를 건넘 (출 13:17 ~14:31)	바로와 애굽의 군대	바로의 군대가 홍해에 삼켜짐	여호와께서 바로의 마음을 완악하게 하심	"애굽 사람들이 나를 여호와인 줄 알리라" (출 14:4)	이스라엘 자손이 바다 가운데 열린 육지를 통해 건넘

*여기 언급된 애굽의 신들은 재앙을 맞게 된 거짓 신들일 수 있지만, 확실한 것은 알 수 없다.

성막

에덴		성막
창 3:8	하나님의 임재	출 40장
창 3:24	동쪽에 있는 입구	민 3:38
창 3:24	그룹들이 지킴	출 26:31~35(휘장 위에 그룹들이 수놓아짐)
창 2:9	생명 나무	출 25:31~40(금등잔대)

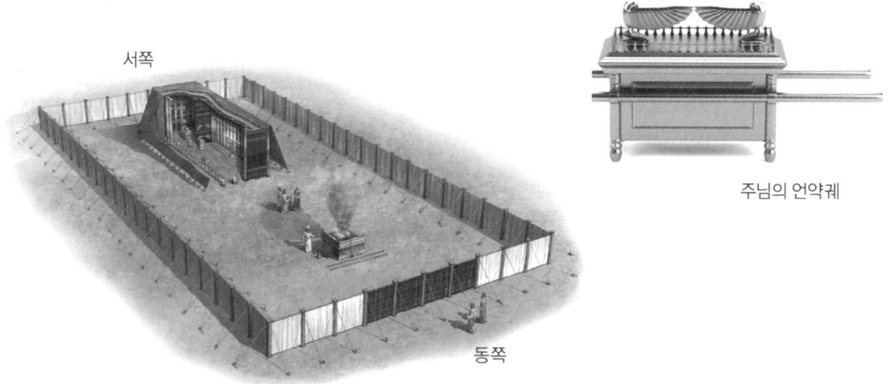

- 하나님은 모세에게 성막과 그 안 기구들의 모양을 보여 주셨다(출 25:9).
- 하나님은 브살렐과 오홀리압에게 지혜와 기술을 충만하게 하셔서 여러 일을 감당하게 하시고, 성소 제작에 필요한 지혜와 기술을 받은 사람들을 가르치게 하셨다(출 35:30-36:1).
- 이스라엘 백성은 하나님이 모세에게 명하신 대로 모든 것을 행했다(출 39:32).

지침		제작
출 25:10~22	궤와 속죄소	출 37:1~9
출 25:23~30	진설병 상과 기구	출 37:10~16
출 25:31~40	등잔대와 기구	출 37:17~24
출 26:1~37	성막	출 36:8~38
출 27:1~8	제단과 기구	출 38:1~7
출 27:9~19	성막 뜰	출 38:9~20
출 28:1~43	제사장의 옷	출 39:1~31
출 30:1~10	향단	출 37:25~28
출 30:17~21	받침 있는 놋 물두멍	출 38:8
출 30:22~38	관유와 향	출 37:29

부록
4

속죄 제물

제사	희생 제물	특이점	숨은 의미	그리스도의 속죄로 완성
번제 (레 1장, 6:8~13)	**흠 없는** 황소, 숫양, 숫염소, 산비둘기 수컷이나 어린 집비둘기	속죄를 위해 전부를 드림. 가죽은 제사장이 가짐	자발적. 죄에 대한 속죄로서 하나님을 향한 완전한 순종, 정성, 헌신을 의미	예수님은 십자가에서 피를 흘리심으로 우리를 위해 자신을 온전히 내주어 영원한 속죄를 이루심 (히 9:12)
소제 (레 2장, 6:14~23)	낟알, 가루, 떡. 생으로 또는 올리브기름, 유향, 소금을 섞어 만든 소제물. **누룩은 넣지 말아야 함.**	기념으로 삼은 일부(유향은 전부)를 번제단에서 태움. 나머지는 제사장에게 줌	자발적. 첫 수확물에 대한 감사를 의미	예수님은 자신의 죽음을 많은 열매를 맺기 위해 떨어지는 하나의 밀알과 같은, 섬김과 축복으로 설명하심 (요 12:24)
화목제 (레 3장, 7:11~36)	**흠 없는** 동물 (동물의 종류는 개인의 경제력에 따라 다양함)	기름과 고기 일부를 번제단에서 태움. 나머지는 드린 자와 제사장이 함께 먹음	자발적. 하나님과의 화해를 의미	예수님의 피는 죄인들을 서로, 그리고 하나님과 화해시킴, 그분은 우리의 평화 (엡 2:11~14)
속죄제 (레 4:1~ 5:13, 6:24~30)	**흠 없는** 동물 (동물의 종류는 개인의 경제력에 따라 다양함)	부지중에 저지른 죄를 속죄하기 위해 번제단에서 기름을 태움. 나머지는 제사장에게 줌	강제적. 죄를 저지른 부정한 사람이 정결함을 얻기 위해 행하는 제사	영문 밖에서 불사르는 속죄 제사는 백성을 거룩하게 하시려고 예루살렘 밖에서 십자가에 달리신 예수님의 죽음을 예표함 (히 13:11~12)
속건제 (레 5:14~ 6:7, 7:1~6)	흠 없는 숫양	기름과 고기 일부를 번제단에서 태움. 나머지와 보상액에 1/5을 더해 제사장에게 줌	강제적. 다른 이의 권리를 침해했거나 여호와의 성물을 부정하게 한 사람이 행하는 제사	예수님의 피 흘리신 죽음은 그분을 믿는 죄인의 양심을 깨끗하게 함 (히 9:13~14)

부록 5

모세의 일생

모세는 하나님의 백성과 함께 고난받기를 택했으니,
그리스도를 위해 받는 수모를 애굽의 모든 보화보다 더 큰 재물로 여겼기 때문이다(히 11:23~29).

3개월

- 상자에 담겨 나일 강에 띄워짐, 바로의 딸이 발견
  (출 2장)
- 생모가 젖을 줌(출 2장)
- 젖을 떼고 난 후 바로의 딸에게 아들로 주어짐(출 2장)

40세

- 히브리인 노예를 때리는 애굽인 감독관을 죽임
  (출 2장; 참조, 행 7:23~24)
- 미디안으로 도망(출 2장)
- 십보라와 결혼(출 2장)
- 아들 게르솜과 엘리에셀 출생(출 2장)

80세

- 떨기나무 사이로 여호와를 만남
  (출 3~4장; 참조, 행 7:30)
- 애굽으로 돌아와 바로와 재앙으로 겨룸(출 4~12장)
- 첫 번째 유월절(출 12장)
- 출애굽과 홍해 도하(출 12~14장)
- 이스라엘 백성을 시내 산으로 인도함(출 15–19장)
  - 마실 수 없는 쓴 물(출 15장)
  - '만나'라는 하늘에서 내려온 떡과 메추라기가 공급
    됨(출 16장)
  - 반석에서 나온 물(출 17장)
  - 아말렉을 물리치는 이스라엘 백성(출 17장)
- 여호와께서 십계명과 명령들을 주심(출 20~23장)
- 언약 체결식(출 24장)
- 여호와께서 성막과 제사장직에 대한 지침을 주심(출
  25~31장)
- 이스라엘 백성이 금송아지를 예배함(출 32장)
- 모세가 하나님의 영광을 목도함(출 34장)

81세

- 성막을 완성하고 거룩하게 구별함(출 40장)
- 여호와께서 희생 제사를 위한 법과 지침을 주심
  (레 1장~민 10장)
- 백성을 약속의 땅 남쪽 경계로 인도함(민 10장)

- 미리암과 아론이 모세의 권위에 도전함(민 12장)
- 이스라엘 백성이 반항하며 약속의 땅을 거절함
  (민 13~14장)
- 이스라엘 백성이 40년 동안 광야를 헤매는 벌을 받음
  (민 14장)
- 이스라엘 백성이 반항하며 약속의 땅으로 올라가려다
  가 패배함(민 14장)

81~119세

- 38년 동안 광야에서 백성을 인도함(민 14, 20, 33장)
  - 고라의 반역(민 16장)

119세

- 미리암의 죽음(민 20장)
- 바위에서 나온 두 번째 물/모세와 아론의 불순종
  (민 20장)
- 아론의 죽음(민 20장)
- 이스라엘 백성의 불평/놋뱀(민 21장)
- 이스라엘 백성이 시혼과 아모리인을 물리침(민 21장)
- 이스라엘 백성이 옥과 바산의 백성을 물리침(민 21장)
- 이스라엘 백성을 약속의 땅 동쪽 경계로 인도함
  (민 22장)
- 발람이 이스라엘을 저주하도록 부름받지만 하나님이
  이를 축복으로 바꾸심(민 22~24장)
- 이스라엘 백성이 반항하며 발람의 계략대로 바알브올
  을 섬김(민 25장)
- 여호수아가 모세의 후계자로 선택됨(민 27장)
- 이스라엘 백성이 미디안을 물리치고 발람을 죽임
  (민 31장)

120세

- 두 번째 율법 선포(신명기)
- 모세는 약속의 땅을 보기는 하지만 들어갈 수 없게 됨
  (신 3장)
- 모세가 느보 산에서 죽음(신 34장)

부록 6

십계명과 모세오경

십계명	모세오경
• 다른 신은 없다 • 우상은 안 된다 • 주님의 이름을 잘못 사용하지 말라 • 안식일을 기억하라 　첫째 가는 계명: 너는 마음을 다하고 뜻을 다하고 　힘을 다하여 네 하나님 여호와를 사랑하라 　(마 22:37~38; 참조, 신 6:5). • 부모를 공경하라 • 살인하지 말라 • 간음하지 말라 • 도둑질하지 말라 • 거짓말하지 말라 • 탐내지 말라 　둘째 계명: 네 이웃을 네 자신같이 사랑하라 　(마 22:39; 참조, 레 19:18, 34)	• 창세기 　하나님의 창조와 언약(1~2장; 9:1~2; 　12:1~3; 26:2~5; 28:13~15) • 출애굽기 　"나는 여호와"(7:5; 10:2; 12:12; 14:18; 　16:12; 29:46) • 레위기 　"나 여호와가 거룩하니 너희도 거룩하라" 　(11:44~45; 19:2; 20:7~8, 26) • 민수기 　광야를 헤매는 하나님의 백성(10:12; 14:33; 　20:1; 33장) • 신명기 　"네 하나님 여호와를 사랑하라"(6:5; 10:12; 　11:1; 30:20)

부록 7

모세와 예수님 비교

모세(선지자)	예수(선지자)
매우 온유한 사람(민 12:3)	자신을 낮추신 하나님이자 인간(빌 2:5~8)
하나님의 집에 충성된 종(민 12:7)	하나님의 집을 맡은 신실한 아들(히 3:1~6)
하나님과 대면해 이야기함(출 33:11)	하나님 영광의 얼굴(고후 4:6)
사라질 영광을 가리기 위해 얼굴의 광채를 가림 (출 34:29~35)	수건을 벗고 주의 영원하신 영광을 보게 하심 (고후 3:13~18)
동류가 없는 선지자(신 34:10~12)	약속된 선지자(신 18:18~19; 행 3:22~26)

모세(중재자)	예수(중보자)
· 백성 앞에서 하나님을(출 20:19), 하나님 앞에서 　백성을(출 18:19) 대변함 · 이스라엘 백성을 위해 중재함(출 32장; 민 12, 14, 　16, 21장) · 옛 언약의 중재자(출 24:8)	· 하나님과 인류 사이의 유일한 중보자 　(딤전 2: 5~6) · 언제나 살아서 자신을 통해 하나님께 나아가려는 　자들을 위해 중보하신다(롬 8:34; 히 7:25) · 새 언약의 중보자(히 9:15)

주 / 1

Session 1

1. Joshua Ryan Butler, *The Skeletons in God's Closet* (Nashville: Thomas Nelson, 2014), 15.
2. Sally Lloyd-Jones, *The Jesus Storybook Bible* (Grand Rapids: Zondervan, 2007), 36. 《스토리 바이블》(두란노, 2008), 36.
3. Tony Merida, *Christ-Centered Exposition: Exalting Jesus in Exodus* (Nashville: B&H, 2014), 22.
4. Dorian G. Coover-Cox, in *HCSB Study Bible* (Nashville: B&H, 2010), 102, n. 3:6.
5. Aphrahat, Demonstrations 22.2, quoted in *Exodus, Leviticus, Numbers, Deuteronomy*, ed. Joseph T. Lienhard, vol. III in *Ancient Christian Commentary on Scripture: Old Testament* (Downers Grove: IVP, 2001), 15-16.
6. R. Alan Cole, *Exodus, in Tyndale Old Testament Commentaries* (Downers Grove: IVP, 1973), 69-70.
7. A. W. Tozer, quoted in *1001 Quotations That Connect*, eds. Craig Brian Larson and Brian Lowery (Grand Rapids: Zondervan, 2009), Quotation 495.
8. Hershel H. Hobbs, "Yahweh," *Biblical Illustrator* (Fall 1974): 14.
9. Tony Merida, *Christ-Centered Exposition: Exalting Jesus in Exodus*, 27-28. 10. Christopher J. H. Wright, *The Mission of God* (Downers Grove: IVP, 2006), 275-76.
10. Christopher J. H. Wright, *The Mission of God* (Downers Grove: IVP, 2006), 275-76.

Session 2

1. Adrian Rogers, in *Adrianisms: The Wit and Wisdom of Adrian Rogers*, vol. 2 (Memphis: Love Worth Finding, 2007), 75.
2. Dorian G. Coover-Cox, in *HCSB Study Bible* (Nashville: B&H, 2010), 106, n. 5:2; n. 5:3.
3. Billy Graham, in *Billy Graham in Quotes*, eds. Franklin Graham with Donna Lee Toney (Nashville: Thomas Nelson, 2011), 336.
4. John Piper, "Children, Heirs and Fellow Sufferers," Desiring God [online], 21 April 2002 [cited 15 April 2015]. www.desiringgod.org.
5. Christopher J. H. Wright, *The Mission of God* (Downers Grove: IVP, 2006), 266 《하나님의 선교》 (IVP, 2010).
6. J. I. Packer and Carolyn Nystrom, *Praying* (Downers Grove: IVP, 2006), 19.
7. Eric Metaxas, *Bonhoeffer: Pastor, Martyr, Prophet, Spy* (Nashville: Thomas Nelson, 2010), 528.
8. Elisabeth Elliot, *A Lamp unto My Feet* (Gospel Light, reprinted 2004), 227.
9. Douglas K. Stuart, Exodus, vol. 2 in *The New American Commentary* (Nashville: B&H, 2006), 197.
10. Mark Galli, *A Great and Terrible Love* (Grand Rapids: Baker, 2010), 126-27.

Session 3

1. W. A. Criswell, *Basic Bible Sermons on the Cross* (Nashville: B&H, 1990), 67.
2. R. Alan Cole, *Exodus, in Tyndale Old Testament Commentaries* (Downers Grove: IVP, 1973), 103.
3. Ibid., 102-103.
4. Douglas K. Stuart, *Exodus,* vol. 2 in *The New American Commentary* (Nashville: B&H, 2006), 275.
5. Thomas Watson, *The Doctrine of Repentance* (Carlisle: Banner of Truth, 1987; reprint), 63, quoted in *Christ-Centered Exposition: Exalting Jesus in Galatians*, by David Platt and Tony Merida (Nashville: B&H, 2014), 96.
6. Mark Dever and Michael Lawrence, *It Is Well* (Wheaton: Crossway, 2010), 21.
7. Augustine, *Tractates on the Gospel of John* 55.1, trans. John W. Rettig, vol. 90 in *The Fathers of the Church* (Washington, DC: The Catholic University of America Press, 1994), 3-4.
8. John Bunyan, *The Work of Jesus Christ as an Advocate* (Minneapolis: Curiosmith, 2010), 25.
9. John Piper, "You Will Be Eaten by Cannibals! Lessons from the Life of John G. Paton," Desiring God [online], 8 February 2000 [cited 20 April 2015]. www.desiringgod.org.
10. Ibid.
11. Ibid.
12. Ibid.
13. John G. Paton, *John G. Paton: Missionary to the New Hebrides* (London: Hodder and Stoughton, 1891), 376.
14. Byron Longino, "Pharaoh's Request: 'Bless Me,'" *Biblical Illustrator* (Spring 2014): 39.

Session 4

1. Martin Luther, quoted in *Then Sings My Soul,* Special Edition, by Robert J. Morgan (Nashville: Thomas Nelson, 2003), 15.
2. Craig G. Bartholomew and Michael W. Goheen, *The Drama of Scripture* (Grand Rapids: Baker, 2004), 64.
3. Dorian G. Coover-Cox, in *HCSB Study Bible* (Nashville: B&H, 2010), 120, n. 13:17.
4. J. D. Greear, *Jesus, Continued* (Grand Rapids: Zondervan, 2014), 175.
5. R. Alan Cole, *Exodus, in Tyndale Old Testament Commentaries* (Downers Grove: IVP, 1973), 120.
6. Lesslie Newbigin, *The Household of God* (Eugene, OR: Wipf & Stock, 2008), 122.
7. Fanny J. Crosby, "To God Be the Glory," in *Baptist Hymnal* (Nashville:

주 / 2

LifeWay Worship, 2008), 28.

8. Douglas K. Stuart, *Exodus,* vol. 2 in *The New American Commentary* (Nashville: B&H, 2006), 342.

9. Ibid., 346.

10. Tim Keller, "Getting Out," The Gospel Coalition [online video], 12 April 2011 [cited 22 April 2015].www. thegospelcoalition.org.

11. Ibid.

12. Ibid.

13. C. H. Spurgeon, "Israel at the Red Sea," The Spurgeon Archive [online], 30 March 1856 [cited 22 April 2015], www. spurgeon.org.

Session 5

1. C. H. Spurgeon, "Marah Better Than Elim," Spurgeon Gems [online], 4 April 1889 [cited 23 April 2015]. www. spurgeongems.org.

2. Clement of Rome, "Recognitions of Clement," quoted in *The Ante-Nicene Fathers*, vol. VIII, eds. Alexander Roberts, James Donaldson, and Arthur Cleveland Coxe (New York: Cosimo, 2007), 87.

3. Kendell Easley, "Water from the Rock," *The Gospel Project for Adults* (Spring 2014): 71.

4. Philip Graham Ryken, *Exodus: Saved for God's Glory*, in *Preaching the Word* (Wheaton: Crossway, 2005), 414.

5. R. Alan Cole, Exodus, in *Tyndale Old Testament Commentaries* (Downers Grove: IVP, 1973), 134-35.

6. Horatio G. Spafford, "It Is Well with My Soul," in *Baptist Hymnal* (Nashville: LifeWay Worship, 2008), 447.

7. Matthew Henry, *An Exposition of the Old and New Testaments*, vol. 1 (New York: Henry C. Sleight, Clinton Hall, 1883), 864.

8. Kendell Easley, "Water from the Rock," 75.

9. L. Milton Hankins, "Israel's Negative Examples," *Biblical Illustrator* (Winter 1995): 61.

10. Nancy Guthrie, *The Lamb of God: Seeing Jesus in Exodus, Leviticus, Numbers, and Deuteronomy* (Wheaton: Crossway, 2012), 107.

Session 6

1. Os Guinness and John Seel, eds., *No God but God* (Chicago: Moody Press, 1992), 23,28.

2. Douglas K. Stuart, *Exodus, vol. 2 in The New American Commentary* (Nashville: B&H, 2006), 662-63.

3. A. W. Tozer, "The Essence of Idolatry," The Alliance [online], 16 September 2018 [cited 15 May 2015], www.cmalliance.org.

4. Adrian Rogers, in *Adrianisms: The Wit and Wisdom of Adrian Rogers*, vol. 1 (Memphis: Love Worth Finding, 2006), 109.

5. Dorian G. Coover-Cox, in *HCSB Study Bible* (Nashville: B&H, 2010), 153-54, n. 32:5; n. 32:7.

6. John R. W. Stott, *The Message of Acts* (Downers Grove: IVP, 1990), 287.

7. Augustine, *On the Psalms, in Nicene and Post-Nicene Fathers, First Series*, ed. Philip Schaff, vol. 8 (New York: Cosimo, reprinted 2007), 477.

8. Kyle Idleman, *Gods at War* (Grand Rapids: Zondervan, 2013), 49.

9. Douglas K. Stuart, *Exodus,* 670.

10. Tony Reinke, "Lecrae Confesses Abortion, Invites Others into the Light," Desiring God [online], 17 January 2015 [cited 11 June 2015]. www.desiringgod. org.

11. D. L. Moody, "Prevailing Prayer," in *The D. L. Moody Collection*, ed. and comp. James S. Bell Jr. (Chicago: Moody, 1997), 253.

Session 7

1. Christopher J. H. Wright, *Knowing Jesus Through the Old Testament* (Downers Grove: IVP, 1992), 196.

2. Douglas K. Stuart, *Exodus,* vol. 2 in *The New American Commentary* (Nashville: B&H, 2006), 422-23.

3. Dorian G. Coover-Cox, in *HCSB Study Bible* (Nashville: B&H, 2010), 132, n. 20:2.

4. Stephen J. Lennox, *God's Story Revealed* (Indianapolis: Wesleyan Publishing House, 2009), 100.

5. R. Alan Cole, *Exodus*, in *Tyndale Old Testament Commentaries* (Downers Grove: IVP, 1973), 153-54.

6. Dorian G. Coover-Cox, in *HCSB Study Bible*, 132-33, n. 20:4-6.

7. Oswald Chambers, in *The Quotable Oswald Chambers*, comp. and ed. David McCasland (Grand Rapids: Discovery House Publishers, 2008), 258.

8. Timothy Keller, *Counterfeit Gods* (New York: Dutton, 2009), xix.

9. John I. Durham, "Ancient Near Eastern Parallels to the Ten Commandments," *Biblical Illustrator* (Summer 1981): 11.

10. Adapted from *God First*, by J. D. Greear and Trevin Wax (Nashville: LifeWay, 2014), 58-60.

11. Ibid., 73.

12. Michael Horton, *The Law of Perfect Freedom* (Chicago: Moody, 1993), 102.

13. Craig L. Blomberg, "The Sabbath as Fulfilled in Christ," in *Perspectives on the Sabbath*: 4 Views, ed. Christopher John Donato (Nashville: B&H, 2011), 351.

14. Chrysostom, in *The Homilies of St. John Chrysostom on the Epistle of St. Paul the Apostle to the Romans*, by J. B. Morris (Charleston: BiblioLife, 2009), 400.

Session **8**

1. Scot McKnight, *Jesus Creed* (Brewster, MA: Paraclete Press, 2014) [eBook].
2. Dorian G. Coover-Cox, in *HCSB Study Bible* (Nashville: B&H, 2010), 134, n. 20:12.
3. Rey De Armas, "Honor Your Parents," *The Gospel Project for Adults* (Summer 2014): 77, emphasis added.
4. Chrysostom, *Homilies on St. John and the Epistle to the Hebrews, in Nicene and Post-Nicene Fathers, First Series*, vol. 14, ed. Philip Schaff (Peabody, MA: Hendrickson, 1889), 318.
5. Bede, On 1 John, quoted in *James, 1–2 Peter, 1–3 John, Jude*, ed. Gerald Bray, vol. XI in *Ancient Christian Commentary on Scripture: New Testament* (Downers Grove: IVP, 2000), 201.
6. Dorian G. Coover-Cox, in *HCSB Study Bible*, 295, n. 5:17; n. 5:18; n. 5:20.
7. C. H. Spurgeon, "Joseph Attacked by the Archers," The Spurgeon Archive [online]. 1 April 1855 [cited 14 September 2013]. www.spurgeon.org.
8. R. Raymond Lloyd, "Covet: The Meaning," *Biblical Illustrator* (Fall 1998): 14-15.
9. Mark F. Rooker, *The Ten Commandments*, vol. 7 in *NAC Studies in Bible & Theology* (Nashville: B&H, 2010), 171.
10. John Piper, *Desiring God* (Colorado Springs: Multnomah, 2011), 309.
11. Philip Graham Ryken, *Written in Stone* (Wheaton: Crossway, 2003), 212.

Session **9**

1. J. Scott Duvall and J. Daniel Hays, *Living God's Word* (Grand Rapids: Zondervan, 2012), 55.
2. Information taken from "The Tabernacle Tent" and "The Tabernacle and Court" [illustrations], in *ESV Study Bible* (Wheaton: Crossway, 2008), 186, 190-91.
3. "What is the significance of acacia wood in the Bible?" GotQuestions?org [online; cited 4 May 2015]. www.gotquestions.org.
4. Kenneth Laing Harris, in *ESV Study Bible*, 183, n. 25:8.
5. Michael F. Bird, *Evangelical Theology* (Grand Rapids: Zondervan, 2013), 503.
6. Kenneth Laing Harris, in *ESV Study Bible*, 183, n. 25:1–31:17; and Dennis E. Johnson, in *ESV Study Bible*, 2495, n. 21:15-17.
7. Allan Moseley, "The Tabernacle: Its History and Use," *Biblical Illustrator* (Summer 2009): 36-37.
8. A. W. Tozer, in *Tozer on Worship and Entertainment*, comp. James L. Snyder (Camp Hill, PA: Wingspread Publishers, 1997) [eBook].
9. Matt Papa, *Look and Live* (Bloomington, MN: Bethany House, 2014), 31.

Session **10**

1. "Saint Valentine," Infoplease [online], 2007 [cited 11 May 2015]. www.infoplease.com.
2. William Cowper, "There Is a Fountain," in *Baptist Hymnal* (Nashville: LifeWay Worship, 2008), 224.
3. John Currid, Nobuyoshi Kiuchi, and Jay A. Sklar, in *ESV Study Bible* (Wheaton: Crossway, 2008), 217, n. 1:1-17.
4. Ibid., 217, n. 1:3-4.
5. Ibid. , 217-18, n. 1:1-17; n. 1:3-4; n. 1:5-9; n. 1:10-13.
6. Kenneth A. Mathews, in *HCSB Study Bible* (Nashville: B&H, 2010), 171, n. 1:4; n. 1:9.
7. Paige Patterson, "The Work of Christ, in *A Theology for the Church*, ed. Daniel L. Akin (Nashville: B&H, 2014), 456.

8. Kenneth A. Mathews, in HCSB Study Bible, 172, n. 2:1.
9. John Currid, Nobuyoshi Kiuchi, and Jay A. Sklar, in *ESV Study Bible*, 218, n. 2:1-3.
10. *Holman Illustrated Study Bible* (Nashville: B&H, 2006), 128.
11. Cyril of Alexandria, "Glaphyra on Numbers 2," quoted in *John 11–21*, ed. Joel C. Elowsky, vol. IVb in *Ancient Christian Commentary on Scripture: New Testament* (Downers Grove: IVP, 2007), 61.
12. Stan Norman, "Reconciliation," in *Holman Illustrated Bible Dictionary* (Nashville: B&H, 2003), 1368.
13. Nancy Guthrie, *The Lamb of God* (Wheaton: Crossway, 2012), 201.
14. Matt Chandler with Jared Wilson, *The Explicit Gospel* (Wheaton: Crossway, 2012), 144.

Session **11**

1. William Shakespeare, *The Tragedy of Macbeth,* Arden edition [online], ed. Kenneth Muir (London: Arden Shakespeare, 1997), 3.1. www.shakespeare.mit.edu.
2. Elisabeth Elliot, *Shadow of the Almighty* (Peabody, MA: Hendrickson, 1958), 151.
3. Wayne VanHorn, "The Sin Offering," *Biblical Illustrator* (Fall 1999): 13.
4. *Reformation Study Bible* (Lake Mary, FL: Ligonier Ministries, 2005), 160, n. 5:1-6.
5. David Allen, "Old and New Covenant," in *The Holman Concise Bible Commentary*, ed. David Dockery (Nashville: B&H, 2010), 626.
6. *NIV Study Bible* (Grand Rapids: Zondervan, 1995), 1875, n. 13:10; and David W. Chapman, in *ESV Study Bible* (Wheaton: Crossway, 2008), 2385, n. 13:9-11.
7. Warren W. Wiersbe, *The Bible*

주 / 4

Exposition Commentary, vol. 2 (Wheaton: Victor Books, 1989), 329.

8. "The Day of Atonement," in *The Holman Illustrated Study Bible* (Nashville: B&H, 2006), 145.

9. Scott Langston and E. Ray Clendenen, "Sacrifice and Offering," in *Holman Illustrated Bible Dictionary* (Nashville: B&H, 2003), 1430.

10. *Reformation Study Bible*, 161, n. 5:14–6:7.

11. Mark F. Rooker, *Leviticus,* vol. 3a in *The New American Commentary* (Nashville: B&H, 2000), 122.

12. Gary E. Schnittjer, *The Torah Story* (Grand Rapids: Zondervan, 2006), 313.

13. David W. Chapman, in *ESV Study Bible*, 2374-75, n. 9:13.

14. Eugene H. Merrill, "Jesus and Atonement in the Old Testament," in *HCSB Study Bible* (Nashville: B&H, 2010), 2123.

15. Leonard Sweet and Frank Viola, *Jesus: A Theography* (Nashville: Thomas Nelson, 2012), 252.

16. David W. Chapman, in *ESV Study Bible*, 2375, n. 9:14.

17. Elijah Hoffman, "Are You Washed in the Blood," in *Baptist Hymnal* (Nashville: LifeWay Worship, 2008), 229.

Session **12**

1. Trevin Wax, "The Loving Lawgiver," *The Gospel Project for Adults* (Summer 2014): 16.

2. Doug McIntosh, *Deuteronomy*, vol. 3 in *Holman Old Testament Commentary*, ed. Max Anders (Nashville: B&H, 2002), 136.

3. Graeme Goldsworthy, *According to Plan* (Downers Grove: IVP, 1991), 143.

4. *NIV Study Bible (*Grand Rapids: Zondervan, 1995), 1785, n. 3:24.

5. Charles Spurgeon, *The Parables of Our Lord*, vol. 3 in *Miracles and Parables of Our Lord* (Grand Rapids: Baker, reprinted 1989), 413.

6. Paul Barker, in *ESV Study Bible* (Wheaton: Crossway, 2008), 369 n. 27:12-13.

7. J. A. Thompson, *Deuteronomy,* in *Tyndale Old Testament Commentaries* (Downers Grove: IVP, 1975), 156.

8. Augustine, *On Romans,* 75, quoted in *Romans,* ed. Gerald Bray, vol. VI in *Ancient Christian Commentary on Scripture: New Testament* (Downers Grove: IVP, 1998), 330.

9. E. Ray Clendenen, "Blessing and Cursing," in *Holman Illustrated Bible Dictionary* (Nashville: B&H, 2003), 223-24.

10. Hilary, *On Matthew*, 4:16, quoted in *Matthew 1–13*, ed. Manlio Simonetti, vol. *Ia* in *Ancient Christian Commentary on Scripture: New Testament* (Downers Grove: IVP, 2001), 97.